环球网校

严格按照全新考试大纲编写

克|题|制|胜 1

中级经济师

同步章节必刷题

经济基础知识

环球网校经济师考试研究院 组编

- 微信扫码领取"**通关宝典**"
  备考路上助力通关
- 还可领取"**闪电速记**"
  带你快速记忆高频考点

立信会计出版社
LIXIN ACCOUNTING PUBLISHING HOUSE

图书在版编目(CIP)数据

中级经济师同步章节必刷题.经济基础知识／环球网校经济师考试研究院组编.—上海：立信会计出版社，2023.8(2025.8重印)

ISBN 978-7-5429-7401-3

Ⅰ.①中…Ⅱ.①环…Ⅲ.①经济学—资格考试—习题集Ⅳ.①F0-44

中国国家版本馆CIP数据核字(2023)第134403号

责任编辑　毕芸芸

中级经济师同步章节必刷题.经济基础知识

Zhongji Jingjishi Tongbu Zhangjie Bishuati. Jingji Jichu Zhishi

出版发行	立信会计出版社			
地　　址	上海市中山西路2230号	邮政编码	200235	
电　　话	(021)64411389	传　　真	(021)64411325	
网　　址	www.lixinaph.com	电子邮箱	lixinaph2019@126.com	
网上书店	http://lixin.jd.com		http://lxkjcbs.tmall.com	
经　　销	各地新华书店			
印　　刷	三河市中晟雅豪印务有限公司			
开　　本	787毫米×1092毫米	1/16		
印　　张	20.5			
字　　数	486千字			
版　　次	2023年8月第1版			
印　　次	2025年8月第4次			
书　　号	ISBN 978-7-5429-7401-3/F			
定　　价	68.00元			

如有印订差错,请与本社联系调换

环球君带你学『经济师』

中级经济师是国家认可的中级职称,是经济专业技术资格的一种,是国家对多个行业内从事经济相关职业人员从业能力的认可。

中级经济师考试实行机考,总共考核2个科目,即"经济基础知识"和"专业知识与实务"。每个科目的考试时间为1.5小时,两门考试中间有40分钟休息时间。

如果备考经济师是一场战役,那么考前60天一定是决定战役能否胜利的关键节点。考生该如何更好地利用考前60天呢?除了要学习重要的知识点,还要进行刷题训练,通过做题提升学习效率,保持做题的题感。

环球网校经济师考试研究院的老师们对中级经济师考试进行了系统研究分析,结合历年辅导大批考生的经验,编写了本书,期望能够帮助大家顺利通过考试。本书分为三大版块:

第一版块:刷题练习。本部分按照章节顺序呈现习题,旨在让考生能够对每个常考知识点都能以习题形式进行练习。本部分的每道题都是环球网校经济师考试研究院的老师根据考试频率和知识点的考查方向精挑细选出来的,便于考生复习,打好扎实的知识基础。

第二版块:思维导图。本部分以思维导图的形式展现了各章的重点内容,便于考生直观明了、高效快捷地掌握知识体系。

第三版块:全真机考模拟。考生在精做章节习题、掌握知识脉络后,一定要做成套试卷进行模拟考试。本部分旨在让考生在仿真机考环境中进行模拟练习,进而胸有成竹地参加考试。

在做题过程中,考生应当注意对错题进行整理和分析,从而完善自身的知识体系。建议考生针对每一道错题都问自己以下几个问题:

(1)这道题考查的知识点是什么?

(2)与本题考查的知识点相关的内容有哪些?

(3)我是怎么运用相关知识点解决这道题的问题的?

(4) 这道题的解题过程是什么?

(5) 为什么我做错了这道题?

(6) 这道题还有其他做法吗?

思考上述问题可以帮助考生从知识掌握、能力提升、解题习惯等方面分析错误,有针对性地进行复习,高效备考。

如果考生在做题中遇到了自己研究不明白的题目,可以扫描相关二维码听老师讲解该知识点。本书在每一天最后设置了"学习笔记"栏目,在每一章最后设置了"备忘录"栏目,考生可以记录在学习过程中遇到的难点、雷点,从而准确地找到自己的薄弱点,然后想办法去攻克它。

学习是日积月累、循序渐进的过程,要系统、全面地掌握知识,就要采用有效的方法坚持不懈、持之以恒地学习。希望通过这60天的学习,大家能够养成良好的学习习惯,顺利通过中级经济师考试,为以后的职业发展奠定良好的基础。

环球网校经济师考试研究院

目 录

第一部分 经济学基础

第一章 社会主义基本经济制度 ………… 1
Day 1 ………………………………… 1
考点：社会主义基本经济制度的内涵和三个方面之间的关系 ……………… 1
考点：社会主义基本经济制度的地位和作用 ………………………………… 2
考点：社会主义公有制的内涵、基本形式及重要作用 …………………… 2
考点：社会主义非公有制经济的内涵、形式及作用 ………………………… 2
考点：社会主义收入分配制度的内涵 …… 2
考点：如何坚持以按劳分配为主体、多种分配方式并存的分配制度 ………… 3
考点：资源配置的含义及方式 ………… 3
考点：社会主义市场经济体制的内涵和特征 ………………………………… 3
考点：构建高水平社会主义市场经济体制，建设全国统一大市场 ………… 3
参考答案及解析 ………………………… 4

第二章 市场需求、供给与均衡价格 …… 7
Day 2 ………………………………… 7
考点：需求的含义 ……………………… 7
考点：影响需求的基本因素 …………… 7
考点：需求函数、需求规律和需求曲线 ………………………………… 8
考点：供给的含义和影响供给的因素 ………………………………… 8
考点：供给规律和供给曲线 …………… 8
考点：均衡价格和均衡数量的形成和变动 ………………………………… 8

考点：均衡价格模型的运用 …………… 8
考点：需求价格弹性 …………………… 8
考点：需求交叉弹性 …………………… 9
考点：需求收入弹性 …………………… 9
考点：供给价格弹性 …………………… 9
参考答案及解析 ………………………… 10

第三章 生产和成本理论 ……………… 13
Day 3 ………………………………… 13
考点：生产者及其组织形式 …………… 13
考点：企业形成的理论 ………………… 13
考点：生产及相关概念 ………………… 14
考点：生产函数 ………………………… 14
考点：一种可变要素的生产函数及其曲线 ………………………………… 14
考点：规模报酬 ………………………… 15
考点：成本的含义 ……………………… 15
考点：成本函数 ………………………… 15
考点：短期成本曲线 …………………… 15
参考答案及解析 ………………………… 17

第四章 市场结构理论 ………………… 20
Day 4 ………………………………… 20
考点：市场结构的含义和划分市场结构的标准 ……………………………… 20
考点：各种市场结构的特征 …………… 20
考点：完全竞争市场行业的供求曲线和个别企业的需求曲线 ………………… 21
考点：完全竞争企业的收益曲线 ……… 21
考点：完全竞争市场上企业产量决策的基本原则 ……………………………… 21
考点：完全竞争市场上企业的短期供给曲线 ………………………………… 21
考点：完全垄断市场的需求曲线 ……… 21

· 1 ·

考点：完全垄断企业的平均收益与边际收益 …… 22
考点：完全垄断市场进行产量和价格决策的基本原则 …… 22
考点：完全垄断企业定价的一个简单法则 …… 22
考点：价格歧视 …… 22
考点：垄断竞争市场上生产者的行为 …… 22
考点：寡头垄断市场上生产者的行为 …… 23
参考答案及解析 …… 24

第五章 生产要素市场理论 …… 27
Day 5 …… 27
考点：引致需求 …… 27
考点：生产者使用生产要素的原则 …… 27
考点：完全竞争生产者的要素需求曲线 …… 28
考点：完全竞争市场的要素需求曲线 …… 28
考点：生产要素供给的一般分析 …… 28
考点：劳动和闲暇 …… 28
考点：劳动供给原则 …… 28
考点：劳动供给曲线 …… 28
参考答案及解析 …… 30

第六章 市场失灵和政府的干预 …… 32
Day 6 …… 32
考点：资源最优配置的含义和标准 …… 32
考点：市场失灵的含义 …… 33
考点：垄断与市场失灵及政府的干预 …… 33
考点：外部性与市场失灵及政府的干预 …… 33
考点：公共物品与市场失灵及政府的干预 …… 33
考点：信息不对称与市场失灵及政府的干预 …… 34
参考答案及解析 …… 35

第七章 国民收入核算和简单的宏观经济模型 …… 38
Day 7 …… 38
考点：国内生产总值的含义 …… 38
考点：国内生产总值的计算方法 …… 38
考点：储蓄—投资恒等式 …… 39
考点：消费和储蓄 …… 39
考点：投资函数和投资乘数 …… 39
考点：简单的国民收入决定 …… 40
考点：总需求 …… 40
考点：总供给 …… 40
参考答案及解析 …… 41

第八章 经济增长和经济发展理论 …… 44
Day 8 …… 44
考点：经济增长的含义及其与经济发展的区别 …… 44
考点：决定经济增长的基本因素 …… 44
考点：经济增长因素分解 …… 45
考点：经济周期和经济波动的类型 …… 45
考点：经济周期的阶段划分和阶段特征 …… 45
考点：导致经济波动的主要因素 …… 45
考点：我国的经济波动 …… 45
考点：分析和预测经济波动的指标体系 …… 46
考点：经济发展的基本理论 …… 46
考点：新发展理念 …… 46
考点：新发展阶段和新发展格局 …… 46
考点：高质量发展的内涵与特征 …… 47
考点：中国式现代化 …… 47
参考答案及解析 …… 48

第九章 价格总水平和就业、失业 …… 51
Day 9 …… 51
考点：价格总水平的含义和度量 …… 51
考点：决定价格总水平变动的因素 …… 51
考点：价格总水平变动的经济效应 …… 52
考点：就业、失业的含义与统计 …… 52
考点：失业的类型 …… 53
考点：奥肯定律 …… 53
考点：就业弹性系数 …… 53
考点：菲利普斯曲线 …… 53
考点：宏观经济治理的内涵与特征 …… 53

参考答案及解析 ·················· 55
第十章　国际贸易理论和政策 ······· 58
　Day 10 ···························· 58
　　考点：国际贸易理论的演变 ········ 58
　　考点：影响国际贸易的因素 ········ 59
　　考点：政府对国际贸易干预的目的 ··· 59
　　考点：倾销的界定和反倾销措施分析
　　　　 ························· 59
　　考点：建设更高水平对外开放新体制
　　　　 ························· 59
　　参考答案及解析 ·················· 60

第二部分　财政税收

第十一章　公共物品与财政职能 ····· 63
　Day 11 ···························· 63
　　考点：公共物品及其特征 ·········· 63
　　考点：公共物品的需求显示 ········ 64
　　考点：公共物品的融资与生产 ······ 64
　　考点：公共物品供给的制度结构 ···· 64
　　考点：市场和市场效率 ············ 65
　　考点：政府经济活动范围 ·········· 65
　　考点：资源配置职能 ·············· 65
　Day 12 ···························· 66
　　考点：收入分配职能 ·············· 66
　　考点：经济稳定和发展职能 ········ 66
　　参考答案及解析 ·················· 67
第十二章　财政支出 ··············· 70
　Day 13 ···························· 70
　　考点：如何理解财政支出数据 ······ 70
　　考点：财政支出分类方法 ·········· 71
　　考点：中国的政府支出分类改革 ···· 71
　　考点：衡量财政支出规模的指标 ···· 71
　　考点：财政支出规模变化的指标 ···· 71
　　考点：财政支出规模增长的理论解释
　　　　 ························· 71
　　考点：影响财政支出规模的主要因素
　　　　 ························· 72
　Day 14 ···························· 73
　　考点：政府财政支出效益分析与微观经济
　　　　组织生产经营支出效益分析的区别
　　　　 ························· 73

　　考点：财政支出效益分析方法 ······ 73
　　考点：政府消费性支出 ············ 73
　　考点：政府投资性支出 ············ 73
　　考点：社会保障支出 ·············· 73
　　考点：财政补贴 ·················· 73
　　考点：购买性支出与转移性支出功能的
　　　　比较 ····················· 74
　　参考答案及解析 ·················· 75
第十三章　财政收入 ··············· 78
　Day 15 ···························· 78
　　考点：财政收入及其分类 ·········· 78
　　考点：财政集中度与宏观税负 ······ 79
　　考点：税收的基本含义 ············ 79
　　考点：税收的基本特征和基本职能 ··· 79
　　考点：拉弗曲线与征税的限度 ······ 79
　　考点：税负转嫁的方式 ············ 80
　　考点：影响税负转嫁的因素 ········ 80
　Day 16 ···························· 81
　　考点：国债的基本含义 ············ 81
　　考点：国债的种类 ················ 81
　　考点：国债的政策功能 ············ 81
　　考点：国债的负担与限度 ·········· 81
　　考点：李嘉图等价定理 ············ 81
　　考点：国债的制度 ················ 82
　　考点：国债市场的功能 ············ 82
　　考点：加强政府性债务管理 ········ 82
　　参考答案及解析 ·················· 83
第十四章　税收制度 ··············· 87
　Day 17 ···························· 87
　　考点：税制要素 ·················· 87
　　考点：税收分类 ·················· 88
　　考点：我国现行税收法律制度 ······ 88
　　考点：增值税 ···················· 88
　Day 18 ···························· 90
　　考点：消费税 ···················· 90
　　考点：所得税的主要特点 ·········· 90
　　考点：企业所得税 ················ 90
　　考点：个人所得税 ················ 90
　　考点：财产税的特点 ·············· 91
　　考点：房产税 ···················· 91

考点：车船税 …………………… 91
考点：关税 ………………………… 91
考点：契税 ………………………… 91
考点：深化税收征管改革 ………… 92
参考答案及解析 …………………… 93

第十五章 政府预算 …………… 97
Day 19 ……………………………… 97
考点：政府预算的含义 …………… 97
考点：政府预算的职能 …………… 98
考点：政府预算的原则 …………… 98
考点：政府预算的分类 …………… 98
考点：立法机关、人民政府、政府财政部门的预算管理职权 …………… 98
Day 20 …………………………… 100
考点：我国政府预算体系的构成 … 100
考点：我国预算编制和执行制度 … 100
考点：深化预算管理制度改革 …… 101
参考答案及解析 ………………… 102

第十六章 财政管理体制 ……… 105
Day 21 …………………………… 105
考点：财政管理体制的含义 ……… 105
考点：财政管理体制的内容 ……… 105
考点：财政管理体制的类型 ……… 106
考点：财政管理体制的作用 ……… 106
考点：分税制财政管理体制的主要内容 ………………………… 106
考点：分税制财政管理体制改革的主要成效 …………………… 107
考点：深化财政体制改革的主要任务与内容 …………………… 107
考点：财政转移支付及其特点 …… 107
考点：我国现行的财政转移支付制度 ………………………… 107
考点：规范财政转移支付制度的任务 ………………………… 107
考点：总体要求 ………………… 108
考点：划分原则 ………………… 108
考点：主要内容 ………………… 108
参考答案及解析 ………………… 109

第十七章 财政政策 …………… 112

Day 22 …………………………… 112
考点：财政政策的含义 ………… 112
考点：财政政策的功能 ………… 112
考点：财政政策的目标 ………… 112
考点：财政政策的工具 ………… 113
考点：财政政策类型 …………… 113
考点：财政政策乘数 …………… 113
考点：财政政策时滞 …………… 114
参考答案及解析 ………………… 115

第三部分 货币与金融

第十八章 货币供求与货币均衡 … 117
Day 23 …………………………… 117
考点：货币需求与货币需求量 …… 117
考点：货币需求理论 …………… 118
考点：货币供给与货币供应量 …… 118
考点：货币供给的机制 ………… 119
考点：数字货币 ………………… 119
Day 24 …………………………… 120
考点：货币均衡与失衡 ………… 120
考点：货币均衡水平决定 ……… 120
考点：通货膨胀的含义 ………… 120
考点：通货膨胀的类型 ………… 120
考点：通货膨胀的原因 ………… 121
考点：通货膨胀的治理 ………… 121
参考答案及解析 ………………… 122

第十九章 中央银行与货币政策 … 126
Day 25 …………………………… 126
考点：中央银行制度 …………… 126
考点：中央银行的职责和业务活动特征 …………………………… 127
考点：中央银行的主要业务 …… 127
考点：中央银行资产负债表 …… 127
考点：建设现代中央银行制度 … 128
考点：货币政策定义 …………… 128
考点：货币政策目标 …………… 128
考点：货币政策工具 …………… 128
考点：货币政策的中介目标 …… 129
考点：货币政策传导机制 ……… 129
考点：近年来我国货币政策的实践 … 130

考点：贷款基准利率改革 …………… 130
考点：强大的货币和强大的中央银行与金
　　　融"五篇大文章" …………… 130
　参考答案及解析 …………………… 131

第二十章　商业银行与金融市场 …… 135
Day 26 …………………………… 135
考点：商业银行的内涵 ………………… 135
考点：商业银行的职能与组织形式 …… 135
考点：商业银行的主要业务 …………… 136
考点：商业银行的经营管理 …………… 136
考点：存款保险制度 …………………… 136
考点：金融市场效率 …………………… 137
考点：有效市场理论 …………………… 137
考点：金融市场结构 …………………… 137
　参考答案及解析 …………………… 138

第二十一章　金融风险与金融监管 …… 141
Day 27 …………………………… 141
考点：金融风险的基本特征 …………… 141
考点：金融风险的类型 ………………… 142
考点：金融危机的概念 ………………… 142
考点：金融危机的类型 ………………… 142
考点：次贷危机 ………………………… 143
考点：金融监管的含义 ………………… 143
考点：金融监管的一般性理论 ………… 143
Day 28 …………………………… 144
考点：金融监管体制的含义与分类 …… 144
考点：我国金融监管体制演变 ………… 144
考点：近年来我国对重点领域的监管进展
　　　 …………………………………… 144
考点：建立维护金融稳定长效机制 …… 144
考点：巴塞尔协议产生的背景和发展
　　　 …………………………………… 145
考点：1988年巴塞尔报告 …………… 145
考点：2003年新巴塞尔资本协议 …… 145
考点：巴塞尔协议Ⅲ …………………… 145
　参考答案及解析 …………………… 146

第二十二章　对外金融关系与政策 …… 149
Day 29 …………………………… 149
考点：汇率制度的含义与划分 ………… 149
考点：影响汇率制度选择的因素 ……… 150

考点：人民币汇率制度 ………………… 150
考点：国际储备的含义及构成 ………… 150
考点：国际储备的作用 ………………… 150
考点：国际储备的管理 ………………… 150
考点：国际货币体系的含义 …………… 151
考点：国际货币体系变迁 ……………… 151
考点：国际主要金融组织 ……………… 151
考点：跨境人民币业务的类型 ………… 152
　参考答案及解析 …………………… 153

第四部分　统计

第二十三章　统计与数据科学 ………… 156
Day 30 …………………………… 156
考点：统计学的两大分支 ……………… 156
考点：变量及数据 ……………………… 157
考点：观测数据和实验数据 …………… 157
考点：一手数据和二手数据 …………… 157
考点：统计调查的概念与分类 ………… 157
考点：统计调查的方式 ………………… 158
考点：统计质量评价标准 ……………… 158
考点：数据科学与大数据 ……………… 158
　参考答案及解析 …………………… 159

第二十四章　描述统计 ………………… 162
Day 31 …………………………… 162
考点：集中趋势的测度 ………………… 162
考点：离散程度的测度 ………………… 163
考点：分布形态的测度 ………………… 163
考点：变量间的相关关系 ……………… 164
考点：两变量的散点图 ………………… 164
考点：相关系数 ………………………… 165
　参考答案及解析 …………………… 166

第二十五章　抽样调查 ………………… 169
Day 32 …………………………… 169
考点：抽样调查基本概念 ……………… 169
考点：概率抽样和非概率抽样 ………… 170
考点：抽样调查的一般步骤 …………… 170
考点：抽样调查中的误差 ……………… 170
考点：概率抽样方法 …………………… 171
考点：估计量的性质 …………………… 172
考点：抽样误差的估计 ………………… 172

考点：样本量的影响因素………… 172
　　参考答案及解析………… 173
第二十六章　回归分析………… 177
　Day 33 ………… 177
　　考点：回归分析的概念………… 177
　　考点：一元线性回归模型………… 177
　　考点：最小二乘法………… 178
　　考点：回归模型的拟合效果分析… 178
　　参考答案及解析………… 180
第二十七章　时间序列分析………… 182
　Day 34 ………… 182
　　考点：时间序列的含义及构成要素 … 182
　　考点：时间序列的分类………… 182
　　考点：平均发展水平………… 183
　　考点：逐期增长量与累计增长量… 183
　　考点：平均增长量………… 184
　　考点：发展速度与增长速度………… 184
　　考点：平均发展速度与平均增长速度 … 184
　　考点：速度的分析与应用………… 185
　　考点：时间序列的分解和预测程序 … 185
　　考点：平滑法的适用情况………… 185
　　考点：移动平均法………… 185
　　考点：指数平滑法………… 185
　　参考答案及解析………… 186

第五部分　会计

第二十八章　会计概论………… 189
　Day 35 ………… 190
　　考点：现代会计的两大分支………… 190
　　考点：会计的基本职能………… 190
　　考点：会计的对象………… 190
　　考点：会计核算的具体内容………… 190
　　考点：会计的目标………… 191
　Day 36 ………… 192
　　考点：会计信息内容………… 192
　　考点：会计信息的主要使用者………… 192
　　考点：会计要素的分类………… 192
　　考点：反映财务状况的要素（资产、负债和所有者权益）………… 192
　　考点：反映经营成果的会计要素…… 192
　　考点：会计等式………… 193
　　考点：经济业务发生所引起的会计要素的变动………… 193
　　考点：会计要素确认和计量基本原则 ………… 193
　Day 37 ………… 194
　　考点：配比原则………… 194
　　考点：历史成本原则………… 194
　　考点：划分收益性支出与资本性支出原则 ………… 194
　　考点：会计基本前提的内容………… 194
　　考点：每个基本前提的内容………… 194
　　考点：会计信息质量要求………… 194
　　考点：会计法规体系的核心及主要内容 ………… 195
　　参考答案及解析………… 196
第二十九章　会计循环………… 201
　Day 38 ………… 201
　　考点：会计确认需解决的三大问题 … 201
　　考点：会计确认的标准………… 201
　　考点：会计计量的概念………… 202
　　考点：会计计量的属性………… 202
　　考点：会计记录的方法………… 202
　　考点：账务处理程序………… 202
　　考点：会计报告的内容………… 203
　　考点：会计报表的分类………… 203
　　参考答案及解析………… 204
第三十章　会计报表………… 206
　Day 39 ………… 206
　　考点：会计报表的概念………… 206
　　考点：会计报表的编制要求………… 206
　　考点：会计报表编制前的准备工作 … 207
　　考点：资产负债表的概念及作用…… 207
　　考点：资产负债表的格式和内容…… 207
　　考点：资产负债表的编制方法………… 208
　Day 40 ………… 209
　　考点：利润表的含义及作用………… 209
　　考点：利润表的格式、内容及编制方法 ………… 209
　　考点：现金流量表的概念和内容…… 209

考点：现金流量表的项目 ·········· 209
考点：会计报表附注的概念及作用 ··· 210
考点：会计报表附注的内容 ·········· 210
　　参考答案及解析 ·················· 211

第三十一章　财务报表分析 ········ 214
Day 41 ································ 214
考点：财务报表分析的意义和内容 ··· 214
考点：财务报表分析的方法 ·········· 214
考点：偿债能力分析 ················· 214
考点：营运能力分析 ················· 215
考点：盈利能力分析 ················· 216
　　参考答案及解析 ·················· 217

第三十二章　政府会计 ············ 220
Day 42 ································ 220
考点：政府会计的概念 ··············· 220
考点：政府会计要素 ················· 220
考点：政府会计报告 ················· 221
　　参考答案及解析 ·················· 222

第六部分　法律

第三十三章　法律对经济关系的调整 ······ 224
Day 43 ································ 224
考点：法律对经济关系的调整阶段 ··· 224
考点："经济法"和"调整经济的法"的关系 ······························· 224
考点：调整社会主义市场经济的法律体系（民商法、经济法、其他法律部门） ····························· 225
考点：营商环境的概念和优化营商环境的基本原则 ·························· 225
考点：市场主体保护和市场环境 ····· 225
考点：政务服务 ····················· 225
考点：监管执法和法治保障 ·········· 226
　　参考答案及解析 ·················· 227

第三十四章　物权法律制度 ········ 229
Day 44 ································ 229
考点：物权的概念和特征 ············ 229
考点：物权法的基本原则 ············ 230
考点：物的种类 ····················· 230
考点：所有权的概念和法律特征 ····· 231

考点：所有权的取得与消灭 ·········· 231
Day 45 ································ 232
考点：共有 ·························· 232
考点：业主的建筑物区分所有权 ····· 232
考点：用益物权的概念和法律特征 ··· 232
考点：几种具体的用益物权 ·········· 233
考点：担保物权的概念和法律特征 ··· 233
考点：几种主要的担保物权 ·········· 233
　　参考答案及解析 ·················· 235

第三十五章　合同法律制度 ········ 240
Day 46 ································ 240
考点：合同的特征 ··················· 240
考点：合同的分类 ··················· 241
考点：效力存在瑕疵的合同 ·········· 241
考点：合同的订立、履行及终止 ····· 242
Day 47 ································ 244
考点：合同的担保 ··················· 244
考点：合同的保全 ··················· 244
考点：合同的转让 ··················· 244
考点：合同的变更 ··················· 244
考点：合同的解除 ··················· 245
考点：违约责任的概念及构成要件 ··· 245
考点：承担违约责任的方式 ·········· 245
考点：违约的免责事由 ··············· 245
　　参考答案及解析 ·················· 246

第三十六章　公司法律制度 ········ 250
Day 48 ································ 250
考点：公司的特征和类型 ············ 250
考点：公司的设立登记 ··············· 251
考点：公司的变更登记和注销登记 ··· 251
考点：企业信用信息公示 ············ 251
考点：有限责任公司和股份有限公司的设立 ······························· 251
考点：股东会 ······················· 252
考点：董事会、监事会和经理 ······· 252
考点：上市公司、国有出资公司组织机构的特别规定 ······················· 252
考点：股东资格和股东权利 ·········· 252
考点：董事、监事和高级管理人员的任职资格和法定义务 ················ 252

考点：股份有限公司的股份发行和转让
　　　　·································· 253
　　考点：公司的合并与分立·············· 253
　　考点：公司的增资与减资·············· 253
　　考点：公司的解散与清算·············· 253
　　参考答案及解析······················ 254

第三十七章　其他法律制度·············· 257
Day 49 ································· 257
　　考点：工业产权特征·················· 257
　　考点：专利权························ 258
　　考点：商标权························ 258
　　考点：劳动合同的类型················ 258
　　考点：劳动合同的订立················ 258
　　考点：劳动合同的解除················ 259
　　考点：劳动合同的终止················ 259
　　考点：消费者的权利·················· 259
　　考点：经营者的义务·················· 259
　　考点：争议的解决途径················ 260
　　考点：违反消费者权益保护法的法律责任
　　　　·································· 260

Day 50 ································· 261
　　考点：反垄断法的概念、立法目的与适用
　　　　范围································ 261
　　考点：反垄断机构设置················ 261
　　考点：垄断行为的种类················ 261
　　考点：反不正当竞争法概述············ 262
　　考点：产品质量法的基本概念·········· 262
　　考点：产品质量的监督管理············ 262
　　考点：生产者及销售者的产品质量义务
　　　　·································· 263
　　考点：违反产品质量法的法律责任 ··· 263
　　参考答案及解析······················ 264

思维导图······························ 269
Day 51 ································· 269
Day 52 ································· 280
Day 53 ································· 296
Day 54 ································· 305

全真机考模拟·························· 315
Day 55 至 Day 60 ···················· 315

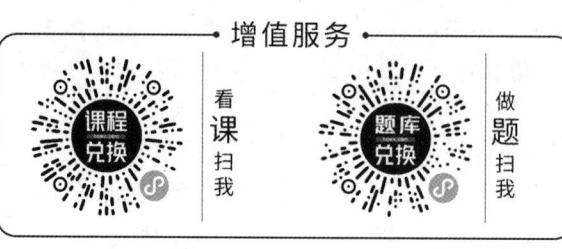

第一部分 经济学基础

第一章 社会主义基本经济制度

学习指导

本章知识点主要出自社会主义基本经济制度的内涵、社会主义所有制结构、社会主义收入分配制度、社会主义市场经济体制。

本章为政治经济学内容，多为基础常识和定义，可考性较强，是学习的重点，需要记忆的内容较多，尤其要注意概念的区分记忆，加强背诵和记忆。

时间	考点
Day 1	➢ 社会主义基本经济制度的内涵和三个方面之间的关系 ➢ 社会主义基本经济制度的地位和作用 ➢ 社会主义公有制的内涵、基本形式及重要作用 ➢ 社会主义非公有制经济的内涵、形式及作用 ➢ 社会主义收入分配制度的内涵 ➢ 如何坚持以劳分配为主体、多种分配方式并存的分配制度 ➢ 资源配置的含义及方式 ➢ 社会主义市场经济体制的内涵和特征 ➢ 构建高水平社会主义市场经济体制，建设全国统一大市场

Day 1

✔ **考点**：社会主义基本经济制度的内涵和三个方面之间的关系

1. [多项选择题] 下列关于社会主义基本经济制度的说法，正确的有（　　）。

   A. 中国特色的社会主义基本经济制度的内涵是"公有制为主体、多种所有制经济共同发展，按劳分配为主体、多种分配方式并存，社会主义市场经济体制"

   B. 社会主义基本经济制度只体现了社会主义制度优越性

   C. 社会主义经济制度主要体现在四个方面

   D. 所有制或产权制度决定了社会生产成果归谁占有和支配

   E. 在任何社会，经济制度都主要体现在三个方面

2. [单项选择题] 按照马克思主义政治经济学基本原理，在社会生产关系中，（　　）居于核心地位。

   A. 经济运行方式　　　　　　　　　　　B. 收入分配制度

C. 资源配置方式　　　　　　　　　D. 生产资料所有制

▽ **考点**：社会主义基本经济制度的地位和作用

3. [多项选择题] 下列关于社会主义基本经济制度的地位和作用的说法，错误的有（　　）。
   A. 有利于发挥公有制经济在改善民生等方面的重要作用
   B. 有利于发挥非公有制经济在实现共同富裕方面的主体作用
   C. 有利于发挥非公有制经济在促进经济增长方面的重要作用
   D. 有利于发挥非公有制经济在增加就业方面的重要作用
   E. 有利于增强市场主体活力

▽ **考点**：社会主义公有制的内涵、基本形式及重要作用

4. [多项选择题] 在社会主义所有制结构中，公有制经济的主体地位主要体现在（　　）。
   A. 公有制经济的产值在国内生产总值中占半数以上
   B. 公有资产在社会总资产中占优势
   C. 国有经济控制国民经济命脉，对经济发展起主导作用
   D. 有效地控制私营经济的发展速度和规模
   E. 满足全体人民的共同需要，保障全体人民的共同利益，实现共同富裕

5. [多项选择题] 下列选项中，属于公有制经济的有（　　）。
   A. 全民所有制经济
   B. 国有经济
   C. 集体所有制经济
   D. 混合所有制经济
   E. 个体经济

▽ **考点**：社会主义非公有制经济的内涵、形式及作用

6. [多项选择题] 下列选项中，属于非公有制经济的有（　　）。
   A. 全民所有制经济　　　　　　　　B. 外商独资经济
   C. 混合所有制经济　　　　　　　　D. 私营经济
   E. 个体经济

7. [单项选择题] 关于混合所有制经济的说法，正确的是（　　）。
   A. 混合所有制经济是指国有资本、集体资本和非公有资本等交叉持股、相互融合的一种经济形式
   B. 混合所有制经济属于股份制经济
   C. 所有外资经济都属于混合所有制经济形式
   D. 混合所有制经济是一种独立的所有制经济形式

▽ **考点**：社会主义收入分配制度的内涵

8. [多项选择题] 下列关于社会主义收入分配制度的说法，正确的有（　　）。
   A. 多种所有制经济共同发展是公有制为主体在分配方式上的体现
   B. 实行按劳分配，也要消灭收入分配差距

C. 私营企业主获得的收入大部分是作为管理者获得的劳动报酬
D. 居民个人通过持有股票、债券和房产等资产而获得的收入不属于按劳分配
E. 福利性收入既不是按劳分配的收入，也不是财产性收入，而是再分配性收入

▽ 考点：如何坚持以按劳分配为主体、多种分配方式并存的分配制度

9. [多项选择题]在社会主义市场经济中，坚持以按劳分配为主体、多种分配方式并存的分配制度，需要做到（   ）。
   A. 居民收入增长和经济增长同步
   B. 多渠道增加城乡居民的财产性收入
   C. 实行平均主义分配方式，避免差距过大
   D. 劳动报酬提高和劳动生产率提高同步
   E. 巩固非公有制经济的主体地位

▽ 考点：资源配置的含义及方式

10. [多项选择题]市场对资源配置发挥决定性作用的实现机制有（   ）。
    A. 价格机制   B. 供求机制
    C. 计划机制   D. 行政机制
    E. 竞争机制

▽ 考点：社会主义市场经济体制的内涵和特征

11. [多项选择题]下列关于社会主义市场经济体制的说法，错误的有（   ）。
    A. 社会主义市场经济是建立在市场经济基础之上的
    B. 市场在资源配置中起全部作用
    C. 市场经济与社会主义制度结合是社会主义市场经济体制产生和存在的基础
    D. 政府在资源配置中起决定性作用
    E. 既没有纯粹的市场调节，也没有纯粹的政府调节

▽ 考点：构建高水平社会主义市场经济体制，建设全国统一大市场

12. [单项选择题]党的二十大报告提出构建高水平社会主义市场经济体制的新要求，为此需要加快建设全国统一大市场。下列各项中，不属于全国统一大市场的内涵的是（   ）。
    A. 高效规范   B. 公平竞争
    C. 充分开放   D. 地区保护

✎ 学习笔记

参考答案及解析

Day 1

1. **AE** [解析] 中国特色的社会主义基本经济制度的内涵是"公有制为主体、多种所有制经济共同发展，按劳分配为主体、多种分配方式并存，社会主义市场经济体制"，A项正确。社会主义基本经济制度"既体现了社会主义制度优越性，又同我国社会主义初级阶段社会生产力发展水平相适应，是党和人民的伟大创造"，是习近平新时代中国特色社会主义经济思想的重要组成部分，B项说法太绝对，错误。在任何社会，经济制度都主要体现在三个方面，C项错误，E项正确。所有制或产权制度既决定了经济决策的主体，也决定了收入分配的方式；收入分配制度决定了社会生产成果归谁占有和支配，D项错误。

2. **D** [解析] 马克思主义政治经济学基本原理告诉我们，在生产、流通、分配和消费等社会生产各个环节中，生产环节发挥着决定性作用。在社会生产关系中，生产资料所有制居于核心地位。D项正确。

3. **AB** [解析] 改善民生是非公有制经济发挥的作用，A项错误。实现共同富裕是公有制经济发挥的作用，B项错误。社会主义基本经济制度有利于发挥非公有制经济在促进经济增长、优化经济结构、增加就业、改善民生等方面的重要作用；有利于发挥市场机制灵敏有效的优势，增强市场主体活力，保持市场平衡，C、D、E三项正确。

4. **BCE** [解析] 在社会主义所有制结构中，公有制经济的主体地位主要体现在三方面：①公有资产在社会总资产中占优势，B项正确；②国有经济控制国民经济命脉，对经济发展起主导作用，C项正确；③满足全体人民的共同需要，保障全体人民的共同利益，实现共同富裕，E项正确。

5. **ABC** [解析] 生产资料公有制是指全体社会成员或部分社会成员共同占有生产资料的一种所有制形式，包括全民所有制和集体所有制，A项正确。公有制经济包括国有经济和集体所有制经济以及混合所有制经济中的国有成分和集体成分，B、C两项正确。D项表述不完整。E项属于非公有制经济。

6. **BDE** [解析] 非公有制经济主要包括个体经济、私营经济和外资经济等多种形式，还包括混合所有制经济中的非公有成分，外资经济目前包括外商独资企业、中外合资企业和中外合作经营企业等具体形式，B、D、E三项正确。C项表述不完整。A项属于公有制经济。

> **●考点再现**
>
> Q_{5-6} 我国的公有制经济和非公有制经济：
>
> | 项目 | 具体内容 |
> | --- | --- |
> | 公有制经济 | （1）国有经济（即社会主义全民所有制经济）
（2）集体所有制经济（包括农村集体经济组织和城镇集体所有制以及股份合作制等各种形式的合作经济）
（3）混合所有制经济中的国有成分和集体成分 |

续表

项目	具体内容
非公有制经济	(1) 个体经济 (2) 私营经济 (3) 外资经济 (4) 混合所有制经济中的非公有成分

7. A [解析] 混合所有制经济是指国有资本、集体资本和非公有资本等交叉持股、相互融合的一种经济形式，A项正确。混合所有制经济不一定属于股份制经济，B项错误。外资经济目前包括外商独资企业、中外合资企业和中外合作经营企业等具体形式。其中，外商独资企业不属于混合所有制经济形式，C项错误。混合所有制经济并不是一种独立的所有制，D项错误。

8. DE [解析] 按劳分配为主体就是公有制为主体在分配方式上的体现，多种分配方式并存则体现了多种所有制经济的共同发展，A项错误。实行按劳分配，就意味着承认物质利益原则和合理的收入分配差距，B项错误。私营企业主获得的收入中有一部分是作为管理者获得的劳动报酬，但是大部分收入是根据投入的资本获得的投资报酬，C项错误。

9. ABD [解析] 坚持和完善以按劳分配为主体、多种分配方式并存的分配制度，需要做到：①巩固公有制经济的主体地位，深化国有企业分配制度改革，贯彻落实好按劳分配制度，既要建立健全激励机制，避免平均主义的分配方式，也要重视保持合理的分配差距，避免差距过大的分配格局。C、E两项错误。②增加劳动者，特别是生产一线劳动者的劳动报酬，完善劳动者工资决定、合理增长、支付保障机制。努力推动居民收入增长和经济增长同步、劳动报酬提高和劳动生产率提高同步。A、D两项正确。③健全按要素分配制度，即完善技术、知识、数据、资本、土地等要素参与国民收入初次分配的保障及监管制度。规范收入分配秩序，规范财富积累机制，多渠道增加城乡居民财产性收入，形成有效增加低收入群体收入、稳步扩大中等收入群体规模、合理调节过高收入的制度体系。B项正确。④完善税收、社会保障、转移支付等手段的再分配调节力度。⑤发展慈善等社会公益事业。

10. ABE [解析] 市场对资源配置起决定性作用，就是通过价格机制、供求机制、竞争机制等市场机制对资源配置发挥决定性作用。C、D两项不属于市场配置资源的实现机制。

11. ABD [解析] 社会主义市场经济是建立在社会主义经济制度基础之上的。A项错误。社会主义市场经济就是以市场在资源配置中起决定性作用和更好发挥政府作用的一种市场经济体制。市场在资源配置中起决定性作用，并不是起全部作用。B、D两项错误。

12. D [解析] 全国统一大市场的内涵包括高效规范、公平竞争、充分开放等主要方面。地区保护主义会妨碍市场的统一性、开放性和公平竞争，D项不符合全国统一大市场的内涵。

本章学习检查表

知识点名称	初次学习		第一次复习		第二次复习	
	做对题目数/总题目数	学习日期	做对题目数/总题目数	复习日期	做对题目数/总题目数	复习日期
社会主义基本经济制度的内涵和三个方面之间的关系						
社会主义基本经济制度的地位和作用						
社会主义公有制的内涵、基本形式及重要作用						
社会主义非公有制经济的内涵、形式及作用						
社会主义收入分配制度的内涵						
如何坚持以按劳分配为主体、多种分配方式并存的分配制度						
资源配置的含义及方式						
社会主义市场经济体制的内涵和特征						
构建高水平社会主义市场经济体制，建设全国统一大市场						

填写建议：

"做对题目数/总题目数"记录针对该知识点自己做题的情况，比如该知识点总题目数为10题，做对了其中7题，记录为7/10。

"学习日期"记录自己学习该知识点时的日期，建议把下一次复习的日期也写上。

备忘录：

第二章 市场需求、供给与均衡价格

学习指导

本章知识点主要出自市场需求、市场供给、均衡价格及弹性。其中最高限价和保护价格是高频考点,近3年每年均有出题;市场需求和弹性也是学习的重点,需要掌握。总体来说,本章是考试的重点,更是学习的难点,历年考查分值平均在5~6分。

学习内容除了要注重对概念的理解,还要注重通过举例的方式来帮助做题。影响需求和供给的因素是容易混淆的概念,因此要更加注意概念的区分。

时间	考点
Day 2	➤需求的含义 ➤影响需求的基本因素 ➤需求函数、需求规律和需求曲线 ➤供给的含义和影响供给的因素 ➤供给规律和供给曲线 ➤均衡价格和均衡数量的形成和变动 ➤均衡价格模型的运用 ➤需求价格弹性 ➤需求交叉弹性 ➤需求收入弹性 ➤供给价格弹性

▶▶▶ Day 2

✓ 考点:需求的含义

1. [多项选择题] 根据需求的基本含义,需求的构成要素包括( )。
   A. 国家税收政策　　　　　　　　　B. 生产者供应数量
   C. 消费者购买意愿　　　　　　　　D. 消费者支付能力
   E. 消费者市场预期

✓ 考点:影响需求的基本因素

2. [多项选择题] 影响需求的主要因素有( )。
   A. 消费者预期　　　　　　　　　　B. 生产费用
   C. 消费者偏好　　　　　　　　　　D. 生产周期
   E. 消费者收入

3. [单项选择题] 影响商品需求的最关键因素是( )。
   A. 商品价格　　　　　　　　　　　B. 消费者收入
   C. 预期　　　　　　　　　　　　　D. 消费者偏好

▽ 考点：需求函数、需求规律和需求曲线

4. [单项选择题] 从坐标图上看，能够导致某种商品的需求曲线发生向右上方位移的因素是（　　）。

A. 技术进步　　　　　　　　　　B. 需求交叉弹性发生变化

C. 该商品价格提高　　　　　　　D. 消费者收入增加

5. [单项选择题] 下列函数属于需求函数的是（　　）。

A. $Q_d = 20 - 6P^2$　　　　　　　B. $Q_d = 20 + 6P$

C. $Q_d = -20 - 6P^2$　　　　　　D. $Q_d = 20 - 6P$

▽ 考点：供给的含义和影响供给的因素

6. [多项选择题] 下列经济因素中，属于影响市场供给主要因素的有（　　）。

A. 商品价格　　　　　　　　　　B. 生产成本

C. 消费者偏好　　　　　　　　　D. 生产技术水平

E. 消费者收入

▽ 考点：供给规律和供给曲线

7. [多项选择题] 在横轴表示供给量，纵轴表示价格的坐标平面上，导致某种产品的供给曲线发生位移的因素有（　　）。

A. 该产品的市场价格下降　　　　B. 生产者预期该产品价格将要上涨

C. 该产品的生产成本上升　　　　D. 该产品的生产技术进步

E. 该产品的市场价格上升

▽ 考点：均衡价格和均衡数量的形成和变动

8. [单项选择题] 已知某一时期内某商品的需求函数 $Q_d = 50 - 5P$，供给函数 $Q_s = -10 + 5P$，则该商品的均衡价格和均衡数量分别是（　　）。

A. 6；20　　　　　　　　　　　　B. 10；20

C. 6；80　　　　　　　　　　　　D. 8；10

▽ 考点：均衡价格模型的运用

9. [多项选择题] 关于保护价格的说法，正确的有（　　）。

A. 市场交易只能在保护价格之上进行

B. 保护价格属于政府对市场价格的干预措施

C. 保护价格只适合在粮食等少数农产品上实行

D. 实施保护价格往往需要配套实行配给制

E. 实施保护价格的目的是保护消费者的利益

10. [单项选择题] 政府为了保护农业生产者利益，在必要时对某些农产品可以采取的价格干预措施是（　　）。

A. 调控均衡价格　　　　　　　　B. 规定最高限价

C. 规定保护价格　　　　　　　　D. 降低农业生产资料价格

▽ 考点：需求价格弹性

11. [单项选择题] 已知某商品的需求价格点弹性系数为－0.5，当价格为每件32元时，其市场销售量为 1 000 件，如果该商品价格下降 10%，在其他因素不变的条件下，其销售量应为（　　）件。
A. 1 200　　　　　　B. 1 050　　　　　　C. 950　　　　　　D. 1 100

12. [多项选择题] 影响需求价格弹性的主要因素包括（　　）。
A. 商品的重要程度
B. 替代品的数量和相近程度
C. 商品用途的多少
D. 供给的时间长短
E. 生产周期的长短

13. [单项选择题] 在其他条件不变的情况下，如果某产品需求价格弹性系数大于 1，则当该产品价格提高时，（　　）。
A. 会使生产者的销售收入减少
B. 不会影响生产者的销售收入
C. 会使生产者的销售收入增加
D. 生产者的销售收入可能增加也可能减少

✓ 考点：需求交叉弹性

14. [单项选择题] 如果商品 X 和商品 Y 的需求交叉弹性系数是 −2，则可以判断（　　）。
A. X 和 Y 都属于高档奢侈品
B. X 和 Y 存在替代关系
C. X 和 Y 都属于生活必需品
D. X 和 Y 存在互补关系

15. [单项选择题] 下列关于需求交叉弹性的表述，错误的是（　　）。
A. 若两种商品的需求交叉弹性系数大于 1，则说明两种商品为替代品
B. 需求交叉弹性大小是确定两种商品是否具有替代关系或互补关系的标准
C. 需求交叉弹性是指一种商品价格的相对变化与由此引起的另一种商品需求量相对变动之间的比率
D. 若两种商品的需求交叉弹性系数小于 1，则说明两种商品为必需品

✓ 考点：需求收入弹性

16. [单项选择题] 假设消费者收入增加 30%，会导致某种商品的需求量增加 10%，则该商品的类型为（　　）。
A. 低档品
B. 高档品
C. 劣等品
D. 必需品

✓ 考点：供给价格弹性

17. [多项选择题] 下列因素中，影响供给价格弹性的有（　　）。
A. 投入品的替代性大小和相似程度
B. 时间
C. 预期
D. 生产周期和自然条件
E. 偏好

✏️ 学习笔记

参考答案及解析

Day 2

1. CD [解析] 需求的构成要素即消费者的购买意愿（"我想"）和支付能力（"我能"），C、D 两项正确。A 项，国家政策属于影响需求的主要因素中的"其他因素"；E 项，预期属于影响需求的主要因素；B 项属于无关选项。

2. ACE [解析] 影响需求的因素包括 3 个消费者、3 个价格和 1 个其他，即消费者收入、消费者偏好、消费者预期、产品价格、替代品价格、互补品价格和其他因素。

3. A [解析] 影响商品需求最关键的因素是商品价格，A 项正确。B、C、D 三项是影响需求的基本因素。

4. D [解析] 本题中只有商品价格和消费者收入影响需求曲线，所以可以排除 A 项和 B 项。商品价格提高会导致需求量下降，这种变化是沿着既定的需求曲线进行的，也就是说，需求曲线不会发生位移，排除 C 项。在商品价格不变的情况下，消费者收入增加会导致需求量增加，因此，需求曲线向右上方平移，D 项正确。

5. D [解析] 掌握需求函数要把握两点：①没有二次项，一定是一次函数（排除 A、C 两项）。②P 与 Q 成反比，即 P 越大，消费者需要的 Q 越少，所以 P 前面符号一定是负号（排除 B 项）。这里的常数项（固定的数）无论是 20 还是 -20 均不影响。对应掌握供给函数的判断，供给函数 P 与 Q 成正比，P 越大，厂商越愿意提供更多的 Q 以获得更多收入，所以 P 前面符号一定是正号，常数项无论正负均可。

6. ABD [解析] 影响供给的主要因素有：产品价格、生产成本、生产技术、预期、相关产品的价格、其他因素（如要素价格和国家政策等）。C、E 两项属于影响需求的主要因素。

7. BCD [解析] 影响供给的主要因素有：产品价格、生产成本、生产技术、预期、相关产品的价格、其他因素（如要素价格和国家政策等）。假定价格不变，由于价格以外的其他因素如成本、预期等因素发生变动而引起供给的变动，称为供给的变动，这种情形表现为供给曲线的位移。A、E 两项属于价格本身变动。

8. A [解析] 当 $Q_d = Q_s$ 时的价格为均衡价格，此时的供求数量为均衡数量。所以 $50-5P = -10+5P$，解之得：$P=6$，将其代入需求函数（或供给函数），$Q_d = Q_s = 50-5 \times 6 = 20$。最后得出该商品的均衡价格是 6，均衡数量是 20，选择 A 项。

9. ABC [解析] 实施保护价格的配套措施是建立政府的收购和储备系统，实施最高限价的配套措施是配给制，D 项错误。实施保护价格的目的是保护生产者利益或支持某一产业的发展，实施最高限价的目的是保护消费者利益或降低某些生产者的生产成本，E 项错误。

10. C [解析] 本题可通过"保护农业生产者利益"即可选择"保护价格"，C 项正确。保护价格保护的是卖方的利益，而最高限价保护的是买方的利益，即保护消费者利益或降低某些生产者的生产成本。

11. B [解析] 根据已知条件，需求价格弹性＝需求量的变动百分比/价格的变动百分比＝0.5。已知"商品价格下降10%"，即价格变动百分比是10%，则需求量的变动百分比是 $0.5 \times 10\% = 5\%$。根据需求规律，一般商品降价，需求量会上升，则需求量是上升了

5%。原来的销售量是1 000件，上升后的销售量＝1 000×（1+5%）＝1 050（件）。

12. ABC [解析] 影响需求价格弹性的因素包括替代品的数量和相近程度、商品的重要性、商品用途的多少、时间的长短。D、E两项影响供给价格弹性。

13. A [解析] 当需求价格弹性系数大于1时，价格上升会使销售收入减少，价格下降会使销售收入增加，A项正确。

14. D [解析] 需求交叉弹性系数为负值，说明两种商品存在互补关系，D项正确。高档品或奢侈品、必需品出自需求收入弹性的类型，A、C两项错误。

15. D [解析] 需求交叉弹性是指一种商品价格的相对变化与由此引起的另一种商品需求量相对变动之间的比率，若两种商品的需求交叉弹性系数大于0，则说明两种商品为替代品，若两种商品的需求交叉弹性系数小于0，则说明两种商品为互补品，D项错误。需求交叉弹性大小是确定两种商品是否具有替代关系或互补关系的标准。

16. D [解析] 需求收入弹性的大小，可以作为划分"高档品""必需品""低档品"的标准。本题中，收入增加得多，需求增加得少，由此可判断该商品为必需品。

17. ABD [解析] 影响供给价格弹性的因素有时间、生产周期和自然条件、投入品的替代性大小和相似程度，A、B、D三项正确。预期是影响需求和供给的因素，C项不符合题意。偏好影响是影响需求的基本因素，E项不符合题意。

● 考点再现

Q_{11-17} 四种弹性的计算公式均体现了变量之间相对变动的比率关系。这种比率关系通过计算百分比的变化来衡量。首先应明确："××的相对变动"＝××的变动百分比＝（变动后的值－变动前的值）/变动前的值。

（1）需求价格弹性＝需求量的相对变动百分比/价格的相对变动百分比。

（2）需求交叉弹性＝一种商品需求量的相对变动百分比/另一种商品价格的相对变动百分比。

（3）需求收入弹性＝需求量的相对变动百分比/收入的相对变动百分比。

（4）供给价格弹性＝供给量的相对变动百分比/价格的相对变动百分比。

本章学习检查表

知识点名称	初次学习		第一次复习		第二次复习	
	做对题目数/总题目数	学习日期	做对题目数/总题目数	复习日期	做对题目数/总题目数	复习日期
需求的含义						
影响需求的基本因素						
需求函数、需求规律和需求曲线						
供给的含义和影响供给的因素						
供给规律和供给曲线						
均衡价格和均衡数量的形成和变动						
均衡价格模型的运用						
需求价格弹性						
需求交叉弹性						
需求收入弹性						
供给价格弹性						

填写建议：

"做对题目数/总题目数"记录针对该知识点自己做题的情况，比如该知识点总题目数为10题，做对了其中7题，记录为7/10。

"学习日期"记录自己学习该知识点时的日期，建议把下一次复习的日期也写上。

备忘录：

第三章 生产和成本理论

学习指导

本章知识点主要出自生产者及其组织形式和企业形成理论、生产函数和生产曲线、成本函数和成本曲线。本章曲线较多,是学习的难点。其中企业形成的理论和成本曲线是高频考点,需要重点把握。本章历年考查分值平均在3~4分。

本章主要考查各曲线的形状、位置关系及变动规律,要求牢牢掌握图形,考试时根据图形来做题会简便很多。

时间	考点
Day 3	➢生产者及其组织形式 ➢企业形成的理论 ➢生产及相关概念 ➢生产函数 ➢一种可变要素的生产函数及其曲线 ➢规模报酬 ➢成本的含义 ➢成本函数 ➢短期成本曲线

Day 3

考点:生产者及其组织形式

1. [单项选择题] 在生产者行为分析中,关于生产者的目标假设的说法,正确的是(　　)。
   A. 追求利润最大化
   B. 追求生产成本最小化
   C. 追求市场份额最大化
   D. 追求产品销售最大化

2. [单项选择题] 从长期来看,实现(　　)是所有企业在竞争中求得生存的关键。
   A. 销售增长率最大化　　　　　　　　B. 市场份额最大化
   C. 销售收入最大化　　　　　　　　　D. 利润最大化

考点:企业形成的理论

3. [单项选择题] 在生产者行为分析中,根据经济学家科斯关于企业本质属性的理论,导致市场机制和企业的交易费用不同的主要因素是(　　)。
   A. 市场不是万能的　　　　　　　　　B. 企业的机会成本
   C. 存在道德风险　　　　　　　　　　D. 信息的不完全性

4. [多项选择题] 在生产者行为分析中，美国经济学家科斯提出的企业理论的主要观点有（　　）。

　　A. 企业是为了节约市场交易费用而产生的

　　B. 企业的本质是作为市场机制或价格机制的代替物

　　C. 信息不完全性是导致市场机制和企业交易费用不同的主要因素

　　D. 企业可以使一部分市场交易内部化，从而降低交易费用

　　E. 不同市场结构中的企业的本质是不同的

5. [多项选择题] 关于科斯的企业形成理论的说法，正确的有（　　）。

　　A. 企业的产生增加了市场交易费用

　　B. 企业与市场机制是两种不同的协调生产和配置资源的方式

　　C. 企业作为生产的一种组织形式大大减少了需要签订的契约数量

　　D. 企业不以营利为目的

　　E. 导致市场机制和企业交易费用不同的主要因素在于信息的不完全性

▽ 考点：生产及相关概念

6. [多项选择题] 生产要素一般包括（　　）。

　　A. 劳动　　　　　　　　　　　B. 资本

　　C. 食品　　　　　　　　　　　D. 土地

　　E. 企业家才能

▽ 考点：生产函数

7. [单项选择题] 关于生产函数的说法，正确的是（　　）。

　　A. 生产函数是同一种生产要素与其生产的多种产品之间的关系

　　B. 生产函数是各种生产要素投入之间的关系

　　C. 生产函数是生产要素投入量和产品产出量之间的关系

　　D. 生产函数是投入的资本和活动收入之间的关系

▽ 考点：一种可变要素的生产函数及其曲线

8. [单项选择题] 假设资本投入不变，当某一生产者使用的劳动数量从4个单位增加到5个单位时，总产量从38 000件增加到39 000件，平均产量从9 500件减少到7 800件。则其边际产量为（　　）件。

　　A. 600　　　　　　　　　　　B. 1 500

　　C. 1 200　　　　　　　　　　D. 1 000

9. [多项选择题] 关于生产函数图形及位置关系的表述，正确的有（　　）。

　　A. 当劳动的边际产量为0时，总产量达到最大值

　　B. 劳动的边际产量大于平均产量时，平均产量是递减的

　　C. 只要劳动的边际产量递减，平均产量就递减

　　D. 边际产量曲线与平均产量曲线相交时，平均产量达到最大值

　　E. 只要边际产量小于平均产量，平均产量就是递减的

✓ 考点：规模报酬

10. [单项选择题] 下列关于规模报酬的说法，错误的是（　　）。
　　A. 产量增加的比例等于各种生产要素增加的比例，这时规模报酬不变
　　B. 产量增加的比例大于各种生产要素增加的比例，这时规模报酬递增
　　C. 产量增加的比例小于各种生产要素增加的比例，这时规模报酬递减
　　D. 企业规模较小时，扩大生产规模，规模报酬递减，当企业规模达到临界值以后，企业继续扩大规模，规模报酬递增

✓ 考点：成本的含义

11. [单项选择题] 关于成本的说法，正确的是（　　）。
　　A. 企业的总成本由所有的显成本和隐成本共同构成
　　B. 隐成本是指企业购买的生产要素所实际支付的货币支出
　　C. 企业的经济利润包括正常利润
　　D. 隐成本是指企业租用的生产要素所实际支付的货币支出

12. [单项选择题] 关于经济学中成本的说法，错误的是（　　）。
　　A. 机会成本是指当一种生产要素被用于生产某产品时所放弃的使用该生产要素在其他生产用途中所得到的最高收入
　　B. 隐成本实际是一种机会成本
　　C. 正常利润作为隐成本的一部分计入成本
　　D. 不论从长期还是短期看，成本均可分为固定成本和可变成本

✓ 考点：成本函数

13. [单项选择题] 某企业在短期内，当产量为3个单位时，总成本为2 100元，当产量增长到4个单位时，平均总成本为562.5元，则该企业此时的边际成本是（　　）元。
　　A. 100　　　　　　　　　　　　　　B. 200
　　C. 150　　　　　　　　　　　　　　D. 250

14. [多项选择题] 下列项目中，从短期来看，属于企业可变成本的有（　　）。
　　A. 原材料费用
　　B. 燃料和动力费用
　　C. 厂房和设备折旧
　　D. 生产工人的工资
　　E. 银行借款利息

✓ 考点：短期成本曲线

15. [单项选择题] 在短期成本曲线中，随着产量的增加而递减并且逐渐向横轴接近的是（　　）。
　　A. 边际成本曲线
　　B. 平均总成本曲线
　　C. 平均固定成本曲线
　　D. 平均可变成本曲线

16. [多项选择题] 关于各种短期成本曲线变动规律的说法，正确的有（   ）。

A. 总固定成本曲线和总可变成本曲线相交于某一点

B. 总成本曲线和总可变成本曲线相交于某一点

C. 总成本曲线和总可变成本曲线的变动规律是一致的

D. 总成本曲线和总固定成本曲线随着产量增长逐渐靠近

E. 总固定成本曲线和总可变成本曲线的变动规律是一致的

参考答案及解析

Day 3

1. A [解析] 在生产者行为的分析中,一般假设生产者或企业的目标是追求利润最大化。这一基本假定是"经济人"假设在生产和企业理论中的具体化。

2. D [解析] 在现代公司制企业中,因为两权的分离,经营者可能为自身利益而追求销售收入最大化和销售收入的持续增长,只顾及企业的短期利益,而牺牲企业的长期利益。但长此以往,企业效益就会下降,公司股票价格也会下降,经营者的职位可能就会产生动摇,最终会使得企业被市场所淘汰,因此,从长期来看,实现利润最大化是所有企业在竞争中求得生存的关键。

3. D [解析] 美国经济学家科斯关于企业形成的理论认为:①企业的本质或者显著特征是作为市场机制或价格机制的替代物;②交易成本的节约是企业存在的根本原因,即企业是市场交易费用节约的产物;③导致市场机制和企业的交易费用不同的主要因素是信息的不完全性。D项符合题意。

4. ABCD [解析] 美国经济学家科斯认为企业的本质特征是作为市场机制或价格机制的替代物,不同市场结构中的企业的本质是相同的。企业存在的根本原因是交易成本的节约。导致市场机制和企业的交易费用不同的主要因素是信息的不完全性。企业可以使一部分市场交易内部化,从而降低交易费用。故本题选 A、B、C、D 四项。

5. BCE [解析] 企业作为一种组织形式大大减少了需要签订的契约数量,可以大量节约交易费用,A项错误;企业以营利为目的,D项错误。

6. ABDE [解析] 投入主要包括企业生产过程中所使用的各种生产要素。生产要素一般被划分为劳动、资本、土地和企业家才能等类型,A、B、D、E 四项正确。

7. C [解析] 生产函数表示在一定时期内,在技术不变的情况下,生产中所使用的各种生产要素的数量所能生产的最大产量之间的函数关系。生产函数是生产过程中生产要素投入量与产品的产出量之间的关系,任何生产函数都以一定时期的生产技术水平为条件,当技术水平发生变化时,生产函数也会发生变化。C项正确,A、B、D 三项表述片面化。

8. D [解析] 边际产量(MP)是在其他投入保持不变条件下,由于新增一单位的投入而多生产出来的数量或产出。本题中劳动投入由 4 个单位增加到 5 个单位,总产量增加了 1 000 件。所以边际产量是 1 000 件。

9. ADE [解析] 做对本题最好的方式是画图。请牢记总产量、平均产量和边际产量的曲线形状及位置关系。劳动的边际产量大于平均产量时,平均产量是递增的,B项错误;劳动的边际产量递减且小于平均产量时,平均产量是递减的,C项错误。

10. D [解析] 当企业规模较小时,扩大生产规模,报酬递增,此时企业扩大规模以得到产量递增所带来的好处,将生产保持在规模报酬不变的阶段,此后如果继续扩大生产,就会出现规模报酬递减,D项错误。

11. A [解析] 显成本是指企业购买或租用生产要素所实际支付的货币支出,B、D 两项错误;企业的经济利润不包括正常利润,C项错误。

12. D [解析] 从短期看，成本可分为固定成本和可变成本，长期来看不存在固定成本，D项错误。

● 考点再现

Q_{11-12} 成本的含义：

概念	含义
机会成本	当一种生产要素被用于生产单位某产品时所放弃的使用相同要素在其他生产用途中所得到的最高收入
显成本	企业购买或租用生产要素所实际支付的货币支出
隐成本	企业本身所拥有的并且被用于该企业生产过程的那些生产要素的总价格。它是企业自有要素的机会成本
总成本	企业总成本＝显成本＋隐成本
经济利润	经济利润＝总收益－总成本＝总收益－（显成本＋隐成本）；经济利润中不包括正常利润
正常利润	企业对自己所提供的企业家才能的报酬支付。正常利润是生产成本的一部分，作为隐成本的一部分计入成本

13. C [解析] 边际成本是指产量增加一个单位时总成本的增加数。产量为4个单位时，总成本＝562.5×4＝2 250（元），边际成本＝2 250－2 100＝150（元）。

14. ABD [解析] 固定成本是指短期内不随产量增加而变动的那部分成本，包括厂房和设备折旧，以及管理人员的工资费用等。可变成本是指随着产量变动而变动的那部分成本，其中主要包括原材料、燃料和动力以及生产工人的工资费用等。

15. C [解析] 平均固定成本曲线随产量的增加而递减，逐渐向横轴接近。边际成本曲线、平均总成本曲线、平均可变成本曲线均呈"U"型特征。

16. AC [解析] 总成本、总固定成本和总可变成本曲线如下图所示，总成本曲线与总可变成本曲线是平行的，不会相交，B项错误。总成本曲线和总固定成本曲线随着产量增长逐渐远离，D项错误。总固定成本曲线和总可变成本曲线的变动规律不同，E项错误。

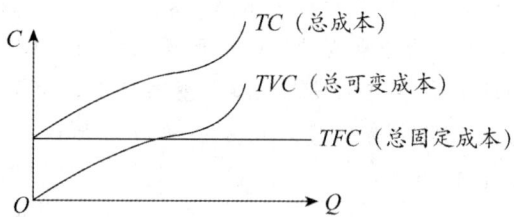

本章学习检查表

知识点名称	初次学习		第一次复习		第二次复习	
	做对题目数/总题目数	学习日期	做对题目数/总题目数	复习日期	做对题目数/总题目数	复习日期
生产者及其组织形式						
企业形成的理论						
生产及相关概念						
生产函数						
一种可变要素的生产函数及其曲线						
规模报酬						
成本的含义						
成本函数						
短期成本曲线						

填写建议：

"做对题目数/总题目数"记录针对该知识点自己做题的情况，比如该知识点总题目数为10题，做对了其中7题，记录为7/10。

"学习日期"记录自己学习该知识点时的日期，建议把下一次复习的日期也写上。

备忘录：

第四章 市场结构理论

 学习指导

本章知识点主要出自市场结构的类型、生产者的行为的分析。本章内容较多且较难，学习时需要把握重点，其中各市场结构的特征是考试的重点，近五年每年均有出题。价格歧视和垄断竞争市场上生产者的行为是中频考点，需要掌握。本章历年考查分值平均在 3~4 分。

此外要区别各市场包含的内容和各市场之间的异同点。

时间	考点
Day 4	➢ 市场结构的含义和划分市场结构的标准 ➢ 各种市场结构的特征 ➢ 完全竞争市场行业的供求曲线和个别企业的需求曲线 ➢ 完全竞争企业的收益曲线 ➢ 完全竞争市场上企业产量决策的基本原则 ➢ 完全竞争市场上企业的短期供给曲线 ➢ 完全垄断市场的需求曲线 ➢ 完全垄断企业的平均收益与边际收益 ➢ 完全垄断市场进行产量和价格决策的基本原则 ➢ 完全垄断企业定价的一个简单法则 ➢ 价格歧视 ➢ 垄断竞争市场上生产者的行为 ➢ 寡头垄断市场上生产者的行为

▶▶ Day 4

▽ **考点**：市场结构的含义和划分市场结构的标准

1. [单项选择题] 对一个行业市场结构分类的主要依据不包括（　　）。

   A. 本行业内部生产者数目

   B. 本行业内部各个生产者的产品差别程度

   C. 生产技术差别程度

   D. 进入障碍的大小

▽ **考点**：各种市场结构的特征

2. [单项选择题] 在现实世界中，近似于完全竞争市场的行业是（　　）。

   A. 玉米生产　　　　　　　　　　B. 卷烟生产

   C. 电动车生产　　　　　　　　　D. 自来水生产

第四章 市场结构理论

3. [多项选择题] 完全竞争市场的特征有（　　）。
   A. 同一行业有众多生产者和消费者
   B. 每个生产者或消费者都是价格的决定者
   C. 买卖双方对市场信息有充分的了解
   D. 进入或退出行业存在较大的障碍
   E. 同行业各个企业生产的同一产品不存在差别

✓ **考点**：完全竞争市场行业的供求曲线和个别企业的需求曲线

4. [多项选择题] 关于完全竞争市场的说法，正确的有（　　）。
   A. 企业的需求曲线和整个行业的需求曲线相同
   B. 所有企业都是价格的接受者
   C. 企业的需求曲线和边际收益曲线是完全重合的
   D. 不同企业生产的产品存在差别
   E. 企业的边际收益曲线位于平均收益曲线的下方

✓ **考点**：完全竞争企业的收益曲线

5. [单项选择题] 在完全竞争市场中，个别企业的需求曲线同时是（　　）。
   A. 总收益曲线
   B. 平均收益曲线和边际收益曲线
   C. 平均收益曲线和边际成本曲线
   D. 边际收益曲线和总收益曲线

6. [单项选择题] 一家处于完全竞争市场中的企业得到了50 000元的总收益，而且边际收益是200元，则其平均收益是（　　）元。
   A. 200
   B. 250
   C. 100
   D. 500

✓ **考点**：完全竞争市场上企业产量决策的基本原则

7. [单项选择题] 完全竞争企业为了实现利润最大化，应遵循的决策原则是（　　）。
   A. 边际收益产品等于边际成本
   B. 边际收益大于边际成本
   C. 边际收益等于边际成本
   D. 边际收益等于平均收益

✓ **考点**：完全竞争市场上企业的短期供给曲线

8. [单项选择题] 在完全竞争市场上，企业的短期供给曲线是（　　）。
   A. 处于平均可变成本与平均固定成本之间的边际成本曲线
   B. 平均总成本曲线
   C. 处于平均可变成本之上的边际成本曲线
   D. 处于平均固定成本之上的边际成本曲线

✓ **考点**：完全垄断市场的需求曲线

9. [单项选择题] 关于完全垄断企业的需求曲线的说法，正确的是（　　）。
   A. 完全垄断企业的需求曲线是一条平行于横轴的水平线
   B. 完全垄断企业的需求曲线位于其平均收益曲线的上方
   C. 完全垄断企业的需求曲线与整个行业的需求曲线相同

D. 完全垄断企业的需求曲线与完全竞争企业的需求曲线相同

▽ 考点：完全垄断企业的平均收益与边际收益

10. [单项选择题] 关于完全垄断企业的边际收益曲线和平均收益曲线关系的说法，正确的是（　　）。

　　A. 边际收益曲线和平均收益曲线是相切的
　　B. 边际收益曲线位于平均收益曲线的下方
　　C. 边际收益曲线位于平均收益曲线的上方
　　D. 边际收益曲线和平均收益曲线是完全重合的

▽ 考点：完全垄断市场进行产量和价格决策的基本原则

11. [单项选择题] 完全垄断企业为了实现利润最大化，应遵循的决策原则是（　　）。

　　A. 按照价格弹性进行价格歧视
　　B. 边际收益大于边际成本
　　C. 边际收益等于边际成本
　　D. 边际收益等于平均收益曲线

▽ 考点：完全垄断企业定价的一个简单法则

12. [单项选择题] 如果一垄断厂商的产品需求曲线上有一点，其弹性 $E_d=-2$，则垄断厂商在边际成本上的加价额占价格的比例为（　　）。

　　A. 50%　　　　　　　　　　　B. 10%
　　C. 100%　　　　　　　　　　 D. 200%

▽ 考点：价格歧视

13. [单项选择题] 生产者实施价格歧视的基本条件之一，是必须有可能依据不同的（　　）划分出两组或两组以上的不同购买者。

　　A. 需求价格弹性　　　　　　　B. 需求收入弹性
　　C. 供给价格弹性　　　　　　　D. 供给交叉弹性

14. [单项选择题] 企业实行价格歧视的基本原则是（　　）。

　　A. 不同市场上的平均收益相等并且等于边际成本
　　B. 不同市场的边际收益相等并且大于边际成本
　　C. 不同市场的边际收益相等并且等于边际成本
　　D. 不同市场上的平均收益相等并且小于边际成本

▽ 考点：垄断竞争市场上生产者的行为

15. [多项选择题] 关于垄断竞争市场上生产者行为的说法，正确的有（　　）。

　　A. 生产者之间可以实施价格协议制度
　　B. 企业是完全的价格接受者
　　C. 企业的需求曲线是一条水平线
　　D. 企业的需求曲线是向右下方倾斜的
　　E. 在短期内企业的行为和完全垄断企业的行为完全相似

16. [单项选择题] 关于垄断竞争市场上供给曲线的说法，正确的是（   ）。
    A. 垄断竞争市场上不存在供给曲线
    B. 垄断竞争企业的供给曲线是处于平均固定成本之上的边际成本曲线
    C. 垄断竞争企业的供给曲线是处于平均总成本之上的边际成本曲线
    D. 垄断竞争企业的供给曲线是处于平均可变成本之上的边际成本曲线

17. [多项选择题] 关于垄断竞争市场特征和生产者行为的说法，正确的有（   ）。
    A. 个别企业的需求曲线是一条向右下方倾斜的曲线
    B. 垄断竞争市场的产量一般低于完全竞争市场的产量
    C. 企业能在一定程度上控制价格
    D. 行业的需求曲线和个别企业的需求曲线是相同的
    E. 个别企业的需求曲线是一条平行于横轴的水平线

▼ 考点：寡头垄断市场上生产者的行为

18. [单项选择题] 关于寡头垄断市场协议价格的说法，正确的是（   ）。
    A. 协议价格制度非常稳定，一旦形成就不会破裂
    B. 协议价格制一般会受到政府的鼓励
    C. 它是通过行业中某一占支配地位的企业率先确定价格，其他企业跟随的方式形成的
    D. 它通过限制各个生产者的产量，使其行业边际收益等于行业边际成本

19. [多项选择题] 下列属于寡头垄断市场上价格形成的模型的有（   ）。
    A. 价格领袖制
    B. 协议价格制
    C. 平均价格制
    D. 内部价格制
    E. 统一价格制

✎ 学习笔记

参考答案及解析

Day 4

1. C [解析] 划分市场结构的主要依据有三个：①本行业内部的生产者数目或企业数目。②本行业内各企业生产的产品的差别程度。这是区分垄断竞争市场和完全竞争市场的主要区别。③进入障碍的大小。C项不属于划分标准之一，故错误。

2. A [解析] 在现实生活中，很难找到完全符合完全竞争市场特征的市场。某些农产品，如小麦、玉米等的市场属于近似的例子。卷烟生产和自来水生产近似完全垄断市场。电动车生产属于垄断竞争市场。

3. ACE [解析] 完全竞争市场的特征包括：①市场上有很多生产者与消费者，或买者和卖者，而且这些生产者规模很小，每个生产者或消费者都只能是市场价格的接受者（A项正确，B项错误）；②企业生产的产品都是同质的，即不存在产品差别（E项正确）；③资源可以自由流动，企业可以自由进入或退出市场（D项错误）；④买卖双方对市场信息都有充分的了解（C项正确）。

[注意] 完全竞争市场的特征可巧记为："很多、同质、了解、自由"谐音记忆"很多同志们了解自由"。

●考点再现

Q_{2-3} 各种市场结构的特征：

市场结构	生产者数目	产品差别程度	进入障碍的大小	单个企业对价格的控制程度	典型行业
完全竞争市场	很多	无差别	容易	价格的接受者	玉米、小麦
垄断竞争市场	很多	有差别	比较容易	有一定程度的控制	—
寡头垄断市场	少数几个	有一定的差别或完全无差别	比较困难	有较大程度的控制	石油工业
完全垄断市场	一个	无相近替代品	非常困难	价格的决定者	电力

4. BC [解析] 完全竞争市场中，整个行业的需求曲线向右下方倾斜，企业的需求曲线是一条水平线，A项错误。由于完全竞争市场具有"很多、同质、了解、自由"的特点，因此所有企业都是价格接受者，B项正确。完全竞争企业的边际收益＝平均收益＝产品的价格，所以企业的需求曲线与平均收益线、边际收益线重合，C项正确、E项错误。完全竞争企业生产的产品是同质的，D项错误。

5. B [解析] 完全竞争市场中，个别企业的需求曲线、平均收益曲线和边际收益曲线三线重合。

6. A [解析] 在完全竞争市场中，企业的边际收益等于平均收益且等于单位产品价格，故本题中，平均收益＝边际收益＝单位产品价格＝200（元）。

7. C [解析] 任何市场中企业为了实现利润最大化，在价格与产量决策时均需要遵循边际收益等于边际成本的原则，C项正确。

8. C [解析] 企业的短期供给曲线就是处于平均可变成本之上的边际成本曲线，它表示企业在每一个价格水平的供给量都是能够为其带来最大的利润或最小的亏损的最优产量。

9. C [解析] 完全竞争企业的需求曲线是一条水平线，A项错误；完全垄断企业的需求曲线与平均收益线重合，均向右下方倾斜，B、D两项错误；完全垄断企业的需求曲线就是整个行业的需求曲线，C项正确。

10. B [解析] 完全垄断企业的边际收益线位于平均收益线的下方，B项正确、C项错误。平均收益线和需求曲线重合，A、D两项错误。

11. C [解析] 任何企业为了实现利润最大化均需要遵循边际收益等于边际成本的原则，C项正确。

12. A [解析] 垄断企业定价法则：（价格－边际成本）/价格＝－1/需求价格弹性系数。即：垄断厂商在边际成本上的加价额占价格的比例等于需求价格弹性倒数的相反数（1/2），也就是50%，A项正确。

13. A [解析] 实行价格歧视的两个条件包括：①必须有可能根据不同的需求价格弹性划分出两组或两组以上的不同购买者；②市场必须是能够有效地隔离开，同一产品不能在不同市场之间流动。

14. C [解析] 企业实行价格歧视的基本原则是不同市场的边际收益相等并且等于边际成本，C项正确。

15. DE [解析] 寡头垄断市场生产者之间可以实施价格协议制度，A项错误。垄断竞争企业的特征之一是：产品具有差别性，生产者可以对价格有一定程度的控制，而不再是完全的价格接受者，B项错误。垄断竞争市场中企业的需求曲线是向右下方倾斜的，C项错误，D项正确。短期内，垄断竞争厂商的行为与完全垄断企业的行为相似，即短期均衡也包括盈利、利润为零、亏损三种情形，E项正确。

16. A [解析] 垄断竞争市场、寡头垄断市场、完全垄断市场均不存在供给曲线。完全竞争企业的供给曲线是处于平均可变成本之上的边际成本曲线。

17. ABC [解析] 垄断竞争市场行业的需求曲线和个别企业的需求曲线是不同的，因为该行业中有很多企业，个别企业的需求曲线不是整个行业的需求曲线，D项错误；个别企业的需求曲线是一条向右下方倾斜的曲线，E项错误。

18. D [解析] 协议价格制一般是不稳定的，很难长期存在下去，A项错误；协议价格制很多国家都是不鼓励的，受到反垄断法律法规的严格禁止，B项错误；价格领袖制是通过行业中某一占支配地位的企业率先确定价格，其他企业跟随的方式形成的，C项错误；协议价格制的方式是通过限制各个生产者的产量，使其行业边际收益等于行业边际成本，D项正确。

19. AB [解析] 寡头垄断市场上价格形成的模型有协议价格制、价格领袖制等。

本章学习检查表

知识点名称	初次学习		第一次复习		第二次复习	
	做对题目数/总题目数	学习日期	做对题目数/总题目数	复习日期	做对题目数/总题目数	复习日期
市场结构的含义和划分市场结构的标准						
各种市场结构的特征						
完全竞争市场行业的供求曲线和个别企业的需求曲线						
完全竞争企业的收益曲线						
完全竞争市场上企业产量决策的基本原则						
完全竞争市场上企业的短期供给曲线						
完全垄断市场的需求曲线						
完全垄断企业的平均收益与边际收益						
完全垄断市场进行产量和价格决策的基本原则						
完全垄断企业定价的一个简单法则						
价格歧视						
垄断竞争市场上生产者的行为						
寡头垄断市场上生产者的行为						

填写建议：

"做对题目数/总题目数"记录针对该知识点自己做题的情况，比如该知识点总题目数为10题，做对了其中7题，记录为7/10。

"学习日期"记录自己学习该知识点时的日期，建议把下一次复习的日期也写上。

备忘录：

第五章 生产要素市场理论

学习指导

本章知识点主要出自生产者使用生产要素的原则、完全竞争生产者对生产要素的需求和劳动供给曲线。其中生产者使用生产要素的原则、完全竞争生产者的要素供给曲线及要素需求曲线及劳动供给曲线都是本章考试的重点，需要重点掌握，本章历年考查分值平均在2～3分。

本章要注重对概念的理解，几个等式成立的条件及分别对应什么原则需要分清，此外劳动的供给曲线需要重点掌握。

时间	考点
Day 5	➢ 引致需求 ➢ 生产者使用生产要素的原则 ➢ 完全竞争生产者的要素需求曲线 ➢ 完全竞争市场的要素需求曲线 ➢ 生产要素供给的一般分析 ➢ 劳动和闲暇 ➢ 劳动供给原则 ➢ 劳动供给曲线

Day 5

考点：引致需求

1. [单项选择题] 生产者对生产要素的需求具有相互依赖性，各种生产要素要共同发挥作用才能生产最终产品，这说明生产者对生产要素的需求是（　　）。
   A. 引致需求　　　　　　　　　　B. 派生需求
   C. 单一需要　　　　　　　　　　D. 联合需求

考点：生产者使用生产要素的原则

2. [单项选择题] 生产者使用生产要素的原则是（　　）。
   A. 边际成本等于边际收益　　　　B. 边际物质产品等于边际收益产品
   C. 边际要素成本等于边际产品价值　D. 边际要素成本等于边际收益产品

3. [单项选择题] 关于生产要素的相关概念，下列表述错误的是（　　）。
   A. 边际物质产品表示增加单位要素投入所带来的产量增加
   B. 边际收益表示增加单位要素使用所带来的收益的增加
   C. 边际产品价值表示增加单位要素投入所增加的价值
   D. 边际要素成本表示增加单位要素投入所带来的成本增量

✓ **考点**：完全竞争生产者的要素需求曲线

4. [单项选择题] 在完全竞争要素市场上，生产者边际要素成本曲线、平均要素成本曲线和要素供给曲线的关系是（　　）。
   A. 边际要素成本曲线与平均要素成本曲线重合，要素供给曲线向右上方倾斜
   B. 边际要素成本曲线、平均要素成本曲线和要素供给曲线是重合的
   C. 边际要素成本曲线向右下方倾斜，而平均要素成本曲线和要素供给曲线重合
   D. 边际要素成本曲线、平均要素成本曲线和要素供给曲线都是"U"形曲线

5. [单项选择题] 关于完全竞争生产者要素需求曲线的说法，正确的是（　　）。
   A. 需求曲线是水平线
   B. 需求要素价格正方向变化
   C. 需求曲线向右下方倾斜
   D. 需求曲线与边际产品曲线重合

✓ **考点**：完全竞争市场的要素需求曲线

6. [单项选择题] 当整个市场上的所有生产者都根据要素价格的变化调整产量时，产品价格就会发生变化，所以生产者的要素需求曲线会变得（　　）。
   A. 更平缓　　　　　　　　　　　　B. 更陡峭
   C. 水平　　　　　　　　　　　　　D. 弯曲

✓ **考点**：生产要素供给的一般分析

7. [多项选择题] 下列各项中，属于经济学分析的要素有（　　）。
   A. 技术　　　　　　　　　　　　　B. 劳动
   C. 资本　　　　　　　　　　　　　D. 土地
   E. 企业家才能

✓ **考点**：劳动和闲暇

8. [单项选择题] 劳动的效用实际是（　　）的效用。
   A. 支出　　　　　　　　　　　　　B. 费用
   C. 收入　　　　　　　　　　　　　D. 边际

✓ **考点**：劳动供给原则

9. [单项选择题] 在生产要素市场上，劳动的供给原则是（　　）。
   A. 劳动的平均效用等于闲暇的边际效用
   B. 劳动的边际效用等于闲暇的边际效用
   C. 劳动的边际效用大于闲暇的边际效用
   D. 劳动的平均效用等于闲暇的平均效用

✓ **考点**：劳动供给曲线

10. [单项选择题] 在要素市场上，工资增加的替代效应是指（　　）。
    A. 工作较短的时间可以获得同样的收入，劳动供给不变
    B. 劳动者收入增加而追求闲暇，减少劳动供给

C. 宁愿工作更长的时间，用劳动替代闲暇，增加劳动供给

D. 工作更长的时间可以获得更多的收入

11. ［多项选择题］关于各种不同的生产要素的供给曲线的说法，正确的是（　　）。

   A. 土地的供给曲线是一条垂直线

   B. 劳动的供给曲线是一条后弯曲线

   C. 资本的供给曲线在短期内是一条后弯曲线

   D. 各种要素的供给曲线具有同样的形状

   E. 资本的供给曲线在长期内是一条垂直线

学习笔记

参考答案及解析

Day 5

1. D [解析] 联合需求（复合需求）是指生产者对生产要素的需求具有相互依赖性，各种生产要素要共同发挥作用才能生产最终产品。

2. D [解析] 本题注意"要素"两个字。所有的生产者使用要素的原则：边际要素成本＝边际收益产品，本题选择 D 项。边际成本等于边际收益是产品市场实现利润最大化的原则。

3. B [解析] 边际收益产品表示增加单位要素使用所带来的收益的增加，B 项漏掉"产品"二字，故错误。

4. B [解析] 边际要素成本曲线、平均要素成本曲线和要素供给曲线是重合的，均为水平线，可判断出 B 项正确。

5. C [解析] 完全竞争市场生产者要素需求曲线向右下方倾斜，要素供给曲线为水平线。

6. B [解析] 完全竞争市场上有大量的生产者，在某一价格下的市场要素需求量，一般应该是在该价格下所有生产者需求量之和。但是，当整个市场上的所有生产者都根据要素价格的变化调整产量时，产品价格就会发生变化，所以生产者的要素需求曲线会变得更陡峭，B 项正确。

7. BCDE [解析] 经济学分析的要素包括劳动、资本、土地和企业家才能，不包括 A 项。

8. C [解析] 劳动的效用体现在劳动可以给消费者带来收入，而收入有效用。所以，劳动的效用实际是收入的效用，C 项正确。

9. B [解析] 劳动的供给原则是劳动的边际效用等于闲暇的边际效用，B 项正确。

10. C [解析] 工资增加的替代效应表现为劳动供给增加，工资增加的收入效应表现为劳动供给减少。

●考点再现

Q_{10} 替代效应和收入效应：

效用名称	具体内容
工资增加的替代效应	工资上升，收入增加，消费者用劳动替代闲暇，劳动供给增加
工资增加的收入效应	工资上升，收入增加，消费者更加富有而追求闲暇，减少劳动供给
二者的关系	(1) 当工资低而收入少时，工资上升，替代效应大于收入效应，消费者劳动供给增加 (2) 当工资提高到一定程度时，消费者相对比较富有，工资增加的替代效应小于收入效应，劳动供给减少

11. AB [解析] 土地的供给曲线是一条垂直线，劳动的供给曲线是一条后弯曲线，A、B 两项正确，D 项错误。资本的供给曲线在短期内是垂直线，从长期来看是一条后弯曲线，C、E 两项错误。

本章学习检查表

知识点名称	初次学习		第一次复习		第二次复习	
	做对题目数/总题目数	学习日期	做对题目数/总题目数	复习日期	做对题目数/总题目数	复习日期
引致需求						
生产者使用生产要素的原则						
完全竞争生产者的要素需求曲线						
完全竞争市场的要素需求曲线						
生产要素供给的一般分析						
劳动和闲暇						
劳动供给原则						
劳动供给曲线						

填写建议：

"做对题目数/总题目数"记录针对该知识点自己做题的情况，比如该知识点总题目数为10题，做对了其中7题，记录为7/10。

"学习日期"记录自己学习该知识点时的日期，建议把下一次复习的日期也写上。

备忘录：

第六章 市场失灵和政府的干预

 学习指导

本章知识点主要出自市场失灵的含义、市场失灵的原因及政府对市场的干预。其中公共物品与市场失灵是本章重点,近5年每年均有出题,需要重点掌握。资源最优配置的含义和标准、公共物品与市场失灵是中频考点,同样需要掌握。本章较为重要,历年考查分值平均在3~4分。

本章主要考查市场失灵的相关内容,因此应将市场失灵的原因与政府对其解决措施对应着学习。

时间	考点
Day 6	➢ 资源最优配置的含义和标准 ➢ 市场失灵的含义 ➢ 垄断与市场失灵及政府的干预 ➢ 外部性与市场失灵及政府的干预 ➢ 公共物品与市场失灵及政府的干预 ➢ 信息不对称与市场失灵及政府的干预

▶▶▶ Day 6

 考点:资源最优配置的含义和标准

1. [单项选择题] 资源配置实现最优化的标准是( )。

   A. 行业和区域间经济协调增长

   B. 不存在帕累托改进的资源配置状态

   C. 经济总量和财政收入持续增长

   D. 劳动生产率持续提高

2. [单项选择题] 当居民和厂商分别实现了效用最大化和利润最大化,并且整个经济的价格体系恰好使所有的商品和生产要素的供求都相等时,经济就处于( )。

   A. 产品市场均衡

   B. 要素市场均衡

   C. 帕累托最优

   D. 瓦尔拉斯均衡

3. [单项选择题] 如果既定的配置状态能够在其他人福利水平不下降的情况下,通过资源重新配置使至少一个人的福利水平有所提高,这种资源重新配置被称为( )。

   A. 一般均衡状态　　　　　　　　B. 帕累托改进

   C. 瓦尔拉斯均衡　　　　　　　　D. 帕累托最优

▼ 考点：市场失灵的含义

4. [多项选择题] 资源配置达到帕累托最优状态的条件有（　　）。
A. 市场处于完全竞争的状态
B. 市场处于不完全竞争的状态
C. 经济主体是完全理性的
D. 市场信息具有完全性
E. 经济主体的行为不存在外部影响

▼ 考点：垄断与市场失灵及政府的干预

5. [多项选择题] 在不完全竞争市场上，下列说法正确的有（　　）。
A. 生产者是完全的价格接受者
B. 资源能在部门间自由流动
C. 生产者生产的产量不是最大产量
D. 市场价格达到最低
E. 市场机制不能充分有效地发挥作用

6. [多项选择题] 为了克服垄断导致的市场失灵，政府可以采取的措施有（　　）。
A. 制定《反不正当竞争法》和《反垄断法》
B. 对商品的说明、质量标准和广告做出具体的法律规定
C. 规定限价
D. 规定利润率
E. 征收适度的税费

▼ 考点：外部性与市场失灵及政府的干预

7. [单项选择题] 下列关于外部性或外部影响与资源配置效率的说法中，正确的是（　　）。
A. 产生外部经济的生产者的产出水平低于社会最优产出水平
B. 产生外部经济的生产者的产出水平高于社会最优产出水平
C. 产生外部不经济的生产者的产出水平等于社会最优产出水平
D. 产生外部不经济的生产者的产出水平低于社会最优产出水平

8. [多项选择题] 美国经济学家科斯关于产权和外部性理论的主要观点和结论包括（　　）。
A. 很多外部性的产生都是由产权不清晰导致的
B. 只要产权是明确的，并且交易成本为零或者很小，市场均衡的最终结果都是有效率的
C. 即使产权不明确，只要交易成本为零或者很小，市场均衡的最终结果都是有效率的
D. 不同的产权制度会导致相同的资源配置效率
E. 明确和界定产权是解决外部性问题的重要途径

9. [单项选择题] 为了实现资源的优化配置，政府应通过财政补贴对其具有（　　）的生产者予以支持。
A. 较小道德风险
B. 正向选择
C. 外部不经济
D. 外部经济

▼ 考点：公共物品与市场失灵及政府的干预

10. [单项选择题] 最典型的纯公共物品是（　　）。
A. 收费公路
B. 国防
C. 医疗卫生服务
D. 保障性住房

11. ［多项选择题］关于公共物品的说法，正确的有（　　）。

    A. 公共物品的市场需求曲线是所有消费者的需求曲线的横向加总

    B. 公共物品必须由政府提供

    C. 公共物品的消费可能产生"搭便车"现象

    D. 市场无法供给公共物品

    E. 公共物品包括纯公共物品和准公共物品

▽ 考点：信息不对称与市场失灵及政府的干预

12. ［单项选择题］由于买方和卖方之间信息不对称，市场机制会导致某些商品或服务的需求曲线向左下方弯曲，最终结果是劣质商品或服务驱逐优质商品或服务，以致市场萎缩甚至消失，这种现象称为（　　）。

    A. 道德风险　　　　　　　　　　B. 逆向选择

    C. 负外部性　　　　　　　　　　D. 优胜劣汰

13. ［多项选择题］关于信息不对称和市场失灵的说法，正确的有（　　）。

    A. 信息不对称会导致道德风险

    B. 信息不对称会导致某些商品或者服务市场出现萎缩甚至消失

    C. 通过税收和补贴手段，可以解决信息不对称导致的市场失灵

    D. 政府可以指定有关商品说明、质量标准和广告等的法律法规，以克服信息不对称所导致的市场失灵

    E. 通过明晰产权可以克服信息不对称所引起的市场失灵

✎ 学习笔记

参考答案及解析

Day 6

1. B [解析] 资源配置实现最优化的标准是不存在帕累托改进的资源配置状态。

2. D [解析] 当居民和企业分别实现了效用最大化和利润最大化，整个经济的价格体系恰好使所有的商品供求都相等时，经济就处于一般均衡状态或瓦尔拉斯均衡状态，D 项正确。

3. B [解析] 本题注意"能够"两个字。既定的资源配置状态能够在其他人福利水平不下降的情况下，通过重新配置资源，使得至少有一个人的福利水平有所提高，则称这种资源重新配置为帕累托改进。

4. ACDE [解析] 资源配置达到帕累托最优状态的条件包括：①经济主体是完全理性的（C 项正确）；②信息是完全的（D 项正确）；③市场是完全竞争的（A 项正确、B 项错误）；④经济主体的行为不存在外部影响（E 项正确）。

5. CE [解析] 在不完全竞争市场上，生产者不再是完全的价格接受者（A 项错误），资源已不可能在部门之间自由流动（B 项错误），导致生产者生产的产量不是最大的产量（C 项正确），市场价格不是最低的价格（D 项错误），长期来看，成本也比完全竞争市场条件下的生产成本要高，消费者将不再可能获取最大满足。由于不完全竞争市场的广泛存在，市场机制很难充分有效地发挥作用（E 项正确），资源不可能实现最优配置。

6. ACD [解析] 政府可以通过法律手段来限制垄断和反对不正当竞争，比如规定《反不正当竞争法》《反垄断法》，A 项正确；政府对垄断进行干预的另一种手段是对垄断行业进行公共管制，主要是对垄断行业的产品或服务的价格进行管制或规定限价，或规定利润率，C、D 两项正确。B 项是解决信息不对称的干预手段，E 项主要解决外部性的外部不经济导致的市场失灵。

> **考点再现**
>
> Q_6 外部性的影响：
>
> | 生产的外部性类型 | 对市场机制的影响 |
> | --- | --- |
> | 对于产生外部经济的生产者（正外部性） | （1）私人收益小于社会收益
（2）缺乏生产积极性，其产出水平低于社会最优产出水平
（3）造成产品的供给过少 |
> | 对于产生外部不经济的生产者（负外部性） | （1）边际私人成本小于边际社会成本
（2）倾向于扩大生产，其产出水平大于社会最优产出水平
（3）造成产品的供给过多 |

7. A [解析] 外部经济的影响：私人收益小于社会收益，缺乏生产积极性，产出水平低于社会最优产出水平；造成产品的供给过少。外部不经济的影响：边际私人成本小于边际社会成本，倾向扩大生产，产出水平会高于社会最优产出水平；造成产品的供给过多。

8. ABE [解析] 很多外部性的产生都是由产权不清晰导致的，所以要明晰产权，A、E 两项正确，C 项错误。科斯认为，只要财产权是明确的，并且交易成本是零或者很小，那么无论在开始时将财产权赋予谁,市场均衡的最终结果都是有效率的,实现资源配置的帕累托最优。进一步看,还可以认为,一旦考虑到交易成本,产权的初始界定对于经济运行的效率就会产生十分重要的影响,从而可以引申出一个重要结论:不同产权制度,会导致不同的资源配置效率。B 项正确,D 项错误。

9. D [解析] 政府对正外部性(外部经济)的企业给予政府补贴,使私人收益等于社会收益,实现资源的优化配置。政府对负外部性(外部不经济)的企业可以使用税收手段,使得企业的私人成本等于社会成本。D 项正确。

10. B [解析] 公共物品包括纯公共物品和准公共物品。其中,纯公共物品是指具有完全的非竞争性和非排他性的物品,如国防;准公共物品是指具有有限的非竞争性和非排他性的物品,如教育、医疗卫生、收费公路等。

11. CE [解析] 公共物品的市场需求曲线是所有消费者的需求曲线的纵向加总,A 项错误。公共物品具有非竞争性和非排他性的特点,所以公共物品的消费可能产生"搭便车"现象,C 项正确。公共物品包括纯公共物品和准公共物品两类,国防属于典型的纯公共物品,只能由政府提供,而教育、医疗等属于准公共物品,政府和私人都会提供,B、D 两项错误,E 项正确。

12. B [解析] 逆向选择是买卖双方在不对称信息的情况下,出现劣质商品或服务驱逐优质商品或服务,以致市场萎缩甚至消失。

13. ABD [解析] 信息不对称会出现逆向选择和道德风险,A 项正确。市场机制会导致某些商品或服务的需求曲线向左下方弯曲,最终结果是劣质商品或服务驱逐优质商品或服务,以致市场萎缩甚至消失,B 项正确。最终结果解决方法是政府可以指定有关商品说明、质量标准和广告等法律法规,D 项正确。税收、补贴及明晰产权是消除外部性所引起的市场失灵的方法,C、E 两项错误。

本章学习检查表

知识点名称	初次学习		第一次复习		第二次复习	
	做对题目数/总题目数	学习日期	做对题目数/总题目数	复习日期	做对题目数/总题目数	复习日期
资源最优配置的含义和标准						
市场失灵的含义						
垄断与市场失灵及政府的干预						
外部性与市场失灵及政府的干预						
公共物品与市场失灵及政府的干预						
信息不对称与市场失灵及政府的干预						

填写建议：

"做对题目数/总题目数"记录针对该知识点自己做题的情况，比如该知识点总题目数为10题，做对了其中7题，记录为7/10。

"学习日期"记录自己学习该知识点时的日期，建议把下一次复习的日期也写上。

备忘录：

第七章 国民收入核算和简单的宏观经济模型

 学习指导

本章知识点主要出自国民收入核算，宏观经济均衡的基本模型，消费、储蓄和投资及总需求和总供给。其中国内生产总值的计算方法、消费理论是本章重点，需要重点掌握，本章历年考查分值在 2 分左右。

此外需要掌握各部门经济中的储蓄—投资恒等式，分清函数之间的联系及各自的公式，区分影响总需求和总供给的因素。

时间	考点
Day 7	➢ 国内生产总值的含义 ➢ 国内生产总值的计算方法 ➢ 储蓄—投资恒等式 ➢ 消费和储蓄 ➢ 投资函数和投资乘数 ➢ 简单的国民收入决定 ➢ 总需求 ➢ 总供给

▶▶▶ Day 7

 考点：国内生产总值的含义

1. ［单项选择题］关于国内生产总值的说法，错误的是（　　）。
   A. 国内生产总值的计算方法有三种，即生产法、收入法和支出法
   B. 国内生产总值是一个收入的概念
   C. 国内生产总值是目前世界各国（或地区）普遍使用的衡量经济活动总量的基本指标
   D. 国内生产总值有三种形态，即价值形态、收入形态和产品形态

▼ 考点：国内生产总值的计算方法

2. ［单项选择题］如果用字母 C 表示居民消费支出、用 I 表示固定投资支出、用 G 表示政府购买，用 $(X-M)$ 表示净出口，则按照支出法计算的国内生产总值（GDP）的公式是（　　）。
   A. $GDP=C+I$
   B. $GDP=C+I+G$
   C. $GDP=C+I+G+(X-M)$
   D. $GDP=C+I+G+X$

3. [单项选择题] 可以用于计算最终消费率的是（　　）。
   A. 运用支出法核算的国内生产总值
   B. 运用消费法核算的国内生产总值
   C. 运用收入法核算的国内生产总值
   D. 运用生产法核算的国内生产总值

4. [单项选择题] 按照国民收入核算理论，下列项目中，不属于按收入法计算国内生产总值（GDP）范围的是（　　）。
   A. 存款变动
   B. 固定资产折旧
   C. 生产税净额
   D. 劳动者报酬

▼ 考点：储蓄—投资恒等式

5. [单项选择题] 如果用 I 表示投资、S 表示储蓄、T 表示税收、G 表示政府购买、X 表示出口、M 表示进口，则四部门经济中储蓄和投资的恒等关系是（　　）。
   A. $I=S+(T-G)+(M-X)$
   B. $I=S+T-G+X-M$
   C. $I=S+(T-G)$
   D. $I=S+(M-X)$

▼ 考点：消费和储蓄

6. [单项选择题] 关于边际消费倾向、平均消费倾向及其相互关系的说法，正确的是（　　）。
   A. 边际消费倾向恒等于平均消费倾向
   B. 边际消费倾向可能大于、等于或小于0
   C. 平均消费倾向总是在0到1之间
   D. 边际消费倾向总是小于平均消费倾向

7. [多项选择题] 凯恩斯消费理论的主要假设有（　　）。
   A. 边际消费倾向递减
   B. 收入是决定消费的最重要的因素
   C. 平均消费倾向会随着收入的增加而减少
   D. 消费取决于家庭所处的生命周期阶段
   E. 长期消费函数是稳定的

8. [多项选择题] 下列关于凯恩斯消费函数的表述，正确的有（　　）。
   A. 边际消费倾向大于平均消费倾向
   B. 平均消费倾向和平均储蓄倾向之和等于1
   C. 消费等于自发消费和引致消费之和
   D. 边际消费倾向和边际储蓄倾向之和等于1
   E. 消费函数和储蓄函数互为补数

▼ 考点：投资函数和投资乘数

9. [单项选择题] 投资的成本取决于（　　）。
   A. 实际利率
   B. 投资风险
   C. 预期收益率
   D. 名义利率

10. [单项选择题] 按照乘数理论，投资乘数的大小主要取决于（　　）。
    A. 投资函数
    B. 实际利率
    C. 平均消费倾向
    D. 边际消费倾向

11. [单项选择题] 假设一个社会的边际消费倾向 β 为 0.8,则投资乘数 k 等于（　　）。
   A. 0.20
   B. 1.25
   C. 5.00
   D. 0.80

12. [单项选择题] 关于投资乘数的说法,正确的是（　　）。
   A. 投资乘数是平均储蓄倾向的倒数
   B. 投资乘数是边际储蓄倾向的倒数
   C. 投资乘数是边际消费倾向的倒数
   D. 投资乘数是平均消费倾向的倒数

考点：简单的国民收入决定

13. [单项选择题] 如果与可支配收入无关的消费为 300 亿元,投资为 400 亿元,边际储蓄倾向为 0.1,那么,在两部门经济中,均衡国民收入水平为（　　）亿元。
   A. 770
   B. 4 300
   C. 3 400
   D. 7 000

考点：总需求

14. [多项选择题] 影响总需求的因素主要有（　　）。
   A. 利率
   B. 货币供给量
   C. 税收
   D. 价格总水平
   E. 成本

15. [单项选择题] 由于价格总水平的变动引起居民收入及财富的实际购买力的反向变动,从而导致总需求反向变动的现象称为（　　）。
   A. 利率效应
   B. 出口效应
   C. 财富效应
   D. 总效用

考点：总供给

16. [多项选择题] 关于总供给和总供给曲线的说法,正确的有（　　）。
   A. 长期总供给曲线是一条向右上方倾斜的曲线
   B. 总供给的变动主要取决于企业的利润水平
   C. 从长期来看,总供给变动与价格总水平无关
   D. 总供给曲线反映的是在其他因素不变的条件下,总供给与价格总水平的变动情况
   E. 总供给曲线可以分为长期和短期两种

✎ 学习笔记

参考答案及解析

Day 7

1. B [解析] 国内生产总值是一个生产的概念，国民总收入是一个收入的概念。

2. C [解析] 国内生产总值是一定时期生产的可供最终使用的产品价值，这些产品最终使用的去向，一是用于最终消费，二是用于投资即资本形成，三是用于出口。将一定时期这三项最终使用价值相加，就是支出法国内生产总值构成。如果对居民和政府的支出分开再核算，则分为四个部分：居民消费支出、固定投资支出、政府购买、净出口。所以GDP=$C+I+G+(X-M)$，C项正确。

3. A [解析] 国内生产总值计算方法有生产法、收入法、支出法三种，B项错误。支出法国内生产总值=最终消费+资本形成总额+净出口。运用支出法核算GDP，可以计算资本形成率和最终消费率。资本形成率是指资本形成总额占国内生产总值的比重；最终消费率指最终消费支出占国内生产总值的比重，A项正确。

4. A [解析] 国内生产总值（GDP）是按市场价格计算的一个国家（或地区）在一定时期内生产活动的最终成果。收入法国内生产总值=所有常住单位收入法增加值之和=劳动者报酬+固定资产折旧+营业盈余+生产税净额。存款的概念过于广泛，不能对应收入法公式中的各项，A项错误，B、C、D三项正确。

5. A [解析] 四部门经济中储蓄和投资的恒等关系：$I=S+(T-G)+(M-X)$，A项正确。

●考点再现

Q_5 储蓄—投资恒等式：

分类	包含部门	支出角度	收入角度	公式
两部门经济	消费者、企业	GDP=$C+I$	GDP=$C+S$	$I=S$ 式中，I表示投资，S表示储蓄
三部门经济	消费者、企业、政府部门	GDP=$C+I+G$	GDP=$C+S+T$	$I=S+(T-G)$ 式中，$(T-G)$表示政府部门的储蓄
四部门经济	消费者、企业、政府部门、国外部门	GDP=$C+I+G+(X-M)$	GDP=$C+S+T$	$I=S+(T-G)+(M-X)$ 式中，$(M-X)$表示外国在本国的储蓄

6. D [解析] 边际消费倾向总是小于平均消费倾向，A项错误，D项正确。边际消费倾向大于0小于1，B项错误。平均消费倾向可能大于1、等于1或小于1，C项错误。

7. ABC [解析] 凯恩斯的消费理论的三个假设：①边际消费倾向递减规律（A项正确）；

②收入是决定消费的重要因素（B 项正确）；③平均消费倾向会随着收入的增加而减少（C 项正确）。D、E 两项分别是莫迪利安尼的生命周期理论和弗里德曼的持久收入理论。

8. BCDE ［解析］边际消费倾向总是小于平均消费倾向，A 项错误。

9. A ［解析］如果企业用贷款进行投资，则投资的成本就是利息；如果企业用自有资本进行投资，利息是投资的机会成本，因此仍可认为投资的成本是利息。决定利息的直接因素即为实际利率。因此，投资的成本取决于实际利率。

10. D ［解析］投资乘数＝1/（1－边际消费倾向），所以投资乘数的大小主要取决于边际消费倾向。

11. C ［解析］投资乘数＝1/（1－边际消费倾向）＝1/（1－0.8）＝5.00。

12. B ［解析］投资乘数 $k=\Delta Y/\Delta I=1/(1-\beta)=1/s$，$1-\beta$ 是边际储蓄倾向，用 s 表示，所以投资乘数是边际储蓄倾向的倒数，B 项正确。

13. D ［解析］根据收入恒等于支出的原理：均衡国民收入＝消费＋投资＋政府购买＋净出口，将消费函数代入收入恒等式，均衡国民收入＝（自发消费＋边际消费倾向×均衡国民收入）＋投资＋政府购买＋净出口。本题中，仅涉及两部门，故没有政府购买和净出口。边际消费倾向＝1－边际储蓄倾向，均衡国民收入＝300＋（1－0.1）×均衡国民收入＋400，解之得：均衡国民收入＝$\dfrac{300+400}{0.1}$＝7 000（亿元）。

14. ABCD ［解析］影响总需求的因素有利率、货币供给量、政府购买、税收、预期、价格总水平，A、B、C、D 四项正确；成本是影响总供给的因素，E 项错误。

15. C ［解析］本题可通过"财富"二字直接选择 C 项。由于价格总水平的变动引起居民收入及财富的实际购买力的反向变动，从而导致总需求反向变动的现象称为财富效应。由于价格总水平的变动引起利率变化并进而与投资、消费及总需求的这种反方向变化的现象称为利率效应，A 项不符合题意。由价格总水平通过汇率变动影响出口需求的变化并与总需求呈反方向变化的现象称为出口效应，B 项不符合题意。总效用＝收入效应＋替代效应，D 项不符合题意。

16. BCDE ［解析］短期总供给曲线是一条向右上方倾斜的曲线，长期总供给曲线是一条与横轴相交的垂直线，A 项错误。

本章学习检查表

知识点名称	初次学习		第一次复习		第二次复习	
	做对题目数/总题目数	学习日期	做对题目数/总题目数	复习日期	做对题目数/总题目数	复习日期
国内生产总值的含义						
国内生产总值的计算方法						
储蓄—投资恒等式						
消费和储蓄						
投资函数和投资乘数						
简单的国民收入决定						
总需求						
总供给						

填写建议：

"做对题目数/总题目数"记录针对该知识点自己做题的情况，比如该知识点总题目数为10题，做对了其中7题，记录为7/10。

"学习日期"记录自己学习该知识点时的日期，建议把下一次复习的日期也写上。

备忘录：

第八章　经济增长和经济发展理论

 学习指导

本章知识点主要出自经济增长、经济周期和经济波动及经济发展理论。其中分析和预测经济波动的指标体系为本章的重点,近 5 年每年均有出题,本章历年考查分值平均在 2～3 分。

本章内容较多,主要考查理论性知识,因此需注重概念间的区分、概念的理解。建议加强背诵和记忆。

时间	考点
Day 8	➢经济增长的含义及其与经济发展的区别 ➢决定经济增长的基本因素 ➢经济增长因素分解 ➢经济周期和经济波动的类型 ➢经济周期的阶段划分和阶段特征 ➢导致经济波动的主要因素 ➢我国的经济波动 ➢分析和预测经济波动的指标体系 ➢经济发展的基本理论 ➢新发展理念 ➢新发展阶段和新发展格局 ➢高质量发展的内涵与特征 ➢中国式现代化

Day 8

▽ **考点**：经济增长的含义及其与经济发展的区别

1. [单项选择题] 通常情况下,计算经济增长速度时应采用（　　）计算的 GDP。

   A. 现行价格　　　　　　　　　　B. 基期价格
   C. 平准价格　　　　　　　　　　D. 不变价格

▽ **考点**：决定经济增长的基本因素

2. [多项选择题] 一个国家的长期经济增长主要取决于（　　）。

   A. 净出口　　　　　　　　　　　B. 政府支出
   C. 生产要素的投入量　　　　　　D. 生产要素的效率
   E. 投资需求

第八章 经济增长和经济发展理论

▽ 考点：经济增长因素分解

3. [单项选择题] 假设某国 2010—2016 年 GDP 平均增长 7.5%，资本存量年均增长 5%，劳动力年均增长 2%，而且资本、劳动力在 GDP 增长中的份额分别为 50%、50%。这一时期该国全要素生产率年均增长率应为（　　）。
   A. 4.0%　　　　　　　　　　　　B. 4.5%
   C. 3.0%　　　　　　　　　　　　D. 3.5%

4. [单项选择题] 如果一国在一定时期内年均经济增长率为 8%，劳动增长率为 2%，资本增长率为 4%，如果资本在 GDP 增长中的份额为 25%，劳动力为 75%，根据索洛的余值法，在 8% 的经济增长率中，技术进步的贡献约为（　　）。
   A. 2.0%　　　　　　　　　　　　B. 2.5%
   C. 5.5%　　　　　　　　　　　　D. 1.0%

▽ 考点：经济周期和经济波动的类型

5. [单项选择题] 经济低谷时期的增长率为负值，这时经济周期属于（　　）。
   A. 长周期　　　　　　　　　　　B. 古典型周期
   C. 增长型周期　　　　　　　　　D. 短周期

6. [单项选择题] 按照周期波动时间的长短，经济周期分为长周期、中周期和短周期，在现实生活中，对经济运行影响较大且较为明显的是（　　）。
   A. 长周期　　　　　　　　　　　B. 短周期
   C. 中周期　　　　　　　　　　　D. 小循环

▽ 考点：经济周期的阶段划分和阶段特征

7. [多项选择题] 在经济周期的复苏和繁荣阶段可能出现（　　）。
   A. 通货膨胀　　　　　　　　　　B. 就业机会增多
   C. 投资持续增长　　　　　　　　D. 生产发展缓慢
   E. 企业利润、居民收入和消费水平都有不同程度的提高

▽ 考点：导致经济波动的主要因素

8. [单项选择题] 关于经济波动的一般原因的说法，错误的是（　　）。
   A. 一般而言，投资与经济增长具有正相关关系
   B. 消费需求不足，会导致经济增长率下降
   C. 当技术进步较快时，经济增长的速度较为缓慢
   D. 当人们对今后经济增长的预期比较乐观时，就愿意增加消费和投资，从而推动经济增长

▽ 考点：我国的经济波动

9. [单项选择题] 我国的经济周期属于（　　）波动。
   A. 增长型周期　　　　　　　　　B. 古典型周期
   C. 大循环　　　　　　　　　　　D. 长波循环

▼ 考点：分析和预测经济波动的指标体系

10. [多项选择题] 下列可用于经济波动状况分析的经济指标中，属于领先指标的有（　　）。
    A. 居民消费价格指数
    B. 企业利润
    C. 消费者信心指数
    D. 新开工项目计划总投资
    E. 采购经理指数

11. [单项选择题] 在分析和预测经济形势时，下列经济指标中，属于滞后性指标的是（　　）。
    A. 铁路货运量
    B. 居民消费价格指数
    C. 国内生产总值
    D. 规模以上工业增加值

▼ 考点：经济发展的基本理论

12. [单项选择题] 关于可持续发展的说法，正确的是（　　）。
    A. 既满足当代人的需求，又不对后代人满足其需求的能力构成危害
    B. 在一个时期内保持经济高速增长
    C. 保持经济稳定性增长
    D. 重视科技进步

13. [单项选择题] 经济发展的核心是（　　）。
    A. 经济快速增长
    B. 第三产业比重逐渐提高
    C. 人民生活水平的持续提高
    D. 农村人口向城市转移

▼ 考点：新发展理念

14. [单项选择题] 中国特色社会主义发展基本理念的内容是（　　）。
    A. 创新、协调、绿色、开放、公正
    B. 创新、协调、绿色、开放、公平
    C. 创新、协调、绿色、开放、共享
    D. 稳定、协调、绿色、开放、共享

▼ 考点：新发展阶段和新发展格局

15. [多项选择题] 党的十八大提出的"两个一百年"奋斗目标是（　　）。
    A. 在中国共产党成立一百年时，实现国民生产总值和城乡居民人均收入比2010年翻一番，全面建成小康社会
    B. 在中国共产党成立一百年时，建成富强民主文明和谐的社会主义现代化国家
    C. 在中国共产党成立一百年时，实现国内生产总值和城乡居民人均收入比2010年翻一番，全面建成小康社会
    D. 到中华人民共和国成立一百年时，建成富强民主文明和谐的社会主义现代化国家
    E. 到中华人民共和国成立一百年时，实现国内生产总值和城乡居民人均收入比2010年翻一番，全面建成小康社会

16. [单项选择题] 根据《"十四五"规划纲要》，我国在"十四五"时期经济社会发展的目标是（　　）。
    A. 国内生产总值（GDP）年均增长保持在合理区间，不低于6%
    B. 国内生产总值（GDP）年均增长保持在合理区间，不低于"十三五"期间平均增速
    C. 国内生产总值（GDP）年均增长保持在6%左右
    D. 国内生产总值（GDP）年均增长保持在合理区间，各年度视情提出

▼ 考点：高质量发展的内涵与特征

17. [多项选择题] 关于经济高质量发展的内涵，下列说法正确的有（　　）。
    A. 经济高质量发展就是以经济建设为中心的发展
    B. 经济高质量发展就是使创新成为引领经济增长的第一动力
    C. 经济高质量发展就是可持续的绿色发展
    D. 经济高质量发展就是城乡之间、区域之间保持协调的发展
    E. 经济高质量发展是更加开放的发展

▼ 考点：中国式现代化

18. [多项选择题] 党的二十大报告对"中国式现代化"进行了全面系统的论述。除了"中国式现代化是人口规模巨大的现代化"之外，中国式现代化的特征还包括（　　）。
    A. 中国式现代化是走和平发展道路的现代化
    B. 中国式现代化是物质文明和精神文明相协调的现代化
    C. 中国式现代化是投资与消费协调增长的现代化
    D. 中国式现代化是全体人民共同富裕的现代化
    E. 中国式现代化是人与自然和谐共生的现代化

✎ 学习笔记

参考答案及解析

Day 8

1. D [解析] 计算GDP时可以用现价计算，也可以用不变价格计算。用现行价格计算的GDP，可以反映一个国家或地区的经济发展规模；用不变价格计算的GDP，可以用来计算经济增长速度。

2. CD [解析] 决定经济增长的基本因素主要有：劳动的投入数量和劳动生产率、资本投入数量和资本效率。劳动及资本均属于生产要素，故一个国家的长期经济增长主要取决于生产要素的投入量和生产要素的效率，C、D两项正确。

3. A [解析] 全要素生产率即扣除劳动、资本等要素投入数量等因素对经济增长率的贡献之后，技术进步因素对经济增长的贡献份额。全要素生产率＝经济增长率－（劳动份额×劳动增加率）－（资本份额×资本增长率），即全要素生产率年均增长率＝7.5％－2％×50％－5％×50％＝4.0％。

4. C [解析] 技术进步率＝经济增长率－（劳动份额×劳动增长率）－（资本份额×资本增长率）＝8％－75％×2％－25％×4％＝5.5％。

● 考点再现

Q_{3-4} 经济增长因素分解：

项目	具体内容
两因素分解法	$G_Q = G_H + G_P$ 经济增长率＝工作小时数的增加率＋每小时产出的增加率
三因素分解法	$G_Y = G_A + \alpha G_L + \beta G_K$ 经济增长率＝技术进步率＋劳动份额×劳动增长率＋资本份额×资本增长率
全要素生产率 （技术进步率）	$G_A = G_Y - \alpha G_L - \beta G_K$ 全要素生产率＝经济增长率－劳动份额×劳动增长率－资本份额×资本增长率

5. B [解析] 古典型周期经济运行处在低谷时的经济增长为负增长，经济总量GDP绝对减少。

6. C [解析] 在现实生活中，中周期对经济运行影响较大且较为明显。

7. ABCE [解析] 扩张阶段（又可以细分为复苏阶段和繁荣阶段）的一般特征是经济增长速度持续提高，投资持续增长，产量不断扩大，市场需求旺盛，就业机会增多，企业利润、居民收入和消费水平都有不同程度的提高，也常常伴随通货膨胀。

8. C [解析] 当技术进步较快时，经济增长的速度较高，C项错误。

9. A [解析] 我国经济周期属于增长型周期波动，波动幅度不大，这一方面说明了我国政府对经济运行的调控能力在不断增强，另一方面也显示出了市场机制配置资源的优越性。

10. CDE [解析] 先行指标也称领先指标，通过这些指标可以预测总体经济运行的轨迹，如采购经理指数、消费者信心指数、新开工项目计划总投资等。A、B两项属于滞后指标。

11. B [解析] 滞后指标是对总体经济运行中已经出现的峰顶和谷底的确认，如企业利润、失业率、居民消费价格指数等。在我国，一般把国内生产总值、规模以上工业增加值、工业用电量、铁路货运量等视为一致指标。

12. A [解析] 可持续发展是经济发展的重要内容。可持续发展就是"既满足当代人的需要，又不对后代人满足其需要的能力构成危害"的发展。

13. C [解析] 经济发展的核心是人民生活水平的持续提高。

14. C [解析] 中国特色社会主义发展基本理念是：创新、协调、绿色、开放、共享。C项正确。

15. CD [解析] 党的十八大提出了"两个一百年"奋斗目标：在中国共产党成立一百年时，实现国内生产总值和城乡居民人均收入比2010年翻一番，全面建成小康社会；到中华人民共和国成立一百年时，建成富强民主文明和谐的社会主义现代化国家。

16. D [解析] "十四五"时期经济社会发展主要目标包括经济发展取得新成效、改革开放迈出新步伐、社会文明程度得到新提高、生态文明建设实现新进步、民生福祉达到新水平、国家治理效能得到新提升等六个方面。其中主要发展指标之一是：国内生产总值年均增长保持在合理区间，各年度视情提出，全员劳动生产率增长高于国内生产总值增长。

17. BCDE [解析] 经济高质量发展的内涵主要包括以下几个方面：①是以人民为中心的发展；②是使创新成为引领经济增长的第一动力；③是可持续的绿色发展；④是城乡之间、区域之间保持协调的发展；⑤是更加开放的发展。B、C、D、E四项正确。

18. ABDE [解析] 中国式现代化必然具有鲜明的中国特色，这些特色包括以下五个方面：①中国式现代化是人口规模巨大的现代化；②中国式现代化是全体人民共同富裕的现代化（D项）；③中国式现代化是物质文明和精神文明相协调的现代化（B项）；④中国式现代化是人与自然和谐共生的现代化（E项）；⑤中国式现代化是走和平发展道路的现代化（A项）。

本章学习检查表

知识点名称	初次学习 做对题目数/总题目数	初次学习 学习日期	第一次复习 做对题目数/总题目数	第一次复习 复习日期	第二次复习 做对题目数/总题目数	第二次复习 复习日期
经济增长的含义及其与经济发展的区别						
决定经济增长的基本因素						
经济增长因素分解						
经济周期和经济波动的类型						
经济周期的阶段划分和阶段特征						
导致经济波动的主要因素						
我国的经济波动						
分析和预测经济波动的指标体系						
经济发展的基本理论						
新发展理念						
新发展阶段和新发展格局						
高质量发展的内涵与特征						
中国式现代化						

填写建议:

"做对题目数/总题目数"记录针对该知识点自己做题的情况,比如该知识点总题目数为10题,做对了其中7题,记录为7/10。

"学习日期"记录自己学习该知识点时的日期,建议把下一次复习的日期也写上。

备忘录:

第九章 价格总水平和就业、失业

学习指导

本章知识点主要出自价格总水平、就业和失业、经济增长及价格总水平的关系。其中奥肯定律、菲利普斯曲线及就业和失业的含义为本章的高频考点，需要重点掌握，近5年出题在3次左右，历年考查分值在3分左右。

本章多为理论性知识，应注重细节性的概念并加强公式的记忆。

时间	考点
Day 9	➤价格总水平的含义和度量 ➤决定价格总水平变动的因素 ➤价格总水平变动的经济效应 ➤就业、失业的含义与统计 ➤失业的类型 ➤奥肯定律 ➤就业弹性系数 ➤菲利普斯曲线 ➤宏观经济治理的内涵与特征

Day 9

考点：价格总水平的含义和度量

1. [单项选择题] 我国用来衡量通货膨胀的价格指数是（ ）。
   A. 居民消费价格指数　　　　　　　　B. 生产物价指数
   C. 国内生产总值缩减指数　　　　　　D. 批发价格指数

2. [单项选择题] 下列不属于发达国家或地区度量价格总水平方法的是（ ）。
   A. 编制消费者价格指数　　　　　　　B. 编制批发价格指数
   C. 计算国内生产总值缩减指数　　　　D. 编制各种成本指数

考点：决定价格总水平变动的因素

3. [多项选择题] 关于决定价格总水平变动因素的说法，正确的有（ ）。
   A. 在其他影响因素不变的情况下，货币供应量增长，价格总水平一般会趋于上升
   B. 如果总需求增长快于总供给的增长，价格总水平就有可能上升
   C. 在其他影响因素不变的情况下，货币流通速度加快，就会促使价格总水平下降
   D. 从长期来看，影响价格总水平的是总需求
   E. 从长期来看，总供给与价格总水平呈反方向变动

4. [单项选择题] 如果以 π 代表价格总水平的变动率，m 代表货币供给量的变动率，v 代表货币流通速度的变动率，y 代表国内生产总值的变动率，那么价格总水平的决定方程

是（　　）。

A. $\pi=m+v-y$　　　　　　　　B. $\pi=m+v+y$

C. $\pi=m-y$　　　　　　　　　D. $\pi=v-y$

5. ［多项选择题］下列关于价格总水平的说法，错误的有（　　）。

   A. 从长期来看，总供给变动与价格总水平呈同方向变化

   B. 其他因素不变，总产出增长，价格总水平一般会上升

   C. 其他因素不变，价格总水平的变动与货币供给量呈反方向变动

   D. 如果总需求增长慢于总供给的增长，价格总水平就有可能上升

   E. 其他因素不变，货币流通速度加快，就会促使价格总水平上升

✓ 考点：价格总水平变动的经济效应

6. ［多项选择题］关于价格总水平变动的经济效应的说法，正确的有（　　）。

   A. 任何通货膨胀都有利于促进经济增长

   B. 价格总水平的变动会在一定条件下影响汇率的变动

   C. 实际利率是在货币购买力上升时的利率

   D. 在名义利率不变时，实际利率与价格总水平呈反方向变动

   E. 在价格总水平上涨过程中，如果名义工资不提高或者提高幅度超过价格总水平上涨幅度，则实际工资下降

7. ［多项选择题］价格总水平变动的间接效应包括（　　）。

   A. 对企业生产经营决策的影响　　　B. 对利率的影响

   C. 对收入分配结构的影响　　　　　D. 对经济增长的影响

   E. 对汇率的影响

✓ 考点：就业、失业的含义与统计

8. ［单项选择题］反映一个国家或地区劳动力资源利用状况的最重要的经济指标是（　　）。

   A. 就学率　　　　　　　　　　　B. 人口出生率

   C. 失业率　　　　　　　　　　　D. 城镇化率

9. ［单项选择题］关于城镇调查失业率中就业人员的定义，下列说法错误的是（　　）。

   A. 为取得收入，在调查参考周内工作1小时以上（含1小时）的人员

   B. 由于在职学习等原因在调查参考周内暂时未工作的人员

   C. 因单位不景气临时未工作的人员

   D. 必须在公共就业和人才服务机构登记的城镇常住人员

10. ［多项选择题］关于就业和失业的说法，正确的有（　　）。

    A. 失业是指有劳动能力并愿意就业但在目前没有从事有报酬或者收入的工作的现象

    B. 努力扩大就业，减少失业，是提高人民生活水平的重要途径

    C. 促进经济增长是增加就业的主要途径

    D. 如果第三产业在GDP中所占比例较大，则就业弹性较高

    E. 解决自愿失业是宏观经济调控的重点

11. ［单项选择题］从一个较长期的变动趋势来看，在某一个国家或地区，总存在一个正常

的失业率，这就是自然失业率，下列关于自然失业率的表述，错误的是（　　）。

A. 自然失业率是劳动力市场供求处于均衡状态，价格总水平处于稳定状态的失业率

B. 斯蒂格里茨把自然失业率定义为通货膨胀率为零时的失业率

C. 自然失业率是经济处于充分就业状态时的失业率

D. 现在一般把自然失业率称为"加速通货膨胀率"

考点：失业的类型

12. [多项选择题]按照西方古典经济学的观点，自愿失业的类型主要包括（　　）。

A. 转轨型失业　　　　　　　　　B. 开放型失业

C. 结构性失业　　　　　　　　　D. 周期性失业

E. 摩擦性失业

考点：奥肯定律

13. [单项选择题]美国经济学家提出的奥肯定律描述的是（　　）之间的数量相关关系。

A. 失业与产出

B. 实际产出和价格波动

C. 实际工资和名义工资

D. 实际产出和名义利率

考点：就业弹性系数

14. [单项选择题]一个国家或地区一定时期内的就业增长率与经济增长率之间的比值称为（　　）。

A. 就业弹性　　　　　　　　　　B. 就业系数

C. 就业增速　　　　　　　　　　D. 就业比率

考点：菲利普斯曲线

15. [单项选择题]作为宏观经济分析的重要工具，简单的菲利普斯曲线描述的是失业率与（　　）之间的相互关系。

A. 企业利润增长率

B. 工资水平增长率

C. 产业结构

D. 通货膨胀率

16. [多项选择题]关于菲利普斯曲线的含义和作用的说法，正确的有（　　）。

A. 菲利普斯曲线是一条描述通货膨胀与失业或经济增长之间的相互关系的曲线

B. 菲利普斯曲线是一条描述经济增长与就业或失业之间相互关系的曲线

C. 根据菲利普斯曲线，可以通过促进经济增长来增加就业或减少失业

D. 菲利普斯曲线是一条描述税收收入与税率之间相互关系的曲线

E. 按照弗里德曼的观点，通货膨胀和失业之间的替代关系在长期内是不存在的

考点：宏观经济治理的内涵与特征

17. [多项选择题]《"十四五"规划纲要》对宏观经济治理的内涵作出了明确规定，下列选

项中符合规定的有（　　）。

A. 城乡之间、区域之间保持协调的发展，实现乡村振兴
B. 使创新成为引领经济增长的第一动力
C. 以国家发展规划为战略导向
D. 就业、产业、投资、消费、环保、区域等政策紧密配合
E. 以财政政策和货币政策为主要手段

✎ 学习笔记

第九章 价格总水平和就业、失业

参考答案及解析

Day 9

1. A ［解析］价格总水平的变动率即为通货膨胀率，我国目前用居民消费价格指数反映价格总水平的变动率。

2. D ［解析］世界各国或地区度量价格总水平的方法有编制各种价格指数（如消费者价格指数、批发价格指数等）和计算国内生产总值缩减指数两种。A、B、C 三项均属于度量价格总水平的方法。

3. ABD ［解析］在其他影响因素不变的情况下，货币流通速度加快，就会促使价格总水平上升，C 项错误；从长期来看，总供给与价格总水平无关，E 项错误。

4. A ［解析］价格总水平的决定方程为：$\pi = m + v - y$。

5. ABCD ［解析］价格总水平与货币供给量、货币流通速度呈正方向变动，而与总产出呈反方向变动，B、C 两项错误，E 项正确。从长期来看，总供给变动与价格总水平无关，A 项错误。如果总需求增长慢于总供给的增长，价格总水平就有可能下降，D 项错误。

6. BD ［解析］长期的通货膨胀对经济不利，A 项错误。实际利率是扣除价格总水平变动影响的利率，C 项错误。在价格总水平上涨过程中，如果名义工资不提高或者提高幅度低于价格总水平上涨幅度，则实际工资下降，E 项错误。

7. ACD ［解析］价格总水平变动的间接效应主要包括：①对企业生产经营决策的影响；②对收入分配结构的影响；③对经济增长的影响。价格总水平变动的直接效应包括对工资、利率和汇率的影响，B、E 两项不符题意。

8. C ［解析］关键点是"失业率"与劳动力资源利用状况联系最为紧密。在发达国家，失业率是反映一个国家或地区劳动力资源利用状况的最重要的指标。

9. D ［解析］根据城镇调查失业率的定义，就业人员包括：①为取得收入，在调查参考周内工作 1 小时以上（含 1 小时）的人员；②由于在职学习、休假等原因在调查参考周内暂时未工作的人员；③由于停工、单位不景气等原因临时未工作的人员。D 项为城镇登记失业率中失业人员使用的定义。

10. ABCD ［解析］失业是指有劳动能力并愿意就业但在目前没有从事有报酬或收入的工作的现象，A 项正确。扩大就业，减少失业是提高人民生活水平的重要途径，B 项正确。促进经济增长是增加就业的主要途径，C 项正确。如果第三产业在 GDP 中所占比例较大，则就业弹性高，D 项正确。解决非自愿失业是宏观经济调控的重点，E 项错误。

11. D ［解析］从一个较长期的变动趋势来看，在某一个国家或地区，总存在一个正常的失业率，这就是自然失业率，是指劳动力市场供求处于均衡状态，价格总水平处于稳定状态的失业率。经济学家弗里德曼把它定义为经济处于充分就业状态时的失业率，而斯蒂格里茨把它定义为通货膨胀率为零时的失业率。由于自然失业率和是否存在通货膨胀有关，因此现在一般把它称为"非加速通货膨胀率"，这是宏观经济分析的一个重要概念，D 项错误。

12. CE ［解析］自愿失业包括摩擦性失业和结构性失业。

13. A [解析] 美国经济学家阿瑟·奥肯在20世纪60年代初提出了美国的产出与失业之间的一个数量相关关系，即奥肯定律或奥肯法则。

14. A [解析] 就业弹性是一个国家或一个地区一定时期内的劳动就业增长率与经济增长率的比值。即经济增长每变化1个百分点所对应的就业数变化的百分点。就业弹性的变化受产业结构等因素的影响，如果第三产业或服务业在国民经济中所占比例较大，就业弹性就较高。

15. D [解析] 简单的菲利普斯曲线描述的是失业率与通货膨胀率之间的相互关系。

16. AE [解析] 奥肯定律反映经济增长与就业或失业之间的关系，政府可以通过促进经济增长来增加就业或减少失业。菲利普斯曲线是以英国经济学家菲利普斯名字命名的一条描述通货膨胀与失业或经济增长之间相互关系的曲线。简单的菲利普斯曲线是一条描述通货膨胀率与失业率之间相互关系的曲线。按照经济学家弗里德曼的观点，菲利普斯曲线从长期来看是不存在的。A、E两项正确，B、C两项错误。拉弗曲线是一条描述税收收入与税率之间相互关系的曲线，D项错误。

17. CDE [解析] 题目注意选的是《"十四五"规划纲要》对宏观经济治理的内涵。《"十四五"规划纲要》对宏观经济治理的内涵作出了明确规定，即"健全以国家发展规划为战略导向，以财政政策和货币政策为主要手段，就业、产业、投资、消费、环保、区域等政策紧密配合，目标优化、分工合理、高效协同的宏观经济治理体系"。A、B两项为经济高质量发展的内涵的内容，不符合题意。

本章学习检查表

知识点名称	初次学习		第一次复习		第二次复习	
	做对题目数/总题目数	学习日期	做对题目数/总题目数	复习日期	做对题目数/总题目数	复习日期
价格总水平的含义和度量						
决定价格总水平变动的因素						
价格总水平变动的经济效应						
就业、失业的含义与统计						
失业的类型						
奥肯定律						
就业弹性系数						
菲利普斯曲线						
宏观经济治理的内涵与特征						

填写建议：

"做对题目数/总题目数"记录针对该知识点自己做题的情况，比如该知识点总题目数为10题，做对了其中7题，记录为7/10。

"学习日期"记录自己学习该知识点时的日期，建议把下一次复习的日期也写上。

备忘录：

第十章 国际贸易理论和政策

 学习指导

本章知识点主要出自国际贸易理论的演变、影响国际贸易的因素、政府对进出口贸易的干预及倾销与反倾销。其中国际贸易理论的演变、政府对进出口贸易的干预是本章学习的重点,近5年每年均有出题,历年考查分值在3分左右。

本章内容较少,主要要分清各国际贸易理论的内容及相应的经济学家,以及影响进出口的因素及政府对其的干预性措施,着重理解倾销与反倾销的概念和内容。

时间	考点
Day 10	➢ 国际贸易理论的演变 ➢ 影响国际贸易的因素 ➢ 政府对国际贸易干预的目的 ➢ 倾销的界定和反倾销措施分析 ➢ 建设更高水平对外开放新体制

▶▶▶ Day 10

考点:国际贸易理论的演变

1. [单项选择题] 经济学家亚当·斯密提出的国际贸易理论是( )。
   A. 绝对优势理论   B. 要素禀赋理论
   C. 比较优势理论   D. 规模经济贸易理论

2. [单项选择题] 能够用来解释具有相似资源储备国家之间或者同类工业品之间的双向贸易现象的理论是( )。
   A. 规模经济贸易理论   B. 赫克歇尔—俄林理论
   C. 比较优势理论   D. 绝对优势理论

3. [单项选择题] 主张各国应当生产、出口密集使用本国丰裕要素的产品,进口需要密集使用本国稀缺要素的产品,这种国际贸易理论是( )。
   A. 绝对优势理论   B. 比较优势理论
   C. 要素禀赋理论   D. 后发优势贸易理论

4. [单项选择题] 依据赫克歇尔—俄林的理论可以得出的结论是( )。
   A. 各个经济体利用自然资源优势生产有限类别的产品,才能实现国际分工的规模效益
   B. 所有的经济体都应集中生产并出口具有绝对优势的产品
   C. 具有相似资源储备的国家之间的贸易和双向贸易是当代国际贸易的基础
   D. 通过国际贸易可以出现要素价格均等化的趋势

✓ **考点**：影响国际贸易的因素

5. [多项选择题] 在其他因素不变的情况下，如果一国货币汇率下降，即对外贬值，就可能会导致（　　）。
A. 本国旅游收入增加
B. 本国旅游收入不变
C. 本国出口增加
D. 本国进口增加
E. 本国旅游收入减少

6. [多项选择题] 影响一国出口贸易的因素主要有（　　）。
A. 经济总量和总产出水平
B. 汇率水平
C. 生产能力和技术水平
D. 自然资源的丰裕程度
E. 国际市场需求水平和需求结构

✓ **考点**：政府对国际贸易干预的目的

7. [多项选择题] 下列由政府实行的进出口贸易干预措施中，不属于非关税壁垒的有（　　）。
A. 出口信贷
B. 反倾销税
C. 歧视性公共采购
D. 出口补贴
E. 卫生检疫标准

8. [单项选择题] 下列政府政策措施中，能对进口贸易产生限制作用的是（　　）。
A. 设定卫生检疫标准
B. 直接补贴
C. 出口信贷
D. 限制倾销

✓ **考点**：倾销的界定和反倾销措施分析

9. [多项选择题] 关于倾销和反倾销的说法，正确的有（　　）。
A. 反倾销属于贸易救济措施
B. 进口国征收反倾销税可以根据本国需要随意确定标准
C. 倾销的实质就是低价出口产品
D. 反倾销的措施可采用征收反倾销税
E. 确定是否属于倾销行为的关键是认定产品的正常价值

10. [单项选择题] 在国际贸易中，确定出口国企业是否存在低价倾销行为的关键是（　　）。
A. 对产品性价比的认定
B. 对产品正常价值的认定
C. 是否干预汇率
D. 产品降价幅度

✓ **考点**：建设更高水平对外开放新体制

11. [多项选择题] 建设高水平对外开放新体制时，要（　　）。
A. 积极推动进出口的多元化
B. 提高我国产品国际市场竞争力
C. 通过优化出口结构积极扩大出口
D. 重视外资引进数量
E. 积极支持我国企业"走出去"

✎ 学习笔记

参考答案及解析

Day 10

1. A [解析] 亚当·斯密（18 世纪）提出绝对优势理论。大卫·李嘉图（19 世纪）提出比较优势理论。赫克歇尔和俄林（20 世纪初）提出赫克歇尔—俄林理论（要素禀赋理论）。美国经济学家克鲁格曼（20 世纪 60 年代）提出规模经济贸易理论（当代贸易理论）。

2. A [解析] 规模经济贸易学说是用来解释相似资源储备国家之间和同类工业品之间的双向贸易现象的一种理论。

3. C [解析] 赫克歇尔和俄林提出赫克歇尔—俄林理论，也叫要素禀赋理论，主张各国应当生产、出口密集使用本国充裕要素的产品，进口需要密集使用本国稀缺要素的产品。

4. D [解析] 20 世纪初，瑞典经济学家赫克歇尔和俄林开始从生产要素禀赋的差别来解释各国生产成本和价格的不同，重新分析国际贸易的基础，这就是所谓的要素禀赋理论，也叫 H—O 模型。通过国际贸易，往往会使各个国家之间的要素报酬（如工资、利息、地租等）差异趋于缩小，出现要素价格均等化趋势，D 项正确。B 项属于绝对优势理论（亚当·斯密）。各国利用规模经济来生产有限类别的产品，如果每个国家只生产几类产品，那么每种产品的生活规模就会比生产所有产品时的规模更大，才能实现国际分工的规模效益，这是现代国际贸易的基础。A、C 两项错误。

5. AC [解析] 理解"贬出"二字，即本币贬值出口增加，进口减少，本国旅游收入增加，A、C 两项正确。

6. BCDE [解析] 经济总量和总产出水平是影响进口的因素。A 项错误。

> **考点再现**
>
> Q_{5-6} 影响国际贸易的因素：
>
> | 项目 | 具体内容 |
> | --- | --- |
> | 影响出口贸易的因素 | （1）自然资源的丰裕程度
（2）生产能力和技术水平的高低
（3）汇率水平的高低
（4）本国的经济状况、国际市场需求水平和需求结构变动 |
> | 影响进口贸易的因素 | （1）一国的经济总量或总产出水平
（2）汇率水平
（3）国际市场商品的供给情况和价格水平的高低 |

7. ABD [解析] 非关税壁垒包括进口配额制、自愿出口限制、歧视性公共采购、技术标准和卫生检疫标准等。本题需注意题干中的"不属于"，通过排除法进行选择。

8. A [解析] 非关税限制包括进口配额制、自愿出口限制、歧视性公共采购、技术标准和卫生检疫标准等，A 项正确。

9. ADE [解析] 反倾销是贸易救济措施，A 项正确。反倾销税的税额不得超过所裁定的倾销幅度,B项错误、D项正确。倾销是出口商以低于正常价值的价格向进口国销售产品,并因此给进口国产业造成损害的行为,C项错误。确定出口国企业低价销售行为是否为倾销行为的关键是关于产品正常价值的认定,E项正确。

10. B [解析] 确认出口国低价销售行为是否为倾销行为的关键在于对产品正常价值的认定。

11. ABE [解析] 建设高水平对外开放新体制,努力保持进出口稳定增长,采取积极措施拓展海外市场,积极推动进出口市场多元化,A项正确。进一步重视提高产品质量和服务水平,提高我国产品国际市场竞争力,B项正确。C项,应该是"要通过优化进口结构积极扩大进口",故错误。D项,应该是"重视外资引进质量",故错误。积极支持我国企业"走出去",扩大对外投资的规模,E项正确。

本章学习检查表

知识点名称	初次学习		第一次复习		第二次复习	
	做对题目数/总题目数	学习日期	做对题目数/总题目数	复习日期	做对题目数/总题目数	复习日期
国际贸易理论的演变						
影响国际贸易的因素						
政府对国际贸易干预的目的						
倾销的界定和反倾销措施分析						
建设更高水平对外开放新体制						

填写建议：

"做对题目数/总题目数"记录针对该知识点自己做题的情况，比如该知识点总题目数为10题，做对了其中7题，记录为7/10。

"学习日期"记录自己学习该知识点时的日期，建议把下一次复习的日期也写上。

本部分强化测试

扫码做题

备忘录：

第二部分 财政税收

第十一章 公共物品与财政职能

学习指导

本章知识点主要出自公共物品的定义及其融资与生产、市场与政府的经济活动范围、财政的基本职能及公共选择与政府失灵。其中公共物品及其特征、公共选择理论是本章考查的重点,近5年出题在3次左右。本章历年考查分值在4分左右。

本章内容比较多,理论性知识多,近年多考查较偏的知识点,建议通读教材,注重背诵和记忆。

时间	考点
Day 11	➢公共物品及其特征 ➢公共物品的需求显示 ➢公共物品的融资与生产 ➢公共物品供给的制度结构 ➢市场和市场效率 ➢政府经济活动范围 ➢资源配置职能
Day 12	➢收入分配职能 ➢经济稳定和发展职能

Day 11

考点:公共物品及其特征

1. [多项选择题] 关于公共物品的说法,正确的有（　　）。
   A. 公共物品的存在是导致市场失灵的原因之一
   B. 准公共物品可以由非政府部门提供
   C. 确定公共物品的最优数量具有非常重要的现实意义
   D. 公共物品可以分为纯公共物品和准公共物品两类
   E. 纯公共物品一般通过税收间接购买

2. [单项选择题] 在某种纯公共物品的总供给量保持不变的情况下，一个人增加该物品的消费，其他人对该物品的消费会（　　）。
   A. 相应增加　　　　　　　　　　　　B. 相应减少
   C. 不受影响　　　　　　　　　　　　D. 趋于平均

3. [单项选择题] 对于一种纯粹公共物品，在其总供给量保持不变的情况下，如果增加一个人对它的消费量，则其他人可消费数量的变化情况是（　　）。
   A. 相应增加　　　　　　　　　　　　B. 相应减少
   C. 保持不变　　　　　　　　　　　　D. 趋于平均

▼ 考点：公共物品的需求显示

4. [多项选择题] 公共物品需求表达方式中，个人通过政治机制显示公共物品需求的方法包括（　　）。
   A. 通过全民公投方式，表达个人对公共物品的偏好
   B. 集资自行生产公共物品
   C. 通过市场购买产品来替代公共物品
   D. 迁移至私人物品供给水平更合意的区域生活
   E. 参与投票，选举代表选民的政治家执政，间接表达对公共物品的需求

5. [单项选择题] 关于公共物品需求显示的说法，正确的是（　　）。
   A. 公共物品是人们用出价多少表示对公共物品的需求强度
   B. 公共物品是具有经济效率的
   C. 公共物品的排他性消费不符合效率原则
   D. 公共物品是人们用出价多少表示对公共物品的需求数量

▼ 考点：公共物品的融资与生产

6. [单项选择题] 下列生产方式中，属于公共物品典型生产方式的是（　　）。
   A. 特许经营　　　　　　　　　　　　B. 私人经营
   C. 社会组织生产　　　　　　　　　　D. 政府生产

7. [单项选择题] 关于公共物品融资方式的说法，错误的是（　　）。
   A. 政府融资的缺点是难以满足社会成员对公共物品的多样化需求
   B. 非竞争性成为对自愿融资起阻碍作用的关键因素
   C. 联合融资的常见手段是政府以财政补贴和税收优惠等方式，鼓励私人机构提供公共物品
   D. 私人融资的缺点是可能导致公共物品供给的数量不足和结构不平衡

▼ 考点：公共物品供给的制度结构

8. [单项选择题] 公共物品供给的制度不包括（　　）。
   A. 决策制度　　　　　　　　　　　　B. 融资制度
   C. 销售制度　　　　　　　　　　　　D. 生产制度

9. [多项选择题] 政府在公共物品供给过程中的主要责任有（　　）。
   A. 为公民获得基本公共物品与服务提供制度保障

B. 通过财政补贴和税收优惠方式，鼓励私人机构提供和生产公共物品

C. 通过征税直接为公共物品融资

D. 从事某些公共物品的生产或公共服务的递送

E. 为公民的生、老、病、死提供"从摇篮到坟墓"式的全面服务

▼ 考点：市场和市场效率

10. ［多项选择题］下列关于供求规律的表述，正确的有（　　）。

    A. 供给大于需求，库存增加

    B. 需求大于供给，价格上涨

    C. 供给大于需求，价格上涨

    D. 需求大于供给，生产增长

    E. 供给大于需求，生产低迷

▼ 考点：政府经济活动范围

11. ［单项选择题］下列经济活动中，不属于政府经济活动范围的是（　　）。

    A. 生产私人物品　　　　　　　　　B. 调节收入分配

    C. 矫正外部性　　　　　　　　　　D. 维持有效竞争

▼ 考点：资源配置职能

12. ［单项选择题］要正确安排财政支出中的购买性支出和转移性支出、消费性支出和投资性支出的比例，合理安排财政投资支出规模和结构。这是公共财政履行（　　）职能的体现。

    A. 经济发展　　　　　　　　　　　B. 经济稳定

    C. 资源配置　　　　　　　　　　　D. 收入分配

✎ 学习笔记

Day 12

▽ 考点：收入分配职能

1. ［单项选择题］财政实现收入分配职能的机制和手段不包括（　　）。

    A. 发挥公共支出的作用

    B. 加强税收调节

    C. 调整法定准备金率

    D. 发挥财政转移支付作用

▽ 考点：经济稳定和发展职能

2. ［单项选择题］关于财政行使经济稳定和发展职能的说法，正确的是（　　）。

    A. 财政行使经济稳定与发展职能，等于财政要直接操纵经济运行

    B. 财政行使经济稳定和发展职能的目标中包括汇率稳定

    C. 财政行使经济稳定和发展职能，重点是对社会资源在私人部门和政府部门之间进行配置

    D. 财政行使经济稳定与发展职能，不仅要促进经济增长还要带来经济结构的改善

✎ 学习笔记

参考答案及解析

Day 11

1. ABDE [解析] 公共物品的最优数量并没有实际意义，因为消费者并不清楚自己对公共物品的需求价格，更不可能准确说他对公共物品的需求与价格之间的关系，而且公共物品具有非竞争性和非排他性特征，消费者更愿意"搭便车"。纯公共物品一般通过纳税间接购买而被动消费，C项错误。

2. C [解析] 公共物品的特点包括：①非竞争性，即消费者对某一种公共物品的消费并不影响其他人对该公共物品的消费。例如，国防、道路、环境治理、电视广播等。②非排他性，公共物品可以由任何消费者进行消费，任何一个消费者都不会被排斥在外。

> **考点再现**
>
> Q_{1-2} 公共物品的特点包括非竞争性和非排他性：
>
> | 项目 | 具体内容 |
> |---|---|
> | 非竞争性 | 消费者对某一公共物品的消费并不影响其他人对该公共物品的消费 |
> | 非排他性 | 公共物品可以由任何消费者进行消费，任何一个消费者都不会被排斥在外 |

3. C [解析] 纯公共物品是指增加一个人对该物品的消费，并不同时减少其他人对该物品消费的那类物品。

4. AE [解析] 人们通过政治机制显示对公共物品的需求，即人们通过事先同意的某种投票程序选择他们所倾向的公共收入和支出方案，或通过投票给他们认为能够代表其利益的政治家和官僚，间接地表达对公共物品的需求，A、E两项符合题意。

5. C [解析] 私人物品的需求显示通过自愿的市场交易实现，人们用出价多少表示对私人物品的需求强度和需求数量。公共物品会导致市场失灵，若排他性消费则不符合效率准则。由于个人没有付费而阻止他的消费，则违反了社会资源有效利用的帕累托准则。

6. D [解析] 政府生产和合同外包是两种典型的公共物品生产方式，D项正确。

7. B [解析] 非排他性成为对自愿融资起阻碍作用的关键因素，B项错误。

8. C [解析] 公共物品供给制度包括决策制度、融资制度、生产制度和受益分配制度。

9. ABCD [解析] 在公共物品供给方面，政府的主要责任是要为公民获得基本公共服务提供制度保障，并作为基本公共服务的最后出资人，E项错误。

10. ABDE [解析] 供给大于需求，价格下降，库存增加，生产低迷；供给小于需求，价格上涨，库存减少，生产增长；通过价格和产量的不断波动，达到供给和需求的平衡。

11. A [解析] 政府经济活动的范围包括提供公共物品和服务、矫正外部性、维持有效竞争、调节收入分配和稳定经济，不包括生产私人产品。

12. C [解析] 公共财政配置社会资源的机制和手段包括：①根据政府职能的动态变化确定社会公共需要的基本范围，确定公共财政收支占国内生产总值的合理比例，从总量上实现高效的社会资源配置原则；②优化财政支出结构，要正确安排财政支出中的购买性支出和转移性支出、消费性支出和投资性支出的比例，合理安排财政投资支出规模和结构。

③为公共工程提供必要的资金保障；④通过政府直接投资、财政贴息、税收优惠等方式，引导和调节社会投资方向，提高社会整体投资效率；⑤通过实行部门预算制度、建立国库集中收付制度和绩效评价制度等体制、机制改革，提高财政自身管理和运营效率。

Day 12

1. C [解析] 财政实现收入分配职能的机制和手段有：①根据市场和政府的职责分工，明确市场和财政对社会收入分配的范围和界限。②加强税收调节，如通过企业所得税、个人所得税将企业和个人的收益调节到合理水平，通过资源税调节自然资源形成的级差收入。③发挥财政转移支付作用，如增加对经济发展相对较慢地区的转移性支出，增加社会保障、收入保障、教育和健康等个人转移性支出等。④发挥公共支出的作用。通过公共支出提供社会福利（如公共卫生防疫、福利设施与服务、住房）等进行的收入分配。C项属于货币政策，不符合题意。

2. D [解析] 在社会主义市场经济条件下，财政行使经济稳定与发展职能，并不等于财政要直接操纵经济运行，而是通过调整优化财政支出和收入结构，发挥税收杠杆作用，通过财政政策与货币政策相协调，为经济的稳定和发展提供必不可少的条件，A项错误。财政行使经济稳定和发展职能的四大目标是充分就业、物价稳定、经济增长和国际收支平衡，B项错误。财政行使经济稳定职能，其重点不是对社会资源在私人部门和政府部门之间进行配置，而是维持社会资源在高水平利用状况下的稳定，C项错误。

第十一章 公共物品与财政职能

本章学习检查表

知识点名称	初次学习		第一次复习		第二次复习	
	做对题目数/总题目数	学习日期	做对题目数/总题目数	复习日期	做对题目数/总题目数	复习日期
公共物品及其特征						
公共物品的需求显示						
公共物品的融资与生产						
公共物品供给的制度结构						
市场和市场效率						
政府经济活动范围						
资源配置职能						
收入分配职能						
经济稳定和发展职能						

填写建议：

"做对题目数/总题目数"记录针对该知识点自己做题的情况，比如该知识点总题目数为10题，做对了其中7题，记录为7/10。

"学习日期"记录自己学习该知识点时的日期，建议把下一次复习的日期也写上。

备忘录：

第十二章　财政支出

学习指导

本章知识点主要出自财政支出及其分类、财政支出规模及其增长趋势、财政支出效益分析、购买性支出分析、转移性支出。其中财政支出分类方法、财政支出规模变化的指标、财政支出规模增长的理论解释是本章考查的重点，近5年出题在4次左右，需要重点掌握。本章较为重要，历年考查分值在4分左右。

本章内容比较多，理论性知识较多，要注意对书本知识的熟悉掌握。近年增加了对较偏知识点的考核，要求通读课本，加强背诵和记忆。

时间	考点
Day 13	➤如何理解财政支出数据 ➤财政支出分类方法 ➤中国的政府支出分类改革 ➤衡量财政支出规模的指标 ➤财政支出规模变化的指标 ➤财政支出规模增长的理论解释 ➤影响财政支出规模的主要因素
Day 14	➤政府财政支出效益分析与微观经济组织生产经营支出效益分析的区别 ➤财政支出效益分析方法 ➤政府消费性支出 ➤政府投资性支出 ➤社会保障支出 ➤财政补贴 ➤购买性支出与转移性支出功能的比较

▶▶ Day 13

✔ **考点**：如何理解财政支出数据

1. ［单项选择题］通常情况下，能够反映政府实际参与社会经济生活程度的是（　　）。
   A. 财政支出结构　　　　　　　　　　B. 财政支出规模
   C. 转移支付规模　　　　　　　　　　D. 转移支付结构

2. ［单项选择题］财政支出总额中各类支出所占的比重称为（　　）。
   A. 财政支出结构　　　　　　　　　　B. 财政支出规模
   C. 转移支付规模　　　　　　　　　　D. 转移支出的经济性质

✓ **考点**：财政支出分类方法

3. [多项选择题] 按照交易的经济性质不同，财政支出可分为（　　）。
   A. 政府消费性支出
   B. 政府投资性支出
   C. 转移性支出
   D. 社会保障支出
   E. 公共服务支出

4. [单项选择题] 下列财政支出分类方法中，能够使政府每一项支出的具体用途得到全面、具体、清晰反映的是（　　）。
   A. 按支出功能分类
   B. 按交易的经济性质分类
   C. 按支出经济分类
   D. 按支出能否直接得到价值补偿分类

✓ **考点**：中国的政府支出分类改革

5. [单项选择题] 下列科目中，按照《2024年政府收支分类科目》的规定，不属于支出功能分类的是（　　）。
   A. 农林水支出
   B. 国防支出
   C. 基本建设支出
   D. 交通运输支出

✓ **考点**：衡量财政支出规模的指标

6. [多项选择题] 下列关于财政支出规模的表述，正确的有（　　）。
   A. 当年财政支出占当年国内生产总值的比重，反映中央政府对地方政府的控制程度
   B. 正常情况下财政支出占国内生产总值的比重是不断上升的
   C. 根据各国财政支出的实践，财政支出从长期看呈现不断增长的趋势
   D. 财政支出绝对规模通常由按当年价格计算的财政支出的加总来反映
   E. 当年财政支出占当年国内生产总值的比重，反映政府干预经济的程度

✓ **考点**：财政支出规模变化的指标

7. [单项选择题] 我国财政支出2015年为175 768亿元，2016年为187 841亿元，2016年财政支出增长率是（　　）。
   A. 6.43%
   B. 6.87%
   C. 6.47%
   D. 6.83%

8. [单项选择题] 下列财政指标中，属于反映财政支出增长额与国内生产总值增长额之间关系的是（　　）。
   A. 财政支出增长的边际倾向
   B. 财政支出增长的弹性系数
   C. 财政支出增长率
   D. 财政支出超支率

9. [单项选择题] 2018年我国GDP为919 281亿元，财政支出为220 904亿元，2019年我国GDP为990 865亿元，财政支出为238 874亿元。则2019年我国财政支出增长的弹性系数是（　　）。
   A. 0.99
   B. 0.96
   C. 1.00
   D. 1.04

✓ **考点**：财政支出规模增长的理论解释

10. [单项选择题] 从工业化国家财政支出的实践看，自20世纪初期以来，各工业化国家财

政支出规模变化的普遍趋势是（　　）。

A. 呈现波动变化，但总趋势是不断缩小

B. 呈现周期性变化，但总趋势是不断扩大

C. 有的年份扩大，有的年份缩小，但总趋势是保持稳定

D. 先是持续增大，后来逐渐稳定在相对较高水平上

11. [单项选择题]按照"梯度渐进增长理论"，属于公共支出内在原因的是（　　）。

A. 公众可容忍税收水平的提高　　B. 社会经历战争

C. 社会发生某种危机　　D. 社会发生某种自然灾害

12. [单项选择题]"财政支出数量的变化，是随着不同时期财政支出作用的变化而变化"，这一结论来自于（　　）。

A. 马斯格雷夫提出的经济发展阶段增长理论

B. 瓦格纳提出的政府活动扩张法则

C. 鲍莫尔提出的非均衡增长理论

D. 皮考克和魏斯曼提出的梯度渐进增长理论

13. [多项选择题]下列经济理论中，属于财政支出规模增长理论的有（　　）。

A. 梯度渐进增长理论　　B. 非均衡增长理论

C. 政府活动扩张法则　　D. 内生增长理论

E. 经济发展阶段增长理论

14. [多项选择题]德国社会政策学派代表人瓦格纳提出的"政府扩张法则"认为，财政支出增长的原因有（　　）。

A. 在一个国家经济发展的不同时期，财政支出所发挥的作用是不同的

B. 工业化引起的市场扩张，使市场当事人之间的关系更加复杂，产生的冲突矛盾增加，进而产生对商业法律和契约的需要

C. 为了纠正市场失灵问题对资源配置的负面影响，需要政府参与资源配置

D. 财政支出水平随着税收收入的增长而逐渐上升

E. 文化、教育、福利等财政支出增长量超过国内总值的增长率

▼ 考点：影响财政支出规模的主要因素

15. [多项选择题]下列属于影响财政支出规模的主要因素的有（　　）。

A. 文化因素　　B. 经济发展因素

C. 政治因素　　D. 经济体制和经济制度因素

E. 社会因素

✎ 学习笔记

Day 14

考点： 政府财政支出效益分析与微观经济组织生产经营支出效益分析的区别

1. [单项选择题] 下列关于政府财政支出效益分析与微观经济组织生产经营支出效益分析的区别，说法不正确的是（　　）。
   A. 计算所费与所得的范围不同
   B. 计算所费与所得的时间不同
   C. 衡量效益的标准不同
   D. 择优的标准不同

考点： 财政支出效益分析方法

2. [多项选择题] 下列属于财政支出效益分析方法的有（　　）。
   A. 成本—效益分析法
   B. 最低费用选择法
   C. 公共劳务收费法
   D. 公共定价法
   E. 效益最大化法

考点： 政府消费性支出

3. [多项选择题] 政府消费性支出是国家行使（　　）职能和（　　）职能的保障。
   A. 政治
   B. 社会
   C. 经济
   D. 文化
   E. 科技

考点： 政府投资性支出

4. [单项选择题] 下列不属于政府投资性支出特点的是（　　）。
   A. 短期性
   B. 非营利性
   C. 长期性
   D. 外部性

考点： 社会保障支出

5. [多项选择题] 下列属于社会保障支出的有（　　）。
   A. 社会保险
   B. 社会救助
   C. 社会治安
   D. 社会福利
   E. 社会优抚

考点： 财政补贴

6. [多项选择题] 下列属于按财政补贴环节分类的财政补贴的有（　　）。
   A. 生产环节补贴
   B. 流通环节补贴
   C. 分配环节补贴
   D. 销售环节补贴
   E. 消费环节补贴

考点：购买性支出与转移性支出功能的比较

7. ［单项选择题］下列对购买性支出与转移性支出功能的比较，表述错误的是（　　）。
   A. 对生产与就业影响的方式不同
   B. 对政府支出效益约束的强度不同
   C. 体现财政的不同职能
   D. 对经济发展的影响不同

✎ 学习笔记

第十二章 财政支出

参考答案及解析

Day 13

1. B [解析] 财政支出规模可反映政府实际上参与社会经济生活的程度。

2. A [解析] 财政支出规模是指财政支出总额占国内生产总值的比重。财政支出结构是指在财政支出总额中各类支出所占的比重。财政支出的经济性质是指各项财政支出的具体经济构成。A项正确。

3. ABC [解析] 按照交易的经济性质不同,财政支出可分为购买性支出和转移性支出。购买性支出包括政府消费性支出和政府投资性支出。A、B、C三项正确,D、E两项属于支出功能分类的项目。

4. C [解析] 支出经济分类是按照政府生产公共物品的成本投入进行分类,反映政府支出的经济性质和具体用途,说明政府的钱是怎样花出去的。从某种意义上讲,支出经济分类是对政府支出活动更为明细的反映。

5. C [解析] 支出功能分类的科目包括一般公共服务支出、外交支出、国防支出、公共安全支出、教育支出、科学技术支出、文化旅游体育与传媒支出、社会保障和就业支出、卫生健康支出、节能环保支出、城乡社区支出、农林水支出、交通运输支出、资源勘探工业信息等支出、商业服务业等支出、金融支出、援助其他地区支出、自然资源海洋气象等支出、住房保障支出、粮油物资储备支出、灾害防治及应急管理支出、预备费、其他支出、转移性支出、债务还本支出、债务付息支出、债务发行费用支出。

6. BCDE [解析] 当年财政支出占当年国内生产总值的比重,反映政府干预经济的程度,A项错误。

7. B [解析] 财政支出增长率表示当年财政支出比上年同期财政支出增长的百分比。财政支出增长率=(187 841-175 768)/175 768≈6.87%。

8. A [解析] 财政支出增长的边际倾向(增长额比)是表明财政支出增长额与国内生产总值增长额之间的关系,即国内生产总值每增加一个单位时,财政支出增加多少或财政支出增长额占国内生产总值增长额的比例。

9. D [解析] 财政支出增长的弹性系数=财政支出增长率/国内生产总值增长率。财政支出增长率=(238 874-220 904)/220 904≈8.13%,国内生产总值增长率=(990 865-919 281)/919 281≈7.79%,财政支出增长的弹性系数=8.13%/7.79%≈1.04。

●考点再现●

Q_{7-9} 反映财政支出变化情况的三个指标:

指标名称	指标内容
财政支出增长率	当年财政支出比上年同期财政支出增长的百分比,可以说明财政支出的增长趋势
财政支出增长的弹性系数(增长率比)	财政支出增长率与国内生产总值增长率之比,弹性系数大于1,表明财政支出增长速度快于国内生产总值增长速度

续表

指标名称	指标内容
财政支出增长的边际倾向（增长额比）	表明财政支出增长额与国内生产总值增长额之间的关系，即国内生产总值每增加一个单位时财政支出增加多少，或财政支出增长额占国内生产总值增长额的比例

10. D [解析] 根据各国财政支出的实践看，自20世纪初期以来，各工业化国家的财政支出规模先是持续增大，后来渐渐稳定在相对较高的水平上，这是一个普遍的趋势，D项正确。

11. A [解析] 公众可容忍税收水平的提高，是公共支出增长的内在原因，A项正确。B、C、D三项均为外在原因。

12. A [解析] 马斯格雷夫的经济发展阶段增长理论认为财政支出数量的变化，是随着不同时期财政支出作用的变化而变化的。

13. ABCE [解析] 财政支出规模增长的理论解释包括政府活动扩张法则、梯度渐进增长理论、非均衡增长理论、经济发展阶段理论、公共选择学派的解释。

14. BCE [解析] A项是经济发展阶段增长理论的观点；D项是皮考克和魏斯曼提出的梯度渐进增长理论的观点。

15. BCDE [解析] 影响财政支出规模的主要因素有以下几方面：①经济发展因素；②政治因素；③经济体制和经济制度因素；④社会因素。

Day 14

1. B [解析] 政府财政支出效益分析与微观经济组织生产经营支出效益分析的区别，主要表现在以下几方面：计算所费与所得的范围不同、衡量效益的标准不同、择优的标准不同。

2. ABCD [解析] 财政支出的范围极其广泛，内容也十分复杂，因此，衡量财政支出效益的方法也有很多种，主要有成本—效益分析法、最低费用选择法、公共劳务收费法和公共定价法。

3. AB [解析] 政府消费性支出是国家行使政治职能和社会职能的保障，一国政府不仅要为公民提供国家安全和社会安定，还要通过法律、行政和社会管理等方式处理和协调公民之间的相互关系，维系正常的社会关系以及经济关系。

4. A [解析] 与非政府投资相比较，政府投资性支出具有非营利性、长期性、外部性。

5. ABDE [解析] 社会保障支出主要包括四个方面：社会保险、社会救助、社会福利、社会优抚。

6. ABCE [解析] 按财政补贴的环节分类，财政补贴可以分为生产环节补贴、流通环节补贴、分配环节补贴和消费环节补贴。

7. D [解析] 购买性支出与转移性支出功能的比较，它们之间有所不同，表现为对生产与就业影响的方式不同、对政府支出效益约束的强度不同、体现财政的不同职能。

第十二章 财政支出

本章学习检查表

知识点名称	初次学习		第一次复习		第二次复习	
	做对题目数/总题目数	学习日期	做对题目数/总题目数	复习日期	做对题目数/总题目数	复习日期
如何理解财政支出数据						
财政支出分类方法						
中国的政府支出分类改革						
衡量财政支出规模的指标						
财政支出规模变化的指标						
财政支出规模增长的理论解释						
影响财政支出规模的主要因素						
政府财政支出效益分析与微观经济组织生产经营支出效益分析的区别						
财政支出效益分析方法						
政府消费性支出						
政府投资性支出						
社会保障支出						
财政补贴						
购买性支出与转移性支出功能的比较						

填写建议：

"做对题目数/总题目数"记录针对该知识点自己做题的情况，比如该知识点总题目数为10题，做对了其中7题，记录为7/10。

"学习日期"记录自己学习该知识点时的日期，建议把下一次复习的日期也写上。

备忘录：

第十三章 财政收入

学习指导

本章知识点主要出自财政收入的含义与分类、税收、税负转嫁、国债。其中拉弗曲线与征税的限度、影响税负转嫁的因素、国债功能及国债制度是本章学习的重点，近5年出题在2次左右，本章历年考查分值在3分左右。

本章内容比较多，理论性知识多，注重理解，应加强对书本知识的熟悉掌握，加强背诵和记忆。

时间	考点
Day 15	➢财政收入及其分类 ➢财政集中度与宏观税负 ➢税收的基本含义 ➢税收的基本特征和基本职能 ➢拉弗曲线与征税的限度 ➢税负转嫁的方式 ➢影响税负转嫁的因素
Day 16	➢国债的基本含义 ➢国债的种类 ➢国债的政策功能 ➢国债的负担与限度 ➢李嘉图等价定理 ➢国债的制度 ➢国债市场的功能 ➢加强政府性债务管理

▶▶▶ Day 15

▽ **考点**：财政收入及其分类

1. [单项选择题] 政府从私人部门获得的强制性资金转移是指（　　）。
   A. 社会缴款　　　　　　　　　　B. 赠与收入
   C. 税收　　　　　　　　　　　　D. 国有资本经营收入

2. [多项选择题] 小口径是最为常见的一个财政收入口径，它包括（　　）。
   A. 税收收入　　　　　　　　　　B. 政府债务收入
   C. 社会缴款　　　　　　　　　　D. 纳入一般预算的非税收入
   E. 全部的政府收入

3. [多项选择题] 根据国际货币基金组织《2014年政府财政统计手册》的分类标准，政府的主要收入来源渠道包括（　　）。

A. 税收
B. 社会缴款
C. 非税收入
D. 赠与收入及其他收入
E. 债务收入

▼ 考点：财政集中度与宏观税负

4. [单项选择题] 下列指标中，不属于衡量宏观税负指标的是（　　）。

A. 财政收入（一般预算收入）占 GDP 的比重
B. 财政收入（一般预算收入）、政府性基金收入、国有资本经营预算收入与社会保障基金收入的总和占 GDP 的比重
C. 税收收入占 GDP 的比重
D. 财政支出占 GDP 的比重

5. [单项选择题] 国家通过各种形式，从国民经济收支环流中截取并运用的资金占国民经济总量的比重称为（　　）。

A. 财政集中度
B. 税负转嫁
C. 财政规模
D. 国债负担率

▼ 考点：税收的基本含义

6. [单项选择题] 政府从私人部门征税的过程是物质财富从私人部门（　　）的转移给国家的过程。

A. 单向、无偿
B. 单向、有偿
C. 双向、无偿
D. 双向、有偿

▼ 考点：税收的基本特征和基本职能

7. [多项选择题] 下列关于税收的说法，正确的有（　　）。

A. 税收的职能是税收本质的具体表现
B. 税收具有财政职能、经济职能和监督职能
C. 税收具有固定性、无偿性、强制性三大基本特征
D. 税收的监督职能仅涉及宏观层面，不涉及微观层面
E. 经济职能是税收首要的和最基本的职能

▼ 考点：拉弗曲线与征税的限度

8. [单项选择题] 关于拉弗曲线的说法，正确的是（　　）。

A. 拉弗曲线描述了通货膨胀率与税收收入或经济增长之间的关系
B. 拉弗曲线描述了税率与国内生产总值之间的关系
C. 拉弗曲线描述了通货膨胀率与国内生产总值之间的关系
D. 拉弗曲线描述了税率与税收收入或经济增长之间的关系

9. [多项选择题] 关于拉弗曲线的理解，正确的有（　　）。

A. 该曲线是对税率与税收收入或经济增长之间关系的描述
B. 该曲线的提出者是英国经济学家阿瑟·拉弗
C. 该曲线提示各国政府要提高税率，消除征税"禁区"

题目讲解

D. 该曲线是对凯恩斯主义需求管理失效的一种回应

E. 该曲线的基本含义是保持适度的宏观税负水平是促进经济增长的一个重要条件

▼ **考点**：税负转嫁的方式

10. [单项选择题] 在资本物品交易中，生产要素购买者将所购买的生产要素未来应当缴纳的税款，通过从购入价格中预先扣除（压低生产要素购买价格）的方法，向后转嫁给生产要素的出售者，这种税收转嫁称为（　　）。

    A. 后转　　　　　　　　　　　　B. 前转

    C. 消转　　　　　　　　　　　　D. 税收资本化

11. [单项选择题] 企业通过改善经营管理、提高劳动生产率等措施来降低成本、增加利润，从而抵消税负。这种税负转嫁方式是（　　）。

    A. 税收资本化　　　　　　　　　B. 混转

    C. 旁转　　　　　　　　　　　　D. 消转

▼ **考点**：影响税负转嫁的因素

12. [单项选择题] 关于税负转嫁的说法，正确的是（　　）。

    A. 对非生活必需品的课税，税负容易转嫁

    B. 课税范围越狭窄，税负越容易转嫁

    C. 对需求弹性小的商品课税，税负容易转嫁

    D. 与经济交易无关而直接对纳税人课征的税，税负容易转嫁

13. [多项选择题] 影响税负转嫁的因素有（　　）。

    A. 课税商品的供给与需求弹性　　　B. 课税商品的性质

    C. 课税与经济交易的关系　　　　　D. 课税商品的种类

    E. 课税范围的大小

📝 学习笔记

Day 16

▼ 考点：国债的基本含义

1. [多项选择题] 国债的特点包括（　　）。
   A. 不确定性
   B. 自愿性
   C. 强制性
   D. 有偿性
   E. 灵活性

▼ 考点：国债的种类

2. [单项选择题] 根据国债债务本位的不同，我国1950年发行的"人民胜利折实公债"属于（　　）。
   A. 货币国债
   B. 实物国债
   C. 外债
   D. 短期国债

3. [单项选择题] 在政府发行的国债中，流动性强、被称为"有利息的钞票"的是（　　）。
   A. 中期国债
   B. 长期国债
   C. 短期国债
   D. 特别国债

▼ 考点：国债的政策功能

4. [单项选择题] 目前世界各国弥补财政赤字的普遍做法是（　　）。
   A. 增加税收
   B. 征收基金
   C. 收取企业利润
   D. 举借公债

5. [多项选择题] 国债的政策功能包括（　　）。
   A. 弥补财政赤字
   B. 调节货币供应量和利率
   C. 扩大就业
   D. 保证国际收支平衡
   E. 筹集建设资金

▼ 考点：国债的负担与限度

6. [单项选择题] 某国2015年国债收入为2万亿元，截至该年年末国债累计余额为10万亿元，国内生产总值为67万亿元，财政支出为16万亿元，则该国2015年国债负担率为（　　）。
   A. 62.5%
   B. 20%
   C. 14.9%
   D. 12.5%

7. [多项选择题] 国债的负担主要包括（　　）。
   A. 认购者的负担
   B. 政府的负担
   C. 推销机构的负担
   D. 纳税人的负担
   E. 金融市场的负担

▼ 考点：李嘉图等价定理

8. [多项选择题] 下列关于李嘉图等价定理的表述，正确的有（　　）。
   A. 在某些条件下，政府无论是用债券还是税收筹资，其效果都是相同或者等价的

B. 政府支出通过税收融资还是通过发行国债融资没有区别

C. 发行国债会助长政府的浪费心理，认为国债是有害的，反对发行国债

D. 李嘉图提出国债有益论的观点

E. 通过国债为财政支出融资，与税收融资相比，会带给债权人一种"财富有所增加的幻觉"

▽ 考点：国债的制度

9. ［多项选择题］我国国债的偿还方式主要有（　　）。

   A. 到期一次偿还　　　　　　　　　B. 市场购销法

   C. 约定分期偿还　　　　　　　　　D. 转期偿还

   E. 提前偿还

10. ［单项选择题］政府债务管理者向小投资人发行不可上市国债，这属于国债发行的（　　）方式。

    A. 随买　　　　　　　　　　　　　B. 公募招标

    C. 承购包销　　　　　　　　　　　D. 直接发售

11. ［多项选择题］国债流通转让可以采取（　　）等具体方式。

    A. 期权交易　　　　　　　　　　　B. 现货交易

    C. 期货交易　　　　　　　　　　　D. 回购业务

    E. 到期偿还

▽ 考点：国债市场的功能

12. ［多项选择题］国债市场的功能有（　　）。

    A. 实现国债的发行和偿还　　　　　B. 调节社会资金的运行

    C. 筹集建设资金　　　　　　　　　D. 调节货币供应量和利率

    E. 调控宏观经济

▽ 考点：加强政府性债务管理

13. ［多项选择题］下列关于地方政府债务管理的表述，正确的有（　　）。

    A. 地方政府债务规模实行限额管理，地方政府举债不得突破批准的限额

    B. 地方政府债务既可通过政府及其部门举借，也可通过企事业单位等举借

    C. 地方政府举债既可以用于公益性资本支出和适度归还存量债务，也可以用于经常性支出

    D. 地方政府对其举借的债务负有偿还的责任，中央政府实行救助原则

    E. 地方政府举借债务的规模，由国务院报全国人民代表大会或其常务委员会批准

✎ 学习笔记

第十三章 财政收入

参考答案及解析

Day 15

1. C [解析] 国际货币基金组织将政府收入分为四类,即税收、社会缴款、赠与收入和其他收入。本题可依据"强制性"选择"税收"。税收是指政府从私人部门获得的强制性资金转移。

2. AD [解析] 小口径财政收入包括税收收入及纳入一般预算的非税收入,A、D两项正确,不包括政府债务收入、社会缴款,B、C两项错误。中口径是财政预算(即一般预算)收入加社会保障缴费收入。最大口径(大口径),即指全部的政府收入,E项错误。

3. ABD [解析] 国际货币基金组织将政府收入分为四类,即税收、社会缴款、赠与收入和其他收入。

4. D [解析] 衡量宏观税负从小到大的口径分别是:①税收收入占GDP的比重;②财政收入(一般预算收入)占GDP的比重;③财政收入(一般预算收入)加政府性基金收入、国有资本经营预算收入、社会保障基金收入后的合计占GDP的比重。A、B、C三项说法正确。题干中强调"宏观税负"那就一定与税和财政收入有关,而D项财政支出占GDP的比重与宏观税负不符。

● 考点再现

Q_{2-4} 衡量财政收入的不同口径:

口径类型	财政收入内容
最小口径	仅包含税收收入
小口径	(1) 税收收入及纳入财政预算(即一般预算)的非税收入,实际上是指政府收入中被纳入财政预算进行管理、政府可以统筹使用的那部分收入。但不包括政府债务收入、专款专用的政府收入(如社会缴款) (2) 最为常用的一个财政收入口径,我国统计年鉴中对外公布的财政收入即是指这个口径
中口径	财政预算(即一般预算)收入加社会保障缴费收入
大口径	全部的政府收入

5. A [解析] 财政集中度,通俗地称为宏观税负,是指国家通过各种形式,从国民经济收支环流中截取并运用的资金占国民经济总量的比重,A项正确。

6. A [解析] 税收的内涵如下:①税收的征收主体是国家,征收客体是单位和个人;②税收的征收目的是为满足国家实现其职能的需要,或者说是满足社会公共需要;③税收征收的依据是法律,凭借的是政治权力,而不是财产权力;④征税的过程是物质财富从私人部门单向地、无偿地转移给国家的过程(A项正确);⑤从税收征收的直接结果看,国家通过税收方式取得财政收入。

7. ABC [解析] 税收的监督职能在宏观和微观层面都涉及,D项错误。财政职能是税收首要的和最基本的职能,E项错误。

8. D [解析] 拉弗曲线是对税率与税收收入或经济增长之间关系的形象描述。

9. ADE [解析] 阿瑟·拉弗是美国经济学家,B项错误。拉弗曲线提示各国政府征税有"禁区",要注意涵养税源,C项错误。

10. D [解析] 税收资本化,也称资本还原,指生产要素购买者将所购买的生产要素未来应当缴纳的税款,通过从购入价格中预先扣除的方法,向后转嫁给生产要素的出售者。

11. D [解析] 本题根据"抵消"二字,可选择"消转"。消转是指纳税人用降低征税物品成本的方法使税负从新增利润中得到抵补,通过改善经营管理、提高劳动生产率等措施来降低成本、增加利润,从而抵消税负。

12. C [解析] 对非生活必需品的课税,因其消费不是必不可少的,需求弹性大,消费基础较窄,因而税负不易转嫁,A项错误。课税范围越狭窄,越容易对商品的购买者产生替代效应,使需求更具弹性,课税商品价格的提高就变得更加艰难,税负难以转嫁,B项错误。如果需求弹性较小,税负将主要由他人负担,商品较易转嫁,C项正确。一般情况下,与经济交易无关而直接对纳税人课征的税,是不容易转嫁的,D项错误。

13. ABCE [解析] 影响税负转嫁的因素包括课税商品供给与需求的弹性、课税商品的性质、课税与经济交易的关系、课税范围的大小以及商品的竞争程度。

Day 16

1. BDE [解析] 国债收入是指国家通过信用形式取得的有偿性收入。国债收入具有自愿性、有偿性和灵活性的特点。

2. B [解析] 根据国债债务本位的不同,可将国债分为货币国债与实物国债。其中,实物国债是以实物作为债务本位发行的国债。可以避免因货币贬值给债权人带来损失,一般是在存在高通货膨胀时采用。我国1950年发行的"人民胜利折实公债"就属于实物国债。

3. C [解析] 国债是一种收入稳定,无风险或风险较低的投资工具。政府发行的短期国债,流动性强,被称为"有利息的钞票"。

4. D [解析] 国债的功能之一是弥补财政赤字,此种方法弥补财政赤字副作用最小。故通过举债以弥补财政赤字是当今世界各国的普遍做法。

5. ABE [解析] 国债的政策功能包括弥补财政赤字、筹集建设资金、调节货币供应量和利率、调控宏观经济。

6. C [解析] 国债负担率又称国民经济承受能力,是指国债累计余额占国内生产总值的比重。国债负担率=10/67×100%≈14.9%。

7. ABD [解析] 国债的负担主要包括认购者的负担、政府的负担、纳税人的负担、代际负担。

8. ABC [解析] 李嘉图等价定理认为在某些条件下,政府无论是用债券还是税收筹资,其效果都是相同或者等价的,A项正确;政府支出通过税收融资还是通过发行国债融资没有区别,即税收和债务等价,B项正确;李嘉图的观点是国债有害论,即发行国债会助长政府的浪费心理,认为国债是有害的,反对发行国债,C项正确。D、E两项均为国债有益论的观点,故不选。

9. ABDE [解析] 国债偿还方式包括抽签分次偿还法、到期一次偿还法、转期偿还法、提前偿还法、市场购销法。

第十三章 财政收入

● **考点再现**

Q_9 我国选用的国债偿还方式有抽签分次偿还法、到期一次偿还法、转期偿还法、提前偿还法和市场购销法等方法。

方法	具体内容
抽签分次偿还	在国债偿还期内分年度确定一定的偿还比例，由政府按国债券号码抽签对号，如约偿还本息，直至偿还期结束，全部国债券中签偿清为止的一种方法
到期一次偿还法	到期后按票面额一次全部兑付本息的方法
转期偿还法	以新发行的国债来偿还原有到期国债本息的方法
提前偿还法	由政府提前偿还尚未到期的国债的方法
市场购销法	政府在市场上按照国债行市，适时购进国债，以此在该债券到期前逐步清偿的一种方法

10. A ［解析］国债发行方式主要有公募招标方式、承购包销方式、直接发售方式和"随买"方式。其中"随买"是政府债务管理者向小投资者发行不可上市的国债。

11. ABCD ［解析］在证券交易所内进行的国债交易按国债交易成交订约和清算的期限划分，可以分为现货交易方式、回购交易方式、期货交易方式和期权交易方式。

12. AB ［解析］国债市场一般具有两个方面的功能：①实现国债的发行和偿还；②调节社会资金的运行。A、B两项正确。C、D、E三项是国债政策功能，注意与国债政策功能区分。

13. AE ［解析］地方政府债务可通过政府及其部门举借，不得通过企事业单位等举借，B项错误。地方政府举债可以用于公益性资本支出和适度归还存量债务，不得用于经常性支出，C项错误。地方政府对其举借的债务负有偿还的责任，中央政府实行不救助原则，D项错误。

本章学习检查表

知识点名称	初次学习		第一次复习		第二次复习	
	做对题目数/总题目数	学习日期	做对题目数/总题目数	复习日期	做对题目数/总题目数	复习日期
财政收入及其分类						
财政集中度与宏观税负						
税收的基本含义						
税收的基本特征和基本职能						
拉弗曲线与征税的限度						
税负转嫁的方式						
影响税负转嫁的因素						
国债的基本含义						
国债的种类						
国债的政策功能						
国债的负担与限度						
李嘉图等价定理						
国债的制度						
国债市场的功能						
加强政府性债务管理						

填写建议：

"做对题目数/总题目数"记录针对该知识点自己做题的情况，比如该知识点总题目数为10题，做对了其中7题，记录为7/10。

"学习日期"记录自己学习该知识点时的日期，建议把下一次复习的日期也写上。

备忘录：

第十四章 税收制度

> **学习指导**

本章知识点主要出自税制要素和税收分类、货物和劳务税类、所得税、财产税及深化税收征管改革。其中税制要素、税收分类及增值税是本章的高频考点，近 5 年出题平均在 5 次以上，需要重点掌握。本章尤其重要，历年考查分值在 6 分左右。

本章内容比较多，是历年考查的重点章节，注重理解，尤其要注意税收分类依据，注意区别税率，加强对书本知识的熟悉掌握，加强背诵和记忆。

时间	考点
Day 17	➢ 税制要素 ➢ 税收分类 ➢ 我国现行税收法律制度 ➢ 增值税
Day 18	➢ 消费税 ➢ 所得税的主要特点 ➢ 企业所得税 ➢ 个人所得税 ➢ 财产税的特点 ➢ 房产税 ➢ 车船税 ➢ 关税 ➢ 契税 ➢ 深化税收征管改革

▶▶▶ Day 17

考点：税制要素

1. ［多项选择题］关于税制要素的说法，正确的有（　　）。
   A. 课税对象是指税法规定的课税的目的物
   B. 税目代表征税的深度
   C. 税率的高低体现征税的广度
   D. 计税依据是指计算应纳税额的依据
   E. 税源是指税收的经济来源或最终出处

2. ［单项选择题］关于减税和免税的说法，错误的是（　　）。
   A. 免税是指不征税
   B. 减税是指对应纳税额少征一部分税款
   C. 免税是指对应纳税额全部免征

D. 减税、免税一般都具有定期减免性质

3. [单项选择题] 关于扣缴义务人的说法，正确的是（　　）。
   A. 自然人不能成为扣缴义务人
   B. 各种类型的企业都可以成为扣缴义务人
   C. 扣缴义务人的扣缴义务属于非法定义务
   D. 扣缴义务人是实际负担税款的负税人

4. [单项选择题] 关于纳税地点的说法，正确的是（　　）。
   A. 纳税地点是纳税人应当缴纳税款的地点
   B. 纳税地点是纳税人注册地的地点
   C. 纳税地点是纳税人所在地的地点
   D. 纳税地点是纳税人居住地的地点

✓ 考点：税收分类

5. [单项选择题] 直接税和间接税的划分依据是（　　）。
   A. 纳税人能否确定　　　　　　　　B. 纳税环节能否确定
   C. 税负能否转嫁　　　　　　　　　D. 计税依据能否确定

6. [多项选择题] 下列税种中，属于货物和劳务税的有（　　）。
   A. 契税　　　　　　　　　　　　　B. 财产税
   C. 增值税　　　　　　　　　　　　D. 消费税
   E. 关税

7. [单项选择题] 下列选项中，属于行为目的税的是（　　）。
   A. 个人所得税　　　　　　　　　　B. 消费税
   C. 车船税　　　　　　　　　　　　D. 印花税

✓ 考点：我国现行税收法律制度

8. [多项选择题] 关于我国现行税收法律制度的说法，错误的有（　　）。
   A. 我国现行税收法律制度是由法律、法规和规章组成的一个统一的法律体系
   B. 我国现行税收法律制度共由18个税种组成，其中资源税类包含印花税、城市维护建设税
   C. 货物和劳务税类包括增值税、消费税和关税
   D. 行为目的税类可以对特定对象和特定行为发挥调节作用
   E. 财产税类主要对个人的纯收入发挥调节作用

9. [单项选择题] 对生产经营者的利润和个人的纯收入发挥调节作用的是（　　）。
   A. 货物和劳务税类　　　　　　　　B. 所得税类
   C. 财产税类　　　　　　　　　　　D. 资源税类

✓ 考点：增值税

10. [多项选择题] 下列商品和服务中，适用增值税税率9%的有（　　）。
    A. 生活服务　　　　　　　　　　　B. 交通运输服务
    C. 二甲醚　　　　　　　　　　　　D. 杂志

E. 邮政服务

11. [单项选择题] 小规模纳税人销售货物时，其增值税应纳税额的计算公式是（　　）。

    A. 应纳税额＝销售额×征收率

    B. 应纳税额＝组成计税价格×税率

    C. 应纳税额＝组成计价税额×征收率

    D. 应纳税额＝销售额×税率

12. [单项选择题] 下列关于增值税纳税义务发生时间的说法，错误的是（　　）。

    A. 增值税扣缴义务发生时间为纳税人增值税纳税义务发生的当天

    B. 纳税人进口货物，其纳税义务发生时间为报关进口的当天

    C. 纳税人发生应税销售行为，先开具发票的，其纳税义务发生时间为开具发票的当天

    D. 纳税人发生应税销售行为，其纳税义务发生时间为货物发出的当天

学习笔记

Day 18

▼ 考点：消费税

1. [多项选择题]下列产品中属于应征消费税税目的有（　　）。
   A. 游艇   B. 高尔夫球
   C. 卡车   D. 涂料
   E. 电池

2. [多项选择题]采用定额税率与比例税率复合计征消费税的项目有（　　）。
   A. 啤酒   B. 高档手表
   C. 卷烟   D. 成品油
   E. 白酒

▼ 考点：所得税的主要特点

3. [单项选择题]下列关于所得税的表述，错误的是（　　）。
   A. 所得税以纳税人的应税所得额为计税依据，属于单环节征收，不存在重复征税问题
   B. 所得税属于间接税，税负容易转嫁
   C. 税源可靠，收入具有弹性
   D. 所得税多数情况下采用累进税率，能够自动适应经济发展周期变化，发挥"内在稳定器"的作用

▼ 考点：企业所得税

4. [单项选择题]企业所得税应纳税所得额，是指企业每一纳税年度的收入总额，减除不征税收入、免税收入、各项扣除以及（　　）。
   A. 允许弥补的以前年度亏损和抵免税额后的余额再乘以税率
   B. 允许弥补的以前年度亏损后的余额再乘以税率
   C. 允许弥补的以前年度亏损和抵免税额后的余额
   D. 允许弥补的以前年度亏损后的余额

5. [多项选择题]下列企业不征收企业所得税的有（　　）。
   A. 有限责任公司   B. 股份有限公司
   C. 外商投资企业   D. 合伙企业
   E. 个人独资企业

▼ 考点：个人所得税

6. [单项选择题]居民个人李某2021年6月获得稿酬3 000元，根据我国个人所得税法律制度，李某此项稿酬的应纳税所得额为（　　）元。
   A. 2 400   B. 2 200
   C. 1 540   D. 1 680

7. [多项选择题]按照纳税年度合并计算个人所得税的居民个人所得包括（　　）。
   A. 财产租赁所得   B. 稿酬所得
   C. 工资、薪金所得   D. 特许权使用费所得

E. 经营所得

> **考点**：财产税的特点

8. [多项选择题] 下列关于财产税的表述，正确的有（　　）。
   A. 符合税收的纳税能力原则
   B. 课税对象是财产价值，税源比较充分，且相对稳定，不易受经济变动因素的影响
   C. 财产税具有收入分配功能，征收财产税一定程度上有助于避免社会财富分配不均
   D. 财产税属于间接税，容易转嫁
   E. 在经济不发达时期，课征财产税会减少投资者的资本收益，降低投资者的积极性，因此在一定程度上对资本的形成可能带来障碍

> **考点**：房产税

9. [单项选择题] 关于房产税纳税义务发生时间的说法，错误的是（　　）。
   A. 将原有房产用于生产经营，从生产经营之次月起缴纳房产税
   B. 将自行新建房屋用于生产经营，从建成之次月起缴纳房产税
   C. 购置新建商品房，从房屋交付使用之次月起缴纳房产税
   D. 出租房产，自交付出租房产之次月起缴纳房产税

> **考点**：车船税

10. [多项选择题] 下列属于车船税六大类税目的是（　　）。
   A. 三轮车　　　　　　　　　　　　B. 拖拉机
   C. 挂车　　　　　　　　　　　　　D. 其他车辆
   E. 商用车

11. [单项选择题] 下列关于车船税的表述，错误的是（　　）。
   A. 车船税的纳税人是车辆、船舶的所有人或者管理人
   B. 计税单位包括"每辆""整备质量每吨""净吨位每吨""艇身长度每米"
   C. 购置的新车船，购置当年的应纳税额自纳税义务发生的下月起按月计算
   D. 境内单位和个人租入外国籍船舶的，不征收车船税

> **考点**：关税

12. [单项选择题] 下列关于关税的说法，正确的是（　　）。
   A. 关境即国境，关境和国境完全一致
   B. 关税的征税对象是准许进出境的货物
   C. 从价税是一种最常用的关税计税标准
   D. 由于纳税人违反海关规定造成短征关税的，称为补征

> **考点**：契税

13. [单项选择题] 下列属于契税征税范围的是（　　）。
   A. 围墙　　　　　　　　　　　　　B. 菜窖
   C. 室外游泳池　　　　　　　　　　D. 房屋赠与

考点：深化税收征管改革

14. ［单项选择题］下列关于深化税收征管改革的说法，正确的是（　　）。

A. 到 2035 年，深化税收征管制度改革取得显著成效

B. 到 2035 年基本实现法人税费信息"一户式"

C. 到 2035 年实现税务执法、服务、监管与大数据智能化应用深度融合、高效联动、全面升级

D. 到 2023 年基本实现税务机关信息"一局式"、税务人员信息"一员式"智能归集

📝 学习笔记

第十四章 税收制度

参考答案及解析

Day 17

1. ADE [解析] 税目代表征税的广度,B项错误。税率代表征税的深度,C项错误。

2. A [解析] 减税是对应纳税额少征一部分税款,B项正确。免税是指对应纳税额全部免征,C项正确。除税法列举的免税项目外,一般减税、免税都属于定期减免性质,D项正确。税法规定有具体的减免条件和期限,到期就应当恢复征税,A项错误。

3. B [解析] 扣缴义务人是负有代扣代缴、代收代缴税款义务的单位和个人。包括各类型企业、机关、社会团体、民办非企业单位或个体工商户、个人合伙经营者和其他自然人,A项错误、B项正确。扣缴义务人的义务由法律基于行政便宜主义而设定,为法定义务,C项错误。扣缴义务人只是负有代为扣税并缴纳税款法定职责的义务人,D项错误。

4. A [解析] 纳税地点是纳税人应当缴纳税款的地点。一般来说,纳税地点和纳税义务发生地是一致的。但在某些特殊情况下,二者也可不一致,如与总公司不在同一地点的分公司的利润在总公司汇总纳税。

5. C [解析] 按税负能否转嫁划分为直接税和间接税。

6. CDE [解析] 契税属于财产税(房产税、契税和车船税),A项错误。财产税、货物和劳务税、所得税、资源税、行为目的税同属一级,都是按课税对象划分的,B项错误。货物和劳务税包括以商品流转额和非商品流转额为征税对象的税种,如增值税、消费税和关税,C、D、E三项正确。

7. D [解析] 行为目的税是指以纳税人的某些特定行为为征税对象的一类税,D项正确。A项属于所得税,B项属于货物和劳务税,C项属于财产税。

8. BE [解析] 资源税类包括资源税、城镇土地使用税、耕地占用税、土地增值税;印花税、城市维护建设税属于行为目的税类,B项错误。所得税类对生产经营者的利润和个人的纯收入发挥调节作用;财产税类主要对某些财产和行为发挥调节作用,E项错误。

9. B [解析] 我国现行税收法律制度按性质和作用大致分为以下5类:①货物和劳务税类,主要在生产、流通或者服务业中发挥调节作用;②所得税类,主要是在国民收入形成后,对生产经营者的利润和个人的纯收入发挥调节作用;③财产税类,主要对某些财产和行为发挥调节作用;④资源税类,主要对因开发和利用自然资源差异而形成的级差收入发挥调节作用;⑤行为目的税类,主要是为了达到特定目的,对特定对象和特定行为发挥调节作用。

> **考点再现**
>
> Q_{6-9} 税收按课税对象的不同,分为货物和劳务税、所得税、财产税、资源税、行为目的税等。
>
> | 税类 | 课税对象 | 目前我国开征的税种(18个) |
> | --- | --- | --- |
> | 货物和劳务税 | 在生产、流通和服务领域中商品或劳务的销售额 | 增值税、消费税、关税 |
> | 所得税 | 纳税人的所得(收益或收入) | 个人所得税、企业所得税 |
> | 财产税 | 各类动产和不动产 | 房产税、车船税、契税 |

续表

税类	课税对象	目前我国开征的税种（18个）
资源税	矿产品及盐等应税资源	资源税、城镇土地使用税、耕地占用税、土地增值税
行为目的税	纳税人的某些特定行为	环境保护税、印花税、城市维护建设税、车辆购置税、烟叶税、船舶吨税

10. BCDE［解析］9%增值税税率记忆口诀：6气2水油盐煤；3农饲料和化肥；图书报纸和杂志；音像电子二甲醚；交邮建筑不动产；9%要牢记。电信行业很特殊，基础是9%，增值6%。金融、生活和现代服务，6%别忘喽！有形动产租赁是13%。

11. A［解析］各种类型纳税人的计税方法如下：①一般纳税人的计税方法为当期应纳增值税额＝销项税额－进项税额；②小规模纳税人的计税方法为应纳税额＝销售额×征收率；③进口货物的计税方法为应纳税额＝组成计税价格×税率。

12. D［解析］纳税人发生应税销售行为，其纳税义务发生时间为收讫销售款项或者取得索取销售款项凭据的当天；先开具发票的，其纳税义务发生时间为开具发票的当天，D项错误。

Day 18

1. ABDE［解析］应征消费税的税目（15类）包括烟、酒、高档化妆品、贵重首饰和珠宝玉石、鞭炮焰火、成品油、摩托车、小汽车、高尔夫球及球具、高档手表、游艇、木制一次性筷子、实木地板、电池和涂料。

2. CE［解析］啤酒、黄酒、成品油适用定额税率；白酒和卷烟等应税消费品实行定额税率与比例税率相结合的复合计税。其他应税消费品采用比例税率。

3. B［解析］所得税属于直接税，税负不容易转嫁，B项错误。

4. D［解析］企业应纳税所得额＝年度收入总额－不征税收入－免税收入－各项扣除－允许弥补的以前年度亏损。

5. DE［解析］企业所得税纳税人是在我国境内的一切企业和其他取得收入的组织。但个人独资企业、合伙企业不适用企业所得税而适用个人所得税。

6. D［解析］居民个人的综合所得，以每一纳税年度的收入额减除费用60 000元以及专项扣除、专项附加扣除和依法确定的其他扣除后的余额，为应纳税所得额。其中，劳务报酬所得、稿酬所得、特许权使用费所得以收入减除20%的费用后的余额为收入额。稿酬所得的收入额减按70%计算。代入数据得：稿酬所得＝3 000×（1－20%）×70%＝1 680（元）。

7. BCD［解析］居民个人取得综合所得，按照纳税年度合并计算个人所得税。综合所得包括：①工资、薪金所得；②劳务报酬所得；③稿酬所得；④特许权使用费所得。A、E两项依照《个人所得税法》规定分别计算个人所得税。

8. ABCE［解析］财产税属于直接税，不容易转嫁，D项错误。

9. A［解析］纳税人将原有房产用于生产经营，从生产经营之月起缴纳房产税，A项错误。

10. CDE［解析］车船税的税目分为六大类，包括乘用车、商用车、挂车、其他车辆、摩托车和船舶。C、D、E三项正确。注意"其他车辆"是专用作业车和轮式专用机械车，不包括拖拉机。

11. C [解析] 购置的新车船，购置当年的应纳税额自纳税义务发生的当月起按月计算，C项错误。

12. C [解析] A项表述过于绝对，通常情况下，一国关境与国境是一致的，关境即国境。但由于自由港、自由贸易区或关税同盟的存在，关境与国境有时不完全一致。B项表述不全，关税的征税对象是准许进出境的货物和物品。由于纳税人违反海关规定造成短征关税的，称为追征；非因纳税人违反海关规定造成短征关税的，称为补征，D项错误。

13. D [解析] 契税的具体征税范围包括国有土地使用权出让、土地使用权的转让、房屋买卖、房屋赠与、房屋互换。A、B、C三项是房产税的非征税内容。

14. D [解析] 考查特殊年份的记忆。A项，应该是2025年；B项，应该是2022年；C项，应该是2025年。

本章学习检查表

知识点名称	初次学习		第一次复习		第二次复习	
	做对题目数/总题目数	学习日期	做对题目数/总题目数	复习日期	做对题目数/总题目数	复习日期
税制要素						
税收分类						
我国现行税收法律制度						
增值税						
消费税						
所得税的主要特点						
企业所得税						
个人所得税						
财产税的特点						
房产税						
车船税						
关税						
契税						
深化税收征管改革						

填写建议：

"做对题目数/总题目数"记录针对该知识点自己做题的情况，比如该知识点总题目数为10题，做对了其中7题，记录为7/10。

"学习日期"记录自己学习该知识点时的日期，建议把下一次复习的日期也写上。

备忘录：

第十五章　政府预算

📝 学习指导

本章知识点主要出自政府预算的职能与原则、我国政府预算职权划分、我国政府预算体系、我国政府预算编制和执行制度以及深化预算管理制度改革。政府预算的概念是本章考查的重点。本章内容较多，需要熟悉了解，历年考查分值在3分左右。

本章多为概念性知识，易混淆，注重理解，应分清每个政府预算下的各个职权，要求能够一字不差地进行对应，因此要加强对书本知识的熟悉掌握，加强背诵和记忆。

时间	考点
Day 19	➢政府预算的含义 ➢政府预算的职能 ➢政府预算的原则 ➢政府预算的分类 ➢立法机关、人民政府、政府财政部门的预算管理职权
Day 20	➢我国政府预算体系的构成 ➢我国预算编制和执行制度 ➢深化预算管理制度改革

▶▶ Day 19

▽ 考点：政府预算的含义

1. [单项选择题] 具有现代意义的政府预算制度最早在（　　）建立。
   A. 德国　　　　B. 美国　　　　C. 法国　　　　D. 英国

2. [多项选择题] 关于政府预算的说法，正确的有（　　）。
   A. 部门支出预算编制采用增量预算法
   B. 我国政府预算年度采用历年制
   C. 经常预算主要以国债为收入来源，以经济建设项目为支出对象
   D. 政府预算制度最早出现在法国
   E. 政府预算从编制审查批准到执行调整和决算，都要依照法律规范

3. [单项选择题] 从本质上看，政府预算是（　　）。
   A. 政府的财政收支计划
   B. 财政部门按法定程序管理财政资金的活动
   C. 政府理财的基本环节
   D. 国家和政府意志的体现

▽ 考点：政府预算的职能

4. [多项选择题] 下列关于政府预算的表述，正确的有（ ）。
   A. 政府预算反映和规定了政府在预算年度内的工作或活动范围、方向和重点
   B. 政府预算是人大代表和全体人民监督政府收支运作的途径和窗口
   C. 由各级人民代表大会审议、批准的政府预算，实质是对政府支出规模的一种法定授权，只有在授权范围内的支出，才是合法和有效的
   D. 政府预算指标背后反映的是政府在做什么和不做什么之间做出选择
   E. 政府预算只能反映政府收支情况，无法反映支出上的优先权

▽ 考点：政府预算的原则

5. [单项选择题] 政府预算活动的每个环节都必须根据法定程序进行，政府预算的成立，预算执行中的调整和预算执行结果，都必须经过立法机关审查批准，这是政府预算（ ）原则的要求。
   A. 统一性 B. 公开性
   C. 合法性 D. 完整性

6. [多项选择题] 政府预算的原则包括（ ）。
   A. 完整性原则 B. 统一性原则
   C. 可靠性原则 D. 合法性原则
   E. 保密性原则

7. [单项选择题] 某一地方政府编制新年度预算草案时，在经济下行压力持续增大情况下，把预算收入预计增长率仍安排比上年实际增长率高出5个百分点，这种做法违反了政府预算的（ ）原则要求。
   A. 可靠性 B. 完整性
   C. 统一性 D. 合法性

▽ 考点：政府预算的分类

8. [单项选择题] 下列不属于按预算项目是否直接反映经济效益分类的预算类型是（ ）。
   A. 差额预算 B. 投入预算
   C. 绩效预算 D. 规划—项目预算

9. [单项选择题] 关于政府多年预算的说法，正确的是（ ）。
   A. 多年预算必须经过国家权力机关批准
   B. 多年预算一般具有法律效力
   C. 多年预算每3~5年编制一次
   D. 编制多年预算一般采取逐年递推或滚动的形式

▽ 考点：立法机关、人民政府、政府财政部门的预算管理职权

10. [单项选择题] 下列法律法规中，对立法机关、政府以及政府财政主管部门和预算执行部门的预算管理职权做出明确规定的是（ ）。
    A.《中华人民共和国审计法》
    B.《中华人民共和国预算法实施条例》

C. 《中华人民共和国预算法》

D. 《中华人民共和国立法法》

11. [多项选择题] 根据《中华人民共和国预算法》，全国人民代表大会常务委员会的预算管理职权有（   ）。

A. 审查和批准中央预算

B. 监督中央和地方预算执行

C. 审查和批准中央预算调整方案

D. 对各部门的财政收支进行审计监督

E. 审查和批准中央决算

12. [多项选择题] 各级政府财政部门的预算管理职权有（   ）。

A. 提出本级政府预备费动用方案

B. 决定本级政府预备费动用方案

C. 编制本级预算调整草案

D. 具体组织本级总预算的执行

E. 具体编制本级预算草案

✏️ 学习笔记

Day 20

▽ **考点**：我国政府预算体系的构成

1. [多项选择题] 社会保险基金预算按险种分别编制，主要包括（　　）。
   A. 农村居民基本养老保险基金
   B. 生育保险基金
   C. 企业职工基本养老保险基金
   D. 失业保险基金
   E. 工伤保险基金

2. [单项选择题] 以收定支、专款专用、结余结转下年度继续使用，是（　　）的管理原则。
   A. 公共财政预算
   B. 政府性基金预算
   C. 国有资本经营预算
   D. 政府债务预算

3. [单项选择题] 国有资本经营预算制度的核心是（　　）。
   A. 调整私有企业和国有企业之间的分配关系
   B. 调整国有企业经营预算与社会保险基金预算之间的关系
   C. 调整国家和国有企业之间的分配关系
   D. 调整国有资本经营预算与政府性基金预算之间的关系

4. [多项选择题] 我国完整的政府预算体系包括（　　）。
   A. 政府性基金预算
   B. 一般公共预算
   C. 建设性预算
   D. 国有资本经营预算
   E. 社会保险基金预算

5. [单项选择题] 国有资本预算是国家以（　　）身份依法取得国有资本收益，并对所得收益进行分配而发生的各项收支预算。
   A. 控股者
   B. 经营者
   C. 所有者
   D. 管理者

▽ **考点**：我国预算编制和执行制度

6. [单项选择题] 市场经济国家财政预算管理的基本组织形式是（　　）。
   A. 差额预算
   B. 投入预算
   C. 部门预算
   D. 地方预算

7. [单项选择题] 部门支出预算编制采用（　　）。
   A. 标准支出预算法
   B. 零基预算法
   C. 增量预算法
   D. 单式预算法

8. [多项选择题] 预算执行制度是预算实施的关键环节，其内容包括（　　）。
   A. 编制部门预算
   B. 建立国库集中收付制度
   C. 实行政府采购制度
   D. 将预算外资金纳入预算管理
   E. 编制公共财政预算

考点： 深化预算管理制度改革

9. [多项选择题] 下列关于深化预算管理制度改革主要内容的说法，正确的有（　　）。

   A. 国有企业须编制本级国有资本经营预算
   B. 部门不得代编应由所属单位实施的项目预算
   C. 政府非税收入可与征收单位支出挂钩
   D. 各部门和单位未纳入预算的收入不得安排支出
   E. 新增资产配置要与资产存量挂钩

学习笔记

参考答案及解析

Day 19

1. D [解析] 具有现代意义的政府预算制度最早出现在英国。

2. BE [解析] 部门支出预算编制采用零基预算法。A项错误。经常预算主要以税收为收入来源，以行政事业项目为支出对象；资本预算主要以国债为收入来源，以经济建设项目为支出对象，如政府贷款及偿还国债等支出。C项错误。政府预算最早出现在英国。D项错误。

3. D [解析] 政府预算是指具有法律规定和制度保证的、经法定程序审核批准的政府年度财政收支计划。从本质上看，政府预算是国家和政府意志的体现，政府预算需要经过国家权力机构的审查和批准才能生效，是一个重要的法律性文件（属于年度立法）。

4. ABCD [解析] 从政治方面看，政府预算反映了政府支出上的优先权，E项错误。

5. C [解析] 本题通过"法定""立法机关审批"即可选择"合法性"。合法性原则主要体现在政府预算活动的每个环节必须经过立法机关审查批准。

6. ABCD [解析] 政府预算的原则包括完整性原则、统一性原则、可靠性原则、合法性原则、公开性原则、年度性原则。

7. A [解析] 可靠性也称"谨慎性"原则，支出预算安排要真实、可靠，既不能不切实际地把支出盘子打得很大，无法完成，也不能留下硬缺口，将执行中一定要发生的支出不列入预算，人为缩小支出规模。

8. A [解析] 按预算项目是否直接反映经济效益分类，政府预算可分为投入预算、绩效预算和规划—项目预算。

9. D [解析] 多年预算是指对连续多个年度（3~5年）的财政收支进行预测、规划或规定的一种财政计划形式。编制多年预算一般都采用逐年递推或滚动的形式。多年预算每年编制一次。多年预算一般不具有法律效力，不需要经过国家权力机关批准。

10. C [解析]《中华人民共和国预算法》对立法机关、各级政府、政府财政主管部门和预算执行部门、单位的预算管理职权做了明确规定。

11. BCE [解析] 全国人大常委会有权监督中央和地方预算的执行，审查和批准中央预算的调整方案、中央决算；撤销国务院制定的同宪法、法律相抵触的关于预算、决算的行政法规、决定和命令，撤销省、自治区、直辖市人民代表大会及其常务委员会制定的同宪法、法律和行政法规相抵触的关于预算、决算的地方性法规和决议；县级以上地方各级人民代表大会常务委员会有权监督本级总预算执行，审查和批准本级预算的调整方案，审查批准本级政府决算，撤销本级政府和下一级人民代表大会及其常务委员会关于预算、决算的不适当的决定、命令和决议。

[注意] 分清每个政府预算下的各个职权，要求一字不差能够进行对应。

12. ADE [解析] 各级政府财政部门的预算管理职权包括具体编制本级预算草案；具体组织本级总预算的执行；提出本级政府预备费动用方案；具体编制本级预算的调整方案；定期向本级人民政府和上一级财政部门报告各级预算的执行情况；具体编制本级决算草案。

第十五章 政府预算

本题中的 B、C 两项属于各级政府的预算管理职权。

Day 20

1. BCDE ［解析］社会保险基金预算按险种分为企业职工基本养老保险基金、城乡居民基本养老保险基金、失业保险基金、城镇职工基本医疗保险基金、居民基本医疗保险基金、工伤保险基金、生育保险基金。

2. B ［解析］政府性基金预算是指政府通过向社会征收基金、收费以及出让土地、发行彩票等方式取得收入，专项用于支持特定基础设施建设和社会事业发展的收支预算。政府性基金预算的管理原则是以收定支，专款专用，结余结转下年继续使用。

3. C ［解析］国有资本经营预算是国家以所有者身份依法取得国有资本收益，并对所得收益进行分配而发生的各项收支预算。所以其核心是调整国家和国有企业之间的分配关系。

4. ABDE ［解析］我国完整的政府预算系包括一般公共预算、政府性基金预算、国有资本经营预算和社会保险基金预算。

5. C ［解析］国有资本经营预算，是国家以所有者身份依法取得国有资本收益，并对所得收益进行分配而发生的各项收支预算，是政府预算的重要组成部分。

6. C ［解析］部门预算是市场经济国家财政预算管理的基本形式，是以部门为预算主体的综合预算。

7. B ［解析］部门收入预算编制采用标准收入预算法。部门支出预算编制采用零基预算法。

●考点再现

Q_{6-7} 部门预算的编制方法：

项目	具体内容	
部门收入预算	采用标准收入预算法	
部门支出预算	部门支出预算编制采用零基预算法	
	基本支出预算	实行定员定额管理。人员支出预算按照工资福利标准和编制定员逐人核定；日常公用支出预算按部门性质、职责、工作量差别等划分若干档次，制定标准定员定额体系，逐部门核定
	项目支出预算	要进行科学论证和合理排序，纳入项目库，编制中长期项目安排计划，结合财力状况，在预算中优先安排急需可行的项目。在此基础上，编制具有综合财政预算特点的部门预算

8. BC ［解析］预算执行制度是预算实施的关键环节，具体内容包括建立国库集中收付制度和实行政府采购制度。

9. DE ［解析］A 项过于绝对，不是"须"，经本级人大或其常委会批准，国有资本规模较小或国有企业数量较少的市县可以不编制本级固有资本经营预算。应急、救灾等特殊事项例外，B 项错误。严禁将政府非税收入与征收单位支出挂钩，C 项错误。

本章学习检查表

知识点名称	初次学习		第一次复习		第二次复习	
	做对题目数/总题目数	学习日期	做对题目数/总题目数	复习日期	做对题目数/总题目数	复习日期
政府预算的含义						
政府预算的职能						
政府预算的原则						
政府预算的分类						
立法机关、人民政府、政府财政部门的预算管理职权						
我国政府预算体系的构成						
我国预算编制和执行制度						
深化预算管理制度改革						

填写建议：

"做对题目数/总题目数"记录针对该知识点自己做题的情况，比如该知识点总题目数为10题，做对了其中7题，记录为7/10。

"学习日期"记录自己学习该知识点时的日期，建议把下一次复习的日期也写上。

备忘录：

第十六章 财政管理体制

✏️ **学习指导**

本章知识点主要出自财政管理体制的内容与类型、分税制财政管理体制、财政转移支付制度及建立现代财政制度、合理划分中央与地方财政事权和支出责任。其中财政管理体制的内容是本章考查的重点，近5年出题在2次左右，本章历年考查分值在3分左右。

本章多为概念性知识，内容较多，注重理解和细节性知识点的考查，应加强对书本知识的熟悉掌握，加强背诵和记忆。

时间	考点
Day 21	➢ 财政管理体制的含义 ➢ 财政管理体制的内容 ➢ 财政管理体制的类型 ➢ 财政管理体制的作用 ➢ 分税制财政管理体制的主要内容 ➢ 分税制财政管理体制改革的主要成效 ➢ 深化财政体制改革的主要任务与内容 ➢ 财政转移支付及其特点 ➢ 我国现行的财政转移支付制度 ➢ 规范财政转移支付制度的任务 ➢ 总体要求 ➢ 划分原则 ➢ 主要内容

▶▶▶ Day 21

▼ **考点**：财政管理体制的含义

1. [多项选择题] 广义的财政管理体制主要包括（   ）。
   A. 公共部门财务管理体制　　　　　　B. 国有企业管理体制
   C. 国有资本管理体制　　　　　　　　D. 税收管理体制
   E. 政府预算管理体制

2. [单项选择题] 财政管理体制的中心环节是（   ）。
   A. 税收管理体制　　　　　　　　　　B. 政府预算管理体制
   C. 公共部门财务管理体制　　　　　　D. 政府间财政关系划分

▼ **考点**：财政管理体制的内容

3. [多项选择题] 同层级的政府间事权及支出责任划分的原则有（   ）。
   A. 受益原则　　　　　　　　　　　　B. 效率原则

C. 区域原则 D. 技术原则
E. 恰当原则

4. [多项选择题] 财政管理体制的内容主要有（　　）。
   A. 政府间财政转移支付制度
   B. 实行政府采购制度
   C. 政府间事权及支出责任的划分
   D. 政府间财政收入的划分
   E. 财政分配和管理机构的设置

5. [多项选择题] 根据政府间财政收入划分原则，一般应作为中央政府财政收入的有（　　）。
   A. 流动性强的税收收入
   B. 调控功能比较强的税收收入
   C. 收入份额较大的主体税种收入
   D. 收益与负担能够直接对应的使用费收入
   E. 体现国家主权的收入

考点：财政管理体制的类型

6. [单项选择题] 关于联邦制的财政管理体制的说法，正确的是（　　）。
   A. 美国、英国、法国都实行联邦制的财政管理体制
   B. 在联邦制的财政管理体制下，地方财政由中央财政统一管理
   C. 在联邦制的财政管理体制下，政府间的财政联系主要依靠分税制和转移支付制度来实现
   D. 在联邦制的财政管理体制下，地方政府拥有的分权水平较低，自主性较小

7. [单项选择题] 中央财政与地方财政之间、地方上级财政与下级财政之间没有整体关系，政府间的财政联系主要依靠分税制和转移支付制度来实现。这种财政管理体制称为（　　）。
   A. 财政联邦制 B. 财政单一制
   C. 财政复合制 D. 俱乐部制

考点：财政管理体制的作用

8. [单项选择题] 下列不属于财政管理体制作用的是（　　）。
   A. 保证各级政府和财政职能的有效履行
   B. 调节各级和各地政府及其财政之间的不平衡
   C. 促进社会公平，提高财政效率
   D. 加强市场竞争，促进财权与事权相分离

考点：分税制财政管理体制的主要内容

9. [多项选择题] 下列税收收入中，属于地方财政收入的有（　　）。
   A. 烟叶税 B. 消费税
   C. 房产税 D. 车船税
   E. 土地增值税

10. [多项选择题] 我国现行分税制财政管理体制下,属于中央固定收入的税种有（　　）。
   A. 关税
   B. 车船税
   C. 证券交易印花税
   D. 消费税
   E. 资源税

▽ 考点：分税制财政管理体制改革的主要成效

11. [单项选择题] 关于分税制财政管理体制改革主要成效的说法,错误的是（　　）。
   A. 建立了财政收入稳定增长机制
   B. 增强了中央政府宏观调控能力
   C. 降低了对地方政府的预算约束
   D. 促进了产业结构调整和资源优化配置

▽ 考点：深化财政体制改革的主要任务与内容

12. [多项选择题] 下列属于完善中央地方事权和支出责任划分的要求的有（　　）。
   A. 适度加强中央事权
   B. 明确中央与地方共同事权
   C. 调整中央和地方的支出责任
   D. 明确区域性公共服务为地方事权
   E. 固化中央和地方的支出责任

▽ 考点：财政转移支付及其特点

13. [单项选择题] 下列属于最早提出转移支付概念的经济学家是（　　）。
   A. 庇古
   B. 魁奈
   C. 威廉·配第
   D. 西斯蒙第

14. [多项选择题] 财政转移支付的特点有（　　）。
   A. 完整性
   B. 科学性
   C. 非对称性
   D. 统一性和灵活性相结合
   E. 对称性

▽ 考点：我国现行的财政转移支付制度

15. [单项选择题] 下列转移支付中,不属于一般性转移支付的是（　　）。
   A. 均衡性转移支付
   B. 支农转移支付
   C. 民族地区转移支付
   D. 调整工资转移支付

16. [单项选择题] 中央财政为实现特定的宏观政策及事业发展战略目标,以及对委托地方政府代理的一些事务或中央地方共同承担事务进行补偿而设立的补助资金是（　　）。
   A. 一般性转移支付
   B. 均衡性转移支付
   C. 专项转移支付
   D. 民族地区转移支付

▽ 考点：规范财政转移支付制度的任务

17. [多项选择题] 我国现阶段规范财政转移支付制度的任务有（　　）。
   A. 重点增加对革命老区、民族地区、边疆地区、贫困地区的转移支付

B. 促进地区间财力均衡
C. 增加一般性转移支付规模和比例
D. 清理规范专项转移支付项目
E. 增加专项转移支付项目

▽ 考点：总体要求

18. [多项选择题] 合理划分中央与地方财政事权和支出责任的总体要求包括（　　）。
    A. 坚持财政事权由中央决定
    B. 坚持有利于健全社会主义市场经济体制
    C. 坚持加强中央对微观事务的直接管理
    D. 坚持法治化规范化道路
    E. 坚持积极稳妥统筹推进

19. [单项选择题] 合理划分中央与地方财政事权和支出责任的总体要求不包括（　　）。
    A. 坚持财政事权由中央决定
    B. 坚持有利于健全社会主义市场经济体制
    C. 坚持加强中央对微观事务的直接管理
    D. 坚持法治化规范化道路

▽ 考点：划分原则

20. [多项选择题] 合理划分中央与地方财政事权和支出责任的原则包括（　　）。
    A. 体现基本公共服务受益范围
    B. 兼顾政府职能和行政效率
    C. 实现权、责、利相统一
    D. 做到中央统筹、地方协助
    E. 激励地方政府主动作为

▽ 考点：主要内容

21. [多项选择题] 关于完善中央与地方支出责任划分的表述，错误的有（　　）。
    A. 中央的财政事权由中央承担支出责任
    B. 中央的财政事权如委托地方行使，要通过中央一般转移支付安排相应经费
    C. 地方的财政事权由地方承担支出责任
    D. 地方财政事权如委托中央机构行使，中央政府应负担相应的经费
    E. 中央与地方共同财政事权区分情况划分支出责任

✎ 学习笔记

第十六章 财政管理体制

参考答案及解析

Day 21

1. ADE [解析] 广义的财政管理体制包括政府预算管理体制、税收管理体制、公共部门财务管理体制等。

2. B [解析] 政府预算管理体制是财政管理体制的中心环节,规定了各级政府间的财力、预算资金使用范围、方向和权限。因此通常人们所使用的财政管理体制的概念,指的就是政府预算管理体制。

3. ABCD [解析] 注意区分事权支出划分原则和收入划分原则。支出划分原则包括技术原则、效率原则、区域原则、受益原则。政府间财政收入划分的原则是恰当原则、集权原则、效率原则、收益与负担对等原则。

4. ACDE [解析] 财政管理体制的内容包括:①财政分配和管理机构的设置;②政府间事权及支出责任的划分(是财政管理体制的基础性内容);③政府间财政收入的划分;④政府间财政转移支付制度。

5. ABCE [解析] 对于收益与负担能够直接对应的收入(如使用费等),一般作为地方政府收入,D项错误。

6. C [解析] 美国、加拿大、德国、澳大利亚、俄罗斯、墨西哥、印度实施财政联邦制模式;法国、英国、日本、韩国实施财政单一制模式,A项错误。在单一制的财政管理体制下,地方财政由中央财政统一管理,地方政府拥有的分权水平较低,自主性较小,B、D两项错误。

7. A [解析] 财政管理体制的类型包括财政联邦制和财政单一制。其中,财政联邦制模式下的财政管理体制,中央财政与地方财政之间、地方上级财政与下级财政之间没有整体关系,政府间的财政联系主要依靠分税制和转移支付制度来实现。

8. D [解析] 财政管理体制作用的包括A、B、C三项,D项应该是财权与事权相统一,而不是相分离。

9. ACDE [解析] 地方财政收入包括地方企业上缴利润、城镇土地使用税、城市维护建设税、房产税、车船税、印花税(不含证券交易印花税)、耕地占用税、契税、烟叶税、土地增值税、国有土地有偿使用收入等。

10. ACD [解析] 本题中车船税属于地方税;资源税属于中央地方共享税。中央固定收入包括:①关税;②海关代征的增值税和消费税;③消费税;④证券交易印花税;⑤车辆购置税;⑥出口退税;⑦船舶吨税。

11. C [解析] 分税制财政管理体制改革的主要成效:①建立了财政收入稳定增长机制。增强了中央财政统筹配置资源、加强宏观调控的能力,也调动了地方经济。②增强了中央政府宏观调控能力。③促进了产业结构调整和资源优化配置。强化了对地方财政的预算约束,提高了地方坚持财政平衡、注重收支管理的主动性。

12. ABCD [解析] 完善中央地方事权和支出责任划分需要:①适度加强中央事权;②明确中央与地方共同事权;③明确区域性公共服务为地方事权;④调整中央和地方的支出

责任。

13. A [解析] 最早提出转移支付概念的是著名经济学家庇古,他在1928年出版的《财政学研究》中第一次使用这一概念。

14. ABDE [解析] 财政转移支付的特点包括完整性、对称性、科学性、统一性和灵活性相结合、法制性。

15. B [解析] 一般性转移支付包括均衡性转移支付、民族地区转移支付、县级基本财力保障机制奖补资金、调整工资转移支付、农村税费改革转移支付、资源枯竭城市转移支付等具体项目。

16. C [解析] 专项转移支付是指中央财政为实现特定的宏观政策及事业发展战略目标,以及对委托地方政府代理的一些事务或中央地方共同承担事务进行补偿而设立的补助资金,需要按规定用途使用。专项转移支付具体项目比较多,重点用于教育、医疗卫生、社会保障、支农等公共服务领域。

17. ABCD [解析] 规范财政转移支付制度的任务包括:①完善一般性转移支付的稳定增长机制。增加一般性转移支付规模和比例,促进地区财力平衡,重点增加对革命老区、民族地区、边疆地区、贫困地区的转移支付。②清理、整合、规范专项转移支付项目。大幅度减少转移支付项目,E项错误。

18. ABDE [解析] 合理划分中央与地方财政事权和支出责任是政府有效提供基本公共服务的前提和保障。划分的总体要求是:①坚持中国特色社会主义道路和党的领导;②坚持财政事权由中央决定;③坚持有利于健全社会主义市场经济体制;④坚持法治化规范化道路;⑤坚持积极稳妥统筹推进。

19. C [解析] 合理划分中央与地方财政事权和支出责任的总体要求之一是坚持财政事权由中央决定,要切实落实地方政府在中央授权范围内履行财政事权的责任,最大限度减少中央对微观事务的直接管理,发挥地方政府因地制宜加强区域内事务管理的优势,调动和保护地方干事创业的积极性和主动性。C项错误。

20. ABCE [解析] 合理划分中央与地方财政事权和支出责任的原则有:①体现基本公共服务受益范围;②兼顾政府职能和行政效率;③实现权、责、利相统一;④激励地方政府主动作为;⑤做到支出责任与财政事权相适应。

21. BD [解析] 中央的财政事权如委托地方行使,要通过中央专项转移支付安排相应经费,B项错误。地方财政事权如委托中央机构行使,地方政府应负担相应的经费,D项错误。

本章学习检查表

知识点名称	初次学习		第一次复习		第二次复习	
	做对题目数/总题目数	学习日期	做对题目数/总题目数	复习日期	做对题目数/总题目数	复习日期
财政管理体制的含义						
财政管理体制的内容						
财政管理体制的类型						
财政管理体制的作用						
分税制财政管理体制的主要内容						
分税制财政管理体制改革的主要成效						
深化财政体制改革的主要任务与内容						
财政转移支付及其特点						
我国现行的财政转移支付制度						
规范财政转移支付制度的任务						
总体要求						
划分原则						
主要内容						

填写建议：

"做对题目数/总题目数"记录针对该知识点自己做题的情况，比如该知识点总题目数为10题，做对了其中7题，记录为7/10。

"学习日期"记录自己学习该知识点时的日期，建议把下一次复习的日期也写上。

备忘录：

第十七章 财政政策

学习指导

本章知识点主要出自财政政策的功能与目标、财政政策工具与类型、财政政策乘数与时滞及我国财政政策实践经验。其中财政政策的工具、财政政策类型及财政政策乘数是本章考查的重点，近5年出题在3次左右，需要重点掌握，本章历年考查分值在2分左右。

本章多为概念性知识，内容较多，注重细节性知识点的考查，应加强对书本知识的熟悉掌握，加强背诵和记忆。

时间	考点
Day 22	➢财政政策的含义 ➢财政政策的功能 ➢财政政策的目标 ➢财政政策的工具 ➢财政政策类型 ➢财政政策乘数 ➢财政政策时滞

▶▶▶ Day 22

考点：财政政策的含义

1. ［多项选择题］下列政策中属于财政政策的有（　　）。
   A. 预算政策　　　　　　　　　　B. 税收政策
   C. 国债政策　　　　　　　　　　D. 利率政策
   E. 汇率政策

考点：财政政策的功能

2. ［多项选择题］财政政策的功能包括（　　）。
   A. 导向功能　　　　　　　　　　B. 协调功能
   C. 统筹功能　　　　　　　　　　D. 管理功能
   E. 稳定功能

考点：财政政策的目标

3. ［多项选择题］财政政策的目标包括（　　）。
   A. 促进充分就业　　　　　　　　B. 物价绝对稳定
   C. 国际收支平衡　　　　　　　　D. 经济快速增长
   E. 经济稳定增长

第十七章 财政政策

▼ **考点**：财政政策的工具

4. [单项选择题] 当社会总供给大于总需求时,政府预算一般采取( )。
   A. 提高税率、减少税收优惠,抑制企业和个人投资需求和消费需求
   B. 缩小支出规模、保持预算盈余,抑制社会总需求
   C. 降低投资支持水平,使经济降温、平稳回落
   D. 扩大支出规模、保持一定赤字规模,扩大社会总需求

5. [单项选择题] 下列经济政策中,不属于财政政策的是( )。
   A. 利率政策
   B. 税收政策
   C. 国债政策
   D. 预算政策

6. [多项选择题] 在经济过热、出现通货膨胀时,政府可使用的财政政策主要有( )。
   A. 减少货币发行量　　　　　　　　B. 提高利率
   C. 减少财政支出　　　　　　　　　D. 提高税率
   E. 减少税收优惠

▼ **考点**：财政政策类型

7. [单项选择题] 下列措施中,属于紧缩性财政政策的是( )。
   A. 增加财政投资　　　　　　　　　B. 降低税率
   C. 增加财政补贴　　　　　　　　　D. 减少税收优惠

8. [多项选择题] 关于汲水财政政策特点的说法,正确的有( )。
   A. 汲水政策是一种长期政策
   B. 汲水政策以增加税收为目的
   C. 汲水政策以扩大公共投资规模为手段
   D. 汲水政策是一种诱导经济复苏的政策
   E. 汲水政策是一种顺周期的财政政策

9. [多项选择题] 下列财政政策中,属于自动稳定财政政策的有( )。
   A. 减税政策　　　　　　　　　　　B. 补偿政策
   C. 累进所得税制　　　　　　　　　D. 汲水政策
   E. 政府福利支出政策

10. [单项选择题] 在经济稳定增长时期,政府通过实施财政收支基本平衡或者动态平衡的财政政策,保持经济的持续稳定发展。这种政策属于( )财政政策。
   A. 自动稳定　　　　　　　　　　　B. 中性
   C. 相机抉择　　　　　　　　　　　D. 紧缩性

▼ **考点**：财政政策乘数

11. [单项选择题] 假设边际消费倾向为0.6,则政府购买支出乘数是( )。
   A. 2
   B. 1.5
   C. 2.5
   D. 1

12. [单项选择题] 假设边际消费倾向为 0.6，则税收乘数为（　　）。
    A. 1.5　　　　　　　　　　　　　　B. －1.5
    C. 2.5　　　　　　　　　　　　　　D. －2.5

13. [多项选择题] 财政政策乘数主要包括（　　）。
    A. 税收乘数　　　　　　　　　　　B. 债务乘数
    C. 赤字预算乘数　　　　　　　　　D. 政府购买支出乘数
    E. 平衡预算乘数

▽ 考点：财政政策时滞

14. [单项选择题] 在财政政策时滞中，财政部门在制定采取何种政策之前对经济问题调查研究所耗费的时间称为（　　）。
    A. 认识时滞　　　　　　　　　　　B. 行政时滞
    C. 执行时滞　　　　　　　　　　　D. 决策时滞

15. [多项选择题] 在财政政策时滞中只属于研究过程，与决策机关没有直接关系，在经济学上被称为内在时滞的有（　　）。
    A. 决策时滞　　　　　　　　　　　B. 执行时滞
    C. 认识时滞　　　　　　　　　　　D. 行政时滞
    E. 效果时滞

学习笔记

第十七章 财政政策

参考答案及解析

Day 22

1. ABC [解析] 财政政策是政府对财政收支进行指导的原则和措施,财政政策由预算政策、税收政策、支出政策、国债政策等组成。利率政策和汇率政策均属于货币政策。

2. ABE [解析] 财政政策的功能主要包括导向功能、协调功能、控制功能和稳定功能。

3. ACE [解析] 财政政策的目标是促进充分就业、物价基本稳定、国际收支平衡、经济稳定增长。

4. D [解析] 社会总供给大于总需求,说明要刺激需求,要多花钱,即可选择 D 项,扩大支出规模、保持一定赤字规模,扩大社会总需求。

5. A [解析] 利率政策属于货币政策。国债政策、税收政策、预算政策均属于财政政策。

6. CDE [解析] 本题需关注"经济过热、财政政策",所以应选择减少财政支出,增加税收的政策。增加税收的方式包括提高税率和减少税收优惠的办法。

7. D [解析] 紧缩性财政政策属于"少花钱"的政策,应减少支出、增加收入。所以减少税收优惠政策属于紧缩性财政政策。

8. CD [解析] 汲水政策是指在经济萧条时期进行公共投资,以增加社会有效需求,使经济恢复活力的政策。汲水政策的特点包括:①它是以市场经济所具有的自发机制为前提,是一种诱导经济复苏的政策;②它以扩大公共投资规模为手段,启动和活跃社会投资;③财政投资规模具有有限性,即只要社会投资恢复活动、经济实现自主增长,政府就不再投资或缩小投资规模;④如果经济萧条的状况不再存在,这种政策就不再实施,是一种短期财政政策。

9. CE [解析] 自动稳定财政政策包括累进所得税制和政府福利支出政策。

10. B [解析] 中性财政政策是指在经济稳定增长时期,政府通过实施财政收支基本平衡或者动态平衡的财政政策,既不产生扩张效应,也不产生紧缩效应,以保持经济的持续稳定发展。

11. C [解析] 政府购买支出乘数=$1/(1-b)$,b 代表边际消费倾向。政府购买支出乘数=$1/(1-0.6)=2.5$。

12. B [解析] 税收乘数=1−政府购买支出乘数=$1-1/(1-0.6)=-1.5$ 或税收乘数=$-0.6/(1-0.6)=-1.5$。

13. ADE [解析] 财政政策乘数具体包括税收乘数、政府购买支出乘数和平衡预算乘数。

14. B [解析] 行政时滞,也称为行动时滞,这是指财政部门在制定采取何种政策之前对经济问题调查研究所耗费的时间。

15. CD [解析] 财政政策的实施一般会产生下列五种时滞,依次为认识时滞、行政时滞、决策时滞、执行时滞以及效果时滞。这些时滞又分为内在时滞(认识时滞和行政时滞,只涉及行政单位,与立法机关无关,即这种时滞只属于研究过程,与决策机关没有关系)和外在时滞(决策时滞、执行时滞和效果时滞,从财政当局采取措施到这些措施对经济体系产生影响的时间)。

本章学习检查表

知识点名称	初次学习		第一次复习		第二次复习	
	做对题目数/总题目数	学习日期	做对题目数/总题目数	复习日期	做对题目数/总题目数	复习日期
财政政策的含义						
财政政策的功能						
财政政策的目标						
财政政策的工具						
财政政策类型						
财政政策乘数						
财政政策时滞						

填写建议：

"做对题目数/总题目数"记录针对该知识点自己做题的情况，比如该知识点总题目数为10题，做对了其中7题，记录为7/10。

"学习日期"记录自己学习该知识点时的日期，建议把下一次复习的日期也写上。

本部分强化测试

扫码做题

备忘录：

第三部分 货币与金融

第十八章 货币供求与货币均衡

学习指导

本章知识点主要出自货币需求、货币供给、货币均衡和通货膨胀。其中货币需求理论、货币供给与货币供应量及货币供给的机制为本章的高频考点，近5年出题在5次左右。本章尤其重要，历年考查分值在8分左右。

本章多为概念性知识，较容易理解，货币需求和货币供给是考查较多的知识点，财政政策和货币政策是容易混淆的知识点，应加强对书本知识的熟悉掌握，加强背诵和记忆。

时间	考点
Day 23	▶货币需求与货币需求量 ▶货币需求理论 ▶货币供给与货币供应量 ▶货币供给的机制 ▶数字货币
Day 24	▶货币均衡与失衡 ▶货币均衡水平决定 ▶通货膨胀的含义 ▶通货膨胀的类型 ▶通货膨胀的原因 ▶通货膨胀的治理

Day 23

考点：货币需求与货币需求量

1. [多项选择题]货币需求作为一种经济需求，是由（　　）共同决定。
   A. 货币需求能力　　　　　　　　B. 货币价值
   C. 货币需求愿望　　　　　　　　D. 货币供应数量
   E. 货币供应能力

2. [单项选择题]下列关于货币需求的说法，错误的是（　　）。
   A. 货币需求是一种主观需求
   B. 货币需求是一种客观需求

C. 货币需求是一种有效需求

D. 货币需求是一种派生需求

▽ 考点：货币需求理论

3. [单项选择题] 美国经济学家费雪提出交易方程式 $MV=PT$，P 代表物价水平，T 代表商品和劳务，M 代表货币量。其中，存在直接相关关系的变量是（　　）。

　A. P 和 T　　　　　　　　　　　　B. V 和 M

　C. T 和 V　　　　　　　　　　　　D. P 和 M

4. [单项选择题] 经济学家费雪提出了现金交易数量说，该理论认为（　　）。

　A. 货币量决定物价水平　　　　　　　B. 通货紧缩程度决定物价水平

　C. 通货膨胀程度决定物价水平　　　　D. 货币流通速度决定货币价值

5. [单项选择题] 英国经济学家凯恩斯认为，当利率降到某一点时，货币需求会无限增大，此时无人愿意持有（　　）。

　A. 房产　　　　　　　　　　　　　　B. 债券

　C. 股票　　　　　　　　　　　　　　D. 实物资产

6. [单项选择题] 关于流动性陷阱的表述，错误的是（　　）。

　A. 利率降到某一低点时，货币需求会无限增大

　B. 无人愿意持有债券

　C. 人们都愿意持有货币

　D. 流动性偏好具有相对性

7. [多项选择题] 根据流动性偏好理论，由获得的收入多少决定并与国民收入为增函数关系的货币需求动机有（　　）。

　A. 交易动机　　　　　　　　　　　　B. 预防动机

　C. 投机动机　　　　　　　　　　　　D. 贮藏动机

　E. 消费动机

8. [多项选择题] 在弗里德曼的货币需求函数中，与货币需求成正比的因素有（　　）。

　A. 恒久性收入　　　　　　　　　　　B. 人力财富比例

　C. 存款的利率　　　　　　　　　　　D. 债券的收益率

　E. 股票的收益率

▽ 考点：货币供给与货币供应量

9. [单项选择题] 在我国货币供应量指标中，属于 M_1 的是（　　）。

　A. 其他存款（财政存款除外）　　　　B. 个人定期存款

　C. 单位定期存款　　　　　　　　　　D. 单位活期存款

10. [多项选择题] 下列金融统计指标中计入我国社会融资规模的有（　　）。

　A. 非金融机构在我国A股市场获得的直接融资

　B. 金融机构通过表外业务向实体经济提供的信托贷款

　C. 金融机构通过表内业务向实体经济提供的人民币贷款

　D. 房地产公司从地下钱庄获得的高利贷

E. 保险公司向受灾的投保企业提供的损失赔偿

11. [多项选择题] 社会融资规模统计指标包括（ ）。

A. 保险公司发放的保单贷款
B. 委托贷款
C. 商业银行发行的资本补充债券
D. 信托贷款
E. 人民币贷款

▽ **考点**：货币供给的机制

12. [单项选择题] 在货币供给机制中，中央银行和商业银行具备的功能是（ ）。

A. 中央银行具备创造派生存款的功能，商业银行具备信用创造货币的功能
B. 中央银行具备信用创造货币的功能，商业银行具备创造派生存款的功能
C. 中央银行和商业银行都具备创造派生存款的功能
D. 中央银行和商业银行都具备信用创造货币的功能

13. [多项选择题] 制约商业银行体系扩张信用、创造派生存款的因素有（ ）。

A. 商业银行发达程度
B. 缴存中央银行存款准备金数量
C. 提取现金数量
D. 中央银行独立程度
E. 企事业单位及社会公众缴付税款数量

14. [单项选择题] 提高存款准备金率对货币供求的影响是（ ）。

A. 增加货币需求
B. 减少货币需求
C. 增加货币供给
D. 减少货币供给

▽ **考点**：数字货币

15. [多项选择题] 以下属于数字人民币的设计特征的有（ ）。

A. 兼具账户和价值特征
B. 成本较高
C. 支付即结算
D. 不可匿名性
E. 安全性

✎ 学习笔记

Day 24

▼ 考点：货币均衡与失衡

1. [多项选择题] 关于货币均衡特征的说法，正确的有（　　）。
   A. 在一定时期内，货币供给与货币需求在动态上保持一致
   B. 在长期内，货币供给与货币需求大体一致
   C. 在短期内，货币供给与货币需求完全一致
   D. 在任一时点上，货币供给与货币需求在数量上完全相等
   E. 在现代经济中，货币均衡在一定程度上反映了经济总体均衡状况

2. [单项选择题] 解决结构性货币失衡的途径是调整（　　）。
   A. 货币层次　　　　　　　　　　B. 货币供应量
   C. 经济结构　　　　　　　　　　D. 劳动力结构

▼ 考点：货币均衡水平决定

3. [单项选择题] 关于货币均衡水平的说法，正确的是（　　）。
   A. 流通中的货币数量取决于货币的均衡水平
   B. 流通中的货币必须借助外力才可能保持供求均衡水平
   C. 如果考虑物价自然上升的影响，流通中货币数量的增长应等于国内生产总值的增长
   D. 如果考虑物价自然上升的影响，流通中货币数量的增长应低于国内生产总值的增长

4. [多项选择题] 考虑物价自然上升的因素，关于货币均衡水平的决定，下列说法正确的有（　　）。
   A. 货币增长率＝经济增长率＋物价自然上涨率
   B. 货币增长量＝上年度的货币量×（经济增长率＋物价自然上涨率）
   C. 货币增长率＝经济增长率
   D. 货币增长率＝通货膨胀率
   E. 货币增长率＝经济增长率×通货膨胀率

▼ 考点：通货膨胀的含义

5. [单项选择题] 西方经济学和马克思主义货币理论都将（　　）作为通货膨胀的基本标志。
   A. 货币供求总量失衡　　　　　　B. 工资上涨
   C. 物价上涨　　　　　　　　　　D. 进出口总额失衡

6. [单项选择题] 经济学家萨缪尔森在其经典著作《经济学》中，对通货膨胀的定义是（　　）。
   A. 在一定时期内，商品和生产要素价格总水平持续不断上涨的现象
   B. 在纸币流通条件下，因纸币过度发行而引起的纸币贬值、物价上涨的现象
   C. 在开放经济条件下，因进口商品价格上升而使物价总水平上涨的现象
   D. 在一定时期内，由于人们普遍持币待购而使货币流通速度减慢的现象

▼ 考点：通货膨胀的类型

7. [多项选择题] 需求拉上型通货膨胀的特点包括（　　）。
   A. 成本的增长诱使消费支出增长

B. 政府为阻止失业率上升而增加支出

C. 政府采取紧缩性财政政策以减少总需求

D. 政府采取扩张性货币政策以增加总需求

E. 支出的增长与实际的或预期的成本增长密切相关

8. [多项选择题] 下列通货膨胀类型中，属于成本推进型通货膨胀的有（　　）。

A. 扩张性货币政策造成的通货膨胀　　B. 消费强劲增长引发的通货膨胀

C. 工资和物价螺旋上升引发的通货膨胀　　D. 进口品价格上涨引起的通货膨胀

E. 垄断企业人为抬高价格引发的通货膨胀

▼ 考点：通货膨胀的原因

9. [单项选择题] 造成通货膨胀的直接原因是（　　）。

A. 过度的金融创新　　B. 过度的信贷供给

C. 过多的金融机构　　D. 过度的金融监管

10. [多项选择题] 过度的信贷供给是造成通货膨胀的直接原因，而导致信贷供给过度的具体原因又有多方面，包括（　　）。

A. 财政盈余　　B. 过热的社会经济增长导致信用膨胀

C. 银行自身的决策失误导致信用膨胀　　D. 财政赤字

E. 推行赤字财政政策

▼ 考点：通货膨胀的治理

11. [多项选择题] 在治理通货膨胀的措施中，属于紧缩的需求政策的措施有（　　）。

A. 增加财政支出　　B. 减少政府税收

C. 政府发行公债　　D. 提高法定存款准备金率

E. 中央银行通过公开市场向金融机构出售有价证券

学习笔记

参考答案及解析

Day 23

1. AC [解析] 货币需求作为一种经济需求，是由货币需求能力和货币需求愿望共同决定的有效需求。

2. A [解析] 货币需求作为一种经济需求，是由货币需求能力和货币需求愿望共同决定的有效需求。货币需求是客观货币需求，也是一种派生需求（即派生于人们对商品的需求）。

3. D [解析] 交易方程式反映的是货币量 M 决定物价水平 P 的理论。

4. A [解析] 费雪现金交易数量说的观点是货币量决定物价水平。

5. B [解析] 流动性陷阱是当利率降到某一低点时，货币需求会无限增大，此时无人愿意持有债券，都愿意持有货币，流动性偏好具有绝对性。

6. D [解析] 当利率降到某一低点时，货币需求会无限增大，此时无人愿意持有债券，都愿意持有货币，流动性偏好具有绝对性，这就是著名的流动性陷阱。

7. AB [解析] 交易动机和预防动机构成交易性需求，由获得的收入多少决定，是国民收入的增函数；投机动机构成投机需求，由利率的高低决定，是利率的减函数。

8. AB [解析] 弗里德曼认为，影响货币需求的因素包括：①财富总额：恒久性收入越高，所需货币越多（同向）；②财富构成：人力财富比例越高，所需准备的货币就越多（同向）；③各种资产的预期收益率和机会成本（反向）；④其他因素。

9. D [解析] 流通中货币（M_0）的持有者包括企业事业单位、个人、机关团体及非存款类金融机构；M_1 包括流通中的货币、单位活期存款、个人活期存款和非银行支付机构客户备付金；单位定期存款、个人定期存款、其他存款（财政存款除外）的流动性较弱，属于准货币，它与 M_1 一起构成广义货币供应量 M_2。

10. ABCE [解析] 社会融资规模统计指标主要由5个部分构成：①金融机构通过表内业务向实体经济提供的资金支持：人民币贷款、外币贷款；②金融机构通过表外业务向实体经济提供的资金支持：委托贷款、信托贷款、未贴现的银行承兑汇票；③实体经济利用规范的金融工具、在正规金融市场所获得的直接融资：非金融企业境内股票筹资和企业债券融资；④其他方式向实体经济提供的资金支持：保险公司赔偿、投资性房地产、小额贷款公司和贷款公司贷款；⑤政府部门在债券市场的融资：国债、地方政府专项债券、地方政府一般债券。

11. BDE [解析] 社会融资规模统计指标的主要构成包括：①人民币贷款；②外币贷款；③委托贷款；④信托贷款；⑤未贴现的银行承兑汇票；⑥非金融企业境内股票筹资；⑦非金融企业境内企业债券融资；⑧投资性房地产；⑨其他：保险公司赔偿、小额贷款公司和贷款公司贷款；⑩国债、地方政府专项债券和地方政府一般债券。

12. B [解析] 货币供给机制中，中央银行具有信用创造货币的功能；商业银行具有创造派生存款和扩张信用的功能。

13. BCE [解析] 一般来说，银行体系扩张信用、创造派生存款的能力要受到三类因素的制约：①受到缴存中央银行存款准备金的限制；②受到提取现金数量的限制；③受到企事业单位及社会公众缴付税款等的限制。

14. D [解析] 货币供应量（M）＝基础货币（B）×货币乘数（K）；B——"基础货币"，包括现金和商业银行在中央银行的存款；K——基础货币的扩张倍数，称为"货币乘数"；货币乘数等于存款准备金率和货币结构比率之和的倒数。提高法定存款准备金率会导致货币乘数 K 缩小，从而使货币供给量减少，D 项正确。

15. ACE [解析] 数字人民币设计具有以下特征：①兼具账户和价值特征；②数字人民币定位于 M_0，不计付利息；③低成本；④支付即结算；⑤匿名性，遵循"小额匿名、大额依法可溯"的原则；⑥安全性；⑦可编程性，通过加载不影响货币功能的智能合约实现可编程性。

Day 24

1. ABE [解析] 货币均衡的特征包括：①货币均衡是货币供给与货币需求的大体一致，而非货币供给与货币需求在数量上的完全相等（D 项错误）；②货币均衡是一个动态过程；在短期内货币供求可能不一致，但在长期内是大体一致的（C 项错误）；③现代经济中的货币均衡在一定程度上反映了经济总体均衡状况。

2. C [解析] 结构性货币失衡通过经济结构调整加以解决。由于结构性货币失衡根源于经济结构，中央银行在宏观调控时更多的注意总量性货币失衡。

3. A [解析] 货币在运动过程中通过其内在机制的自我调节，能够自发保持供给与需求的均衡关系，而货币供应量正是按货币需求向流通领域供给货币的结果，是货币供求关系的产物，因此流通领域的货币数量取决于货币的均衡水平。若考虑物价自然上升的因素，流通领域中货币数量的增长应略高于国内生产总值的增长。

4. AB [解析] 在考虑物价自然上涨的情况下，货币增长率＝经济增长率＋物价自然上涨率。货币增长量＝上年度的货币量×货币增长率＝上年度的货币量×（经济增长率＋物价自然上涨率）。

5. C [解析] 通货膨胀的基本标志是物价上涨。

6. A [解析] B 项为马克思主义货币理论中关于通货膨胀性质问题的定义；C 项为输入型通货膨胀；D 项为隐蔽型通货膨胀。

7. ABD [解析] 需求拉上型通货膨胀的特点包括：①自生性，即支出的增长是独立的，与实际或预期的成本增长无关；②诱发性，即成本增长导致工资及其他收入的增长，诱使消费支出增长；③支持性，即政府为阻止失业率上升而增加支出，或采取扩张性财政政策或货币政策以增加总需求。

8. CE [解析] 成本推进型通货膨胀是指因成本自发性增加而导致物价上涨的通货膨胀，分为：①工资推进型通货膨胀——工资和物价螺旋上升的通货膨胀；②利润推进型通货膨胀——垄断企业为保证实现其利润目标而操纵的市场、人为抬高产品价格而引起的通货膨胀。A、B两项属于需求拉上型通货膨胀，D项属于输入型通货膨胀。

● 考点再现

Q_{6-8} 通货膨胀的类型：

划分标准	类型	具体内容
按通货膨胀的成因划分	需求拉上型通货膨胀	社会总需求过度增长，超过了社会总供给的增长幅度，导致商品和劳务供给不足、物价持续上涨的通货膨胀。特点包括自发性、诱发性、支持性
	成本推进型通货膨胀	成本自发性增加导致物价上涨的通货膨胀，分为工资推进型通货膨胀、利润推进型通货膨胀
	输入型通货膨胀	进口商品价格上升、费用增加而使物价总水平上涨所引起的通货膨胀。这实质上是一种通货膨胀的国际传导现象
	结构型通货膨胀	由经济结构方面的因素变动所引起的，即使总供求处于均衡状态，也会引起物价水平上涨的通货膨胀
按通货膨胀的表现形式划分	公开型通货膨胀	物价水平随货币数量变动而自发波动，又称开放型通货膨胀。故而物价上涨是通货膨胀的基本标志
	抑制型通货膨胀	在一国实行物价管制的情况下，商品供给短缺不能由物价上涨来反映，只表现为人们普遍持币待购而使货币流通速度减慢的通货膨胀，又称隐蔽型通货膨胀

9. B [解析] 造成通货膨胀的直接原因是过度的信贷供给。

10. BCDE [解析] 导致信贷供给过度的原因包括：①财政原因。发生财政赤字或推行赤字财政政策。②信贷原因。信用膨胀，银行信用提供的货币量超过经济发展对货币数量的客观需求。其原因包括财政赤字的压力、社会上过热的经济增长要求、银行自身决策失误等。③其他原因。如投资规模过大、国民经济结构比例失衡、国际收支长期顺差等。

11. CDE [解析] 在治理通货膨胀的措施中，属于紧缩的需求政策的措施包括：①紧缩性财政政策，包括减少政府支出、增加税收和发行公债；②紧缩性货币政策，包括提高法定存款准备金率、提高再贴现率和公开市场操作（中央银行出售有价证券）。

本章学习检查表

知识点名称	初次学习		第一次复习		第二次复习	
	做对题目数/总题目数	学习日期	做对题目数/总题目数	复习日期	做对题目数/总题目数	复习日期
货币需求与货币需求量						
货币需求理论						
货币供给与货币供应量						
货币供给的机制						
数字货币						
货币均衡与失衡						
货币均衡水平决定						
通货膨胀的含义						
通货膨胀的类型						
通货膨胀的原因						
通货膨胀的治理						

填写建议：

"做对题目数/总题目数"记录针对该知识点自己做题的情况，比如该知识点总题目数为10题，做对了其中7题，记录为7/10。

"学习日期"记录自己学习该知识点时的日期，建议把下一次复习的日期也写上。

备忘录：

第十九章 中央银行与货币政策

> **学习指导**
>
> 本章知识点主要出自中央银行、货币政策。其中中央银行的主要业务、中央银行资产负债表、货币政策工具及货币政策的中介目标为本章学习的重点，近5年出题在3次以上，需要重点掌握。本章尤其重要，历年考查分值在5分左右。
>
> 本章内容较少，考查的方向不会太偏，应注意货币当局资产负债表的项目分类，关注并熟悉每年关于货币政策的时政性知识内容的调整。

时间	考点
Day 25	➢ 中央银行制度 ➢ 中央银行的职责和业务活动特征 ➢ 中央银行的主要业务 ➢ 中央银行资产负债表 ➢ 建设现代中央银行制度 ➢ 货币政策定义 ➢ 货币政策目标 ➢ 货币政策工具 ➢ 货币政策的中介目标 ➢ 货币政策传导机制 ➢ 近年来我国货币政策的实践 ➢ 贷款基准利率改革 ➢ 强大的货币和强大的中央银行与金融"五篇大文章"

▶▶▶ Day 25

▽ **考点**：中央银行制度

1. [单项选择题] 关于中央银行的说法，错误的是（　　）。

    A. 中央银行不是金融管理机构

    B. 中央银行处于金融中介体系的中心环节

    C. 中央银行制度的形成是与中央银行的产生与发展联系在一起的

    D. 中央银行具有国家行政管理机关和银行的双重属性

2. [多项选择题] 我国中央银行的主要职能有（　　）。

    A. 制定和执行货币政策

    B. 维护金融稳定

    C. 实现充分就业

    D. 向贫困地区的企业和个人直接提供政策性贷款

E. 提供金融服务

3. [多项选择题]从历史上看,建立中央银行制度的必要性主要体现在（　　）。
   A. 集中货币发行权
   B. 集中黄金买卖权
   C. 代理国库和为政府筹措资金
   D. 管理金融业
   E. 确保国家对社会经济发展实行干预

✓ 考点：中央银行的职责和业务活动特征

4. [多项选择题]中央银行的业务活动特征主要表现为（　　）。
   A. 不以营利为目的
   B. 只与企业和金融机构发生往来
   C. 在制定和执行货币政策时具有相对独立性
   D. 在制定和执行财政政策时具有相对独立性
   E. 可以经营一般性银行业务

✓ 考点：中央银行的主要业务

5. [多项选择题]下列业务中,属于中央银行业务的有（　　）。
   A. 保管外汇和黄金储备
   B. 集中存款准备金
   C. 组织全国银行间清算业务
   D. 发放工商贷款
   E. 调拨人民币发行基金

6. [单项选择题]关于中央银行对政府业务的说法,正确的是（　　）。
   A. 中央银行通过公开市场操作买卖国债
   B. 中央银行监督商业银行交易和储备黄金或外汇
   C. 中央银行负责在商业银行向国家财政提供商业贷款时进行清算
   D. 中央银行办理国库业务既为政府提供了财务收支服务,又增强了自身资金实力

7. [多项选择题]中央银行向商业银行提供的服务包括（　　）。
   A. 集中管理商业银行缴存的存款准备金
   B. 保管外汇和黄金储备
   C. 作为商业银行的最后贷款人
   D. 提供全国清算业务
   E. 代理发行国家债券

✓ 考点：中央银行资产负债表

8. [多项选择题]储备货币是中央银行资产负债表负债方的主要项目,下列负债中,属于储备货币组成部分的有（　　）。
   A. 自有资金
   B. 金融性公司存款
   C. 货币发行
   D. 发行债券
   E. 政府存款

9. [单项选择题] 下列中央银行资产负债表项目中，应计入负债方的是（　　）。
   A. 贴现　　　　　　　　　　　　B. 政府债券
   C. 黄金储备　　　　　　　　　　D. 储备货币

▽ 考点：建设现代中央银行制度

10. [多项选择题] 关于建设现代中央银行制度内容的表述，正确的有（　　）。
    A. 坚持党中央对地方银行工作的集中统一领导
    B. 坚持服务经济高质量发展
    C. 坚持市场化法治化取向
    D. 坚持全球化国际化方向
    E. 坚持完善中央银行内部治理体系

▽ 考点：货币政策定义

11. [多项选择题] 货币政策的内容包括（　　）。
    A. 预期达到的货币政策效果
    B. 货币政策目标
    C. 预期达到的中央银行国际合作目标和效果
    D. 实现货币政策目标所运用的货币政策工具
    E. 与治理通货膨胀相关的财政政策

▽ 考点：货币政策目标

12. [多项选择题] 一国货币政策目标体系通常包括（　　）。
    A. 物价稳定　　　　　　　　　　B. 充分就业
    C. 国际收支平衡　　　　　　　　D. 社会公平
    E. 经济增长

13. [单项选择题]《中华人民共和国中国人民银行法》规定，我国货币政策的目标是（　　）。
    A. 保持国家外汇储备的适度增长
    B. 保持国内生产总值以较快的速度增长
    C. 保持货币币值稳定，并以此促进经济增长
    D. 保证充分就业

▽ 考点：货币政策工具

14. [单项选择题] 关于货币政策工具的说法，正确的是（　　）。
    A. 公开市场操作属于选择性货币政策工具
    B. 货币政策工具必须与货币运行机制相联系，并且具有可操作性
    C. 道义劝导属于传统使用的货币政策工具
    D. 窗口指导属于一般性货币政策工具

15. [单项选择题] 下列货币政策工具中，属于一般性货币政策工具的是（　　）。
    A. 窗口指导　　　　　　　　　　B. 消费者信用控制
    C. 存贷比　　　　　　　　　　　D. 公开市场操作

16. [多项选择题] 直接信用控制是指中央银行以行政命令或其他方式，从质和量两个方面，直接对金融机构尤其是商业银行的信用活动进行控制，其手段包括（　　）。
    A. 利率最高限　　　　　　　　　　B. 窗口指导
    C. 信用配额　　　　　　　　　　　D. 流动比率
    E. 直接干预

17. [单项选择题] 下列不属于我国非常规货币政策工具的是（　　）。
    A. 超低政策利率　　　　　　　　　B. 大规模再融资操作
    C. 资产购买计划　　　　　　　　　D. 消费者信用控制

▼ 考点：货币政策的中介目标

18. [单项选择题] 不少国家将基础货币作为货币政策中介目标，主要原因在于（　　）。
    A. 它与各种支出变量有着稳定可靠的关系
    B. 它的数字一目了然，数量也易于调控
    C. 它直接决定了商业银行的资产业务规模
    D. 它有利于实现总需求与总供给的平衡

19. [多项选择题] 通常情况下，货币政策目标一经确定，中央银行选择相应中介目标时依据的原则包括（　　）。
    A. 可控性原则　　　　　　　　　　B. 可测性原则
    C. 连续性原则　　　　　　　　　　D. 相关性原则
    E. 可逆性原则

20. [多项选择题] 中央银行将短期市场利率作为货币政策的中间目标，主要原因有（　　）。
    A. 中央银行只要控制住了短期市场利率，就能够控制一定时期的社会总需求，实现货币政策的目标
    B. 短期市场利率与各种支出变量有着较为稳定可靠的联系，中央银行能够及时收集到各方面的资料对利率进行分析和预测
    C. 短期市场利率直接决定商业银行的资产业务规模
    D. 中央银行可以通过调整再贴现率、存款准备金率或在公开市场上买卖国债，改变资金供求关系，引导短期市场利率的变化
    E. 短期市场利率的变化，会影响金融机构、企业、居民的资金实际成本和机会成本，改变其行为

21. [单项选择题] 短期市场利率能够反映市场资金供求状况，且变动灵活，因此通常将其作为中央银行货币政策的（　　）。
    A. 最终目标　　　　　　　　　　　B. 中间目标
    C. 传统工具　　　　　　　　　　　D. 特殊工具

▼ 考点：货币政策传导机制

22. [单项选择题] 20世纪90年代以来我国货币政策的传导机制是（　　）。
    A. 政策工具→操作目标→中介目标→最终目标
    B. 操作目标→中介目标→最终目标

C. 政策工具→最终目标

D. 最终目标→操作目标→中介目标

23. [多项选择题] 货币政策的有效性取决于传导机制的效率，而货币政策传导效率取决于（　　）。

A. 能够对货币政策变动作出灵敏反应的经济主体

B. 较为发达的金融市场

C. 商品市场的有效性

D. 较高程度的利率汇率市场化

E. 较多的国际储备

▽ 考点：近年来我国货币政策的实践

24. [单项选择题] 2010至2023年，14次中央经济工作会议均确定实施（　　）的货币政策。

A. 稳健　　　　　　　　　　　B. 合理适度

C. 灵活精准　　　　　　　　　D. 中性

25. [单项选择题] 为扭转国际金融危机造成的出口大幅下降，部分企业陷入困境和就业压力明显加大等局面，2008年下半年我国货币政策（　　）。

A. 从"从紧"转向"适度宽松"　　　B. 从"稳健"转向"适度从紧"

C. 从"适度从紧"转向"从紧"　　　D. 从"稳健"转向"适度宽松"

▽ 考点：贷款基准利率改革

26. [多项选择题] 改革后的贷款市场报价利率（LPR）在传导货币政策、引导贷款利率方面的优势有（　　）。

A. 货币政策传导效率提升　　　　B. 现实反映能力提升

C. 稳定性提升　　　　　　　　　D. 约束性增强

E. 安全性增强

▽ 考点：强大的货币和强大的中央银行与金融"五篇大文章"

27. [单项选择题] 根据2023年中央金融工作会议和相关政策部署，下列关于金融"五篇大文章"的说法，错误的是（　　）。

A. 科技金融旨在推动科技产业与金融资本的深度融合

B. 普惠金融以可负担的成本为所有社会群体提供适当有效的金融服务

C. 绿色金融主要支持高污染、高能耗产业的发展转型

D. 数字金融以数字技术为基础，强调数据核心和智能化特征

✎ 学习笔记

参考答案及解析

Day 25

1. A [解析] 中央银行也称货币当局，处于金融中介体系的中心环节，是发行的银行、银行的银行和政府的银行，具有国家行政管理机关和银行的双重性质。中央银行制度的形成是与中央银行的产生与发展联系在一起的。

2. ABE [解析] 中央银行是发行的银行、银行的银行和政府的银行，具有国家行政管理机关和银行的双重性质。中国人民银行是我国的中央银行，它的主要职能包括：①制定和执行货币政策；②维护金融稳定；③提供金融服务。

3. ACDE [解析] 建立中央银行制度的必要性有：①集中货币发行权的需要；②代理国库和为政府筹措资金的需要；③管理金融业的需要；④国家对社会经济发展实行干预的需要。

4. AC [解析] 中央银行业务活动特征包括：①不以营利为目的；②不经营一般性银行业务或非银行金融业务，业务服务对象是政府部门、商业银行及其他金融机构；③在制定和执行货币政策时，中央银行具有相对独立性。

5. ABCE [解析] 中央银行的业务包括货币发行业务、对银行的业务（集中存款准备金、充当最后贷款人、组织全国银行间清算业务）、对政府的业务（保管外汇和黄金储备等）。

6. D [解析] 中央银行通过公开市场操作买卖国债，即中央银行在流通市场（二级市场）上购买了国债，交易对象是商业银行等金融机构，所以 A 项属于中央银行对银行的业务，但如果是中央银行在发行市场（一级市场）直接购买国债就属于中央银行对政府的业务。中央银行代理政府交易和储备黄金或外汇，B 项错误。商业银行之间由于票据交换所产生的应收应付款项，通过在中央银行的往来账户办理非现金结算，由此使中央银行成为全国金融业的清算中心，这属于中央银行对银行的业务，C 项错误。

7. ACD [解析] 中央银行向商业银行提供的业务有集中准备金、最后贷款人和全国清算，其中组织全国银行间的清算业务是中央银行主要的中间业务。

8. BC [解析] 储备货币包括货币发行、金融性公司存款、非金融机构存款。储备货币是中央银行资产负债表负债方的项目。A、D、E 三项，自有资金、发行债券和政府存款均与储备货币并列为负债方项目，不是储备货币的范畴。

9. D [解析] 储备货币属于负债项目。负债项目包括：①储备货币（货币发行、金融性公司存款、非金融机构存款）；②不计入储备货币的金融性公司存款；③政府存款；④发行债券；⑤国外负债；⑥自有资金；⑦其他负债。

10. BCDE [解析] 建设现代中央银行制度的内容包括：①坚持党中央对中央银行工作的集中统一领导；②坚持服务经济高质量发展；③坚持市场化法治化取向；④坚持全球化国际化方向；⑤坚持完善中央银行内部治理体系。A 项错误，应该是党中央对中央银行工作的集中统一领导，不是党中央对地方银行工作的集中统一领导。

11. ABD [解析] 货币政策并不等同于金融政策，它只是金融政策的一部分，是一国金融当局制定和执行的通过货币供应量、利率或其他中介目标影响宏观经济运行的手段。货币政策一般包括三个方面的内容：①政策目标；②实现目标所运用的政策工具；③预期达到的政策效果。

12. ABCE [解析] 货币政策的目标体系包括稳定物价、经济增长、充分就业、平衡国际收支。

13. C [解析]《中华人民共和国中国人民银行法》规定，货币政策目标是保持货币币值稳定，并以此促进经济的增长。

14. B [解析] 本题用排除法选择会更好。公开市场操作属于传统货币政策工具，A项错误；道义劝告和窗口指导属于间接信用指导，C、D两项错误。

15. D [解析] 一般性货币政策工具包括法定存款准备金率、再贴现、公开市场操作。

16. ACDE [解析] 直接信用控制手段包括利率最高限、信用配额、流动比率、直接干预。B项属于间接信用指导。

17. D [解析] 2008年国际金融危机爆发后，发达经济体中央银行引入了一套新的政策干预措施，包括超低政策利率、大规模再融资操作、资产购买计划、前瞻性指引等，这些措施被统称为非常规货币政策工具。消费者信用控制属于选择性货币政策工具，D项错误。

18. B [解析] 基础货币是构成货币供应量倍数伸缩的基础，它可以满足可测性与可控性的要求，数字一目了然，数量也易于调控。不少国家把它视为较理想的中介目标。

19. ABD [解析] 中央银行选择中介目标的原则是"两可一相关"，即可控性、可测性和相关性。

20. BDE [解析] 中央银行能将短期市场利率作为货币政策的中间目标，原因是短期市场利率具有可控性、可测性和相关性。B项是可测性的含义。D项是可控性的含义。E项是相关性的含义。

21. B [解析] 作为货币政策中间目标的利率，通常是指短期的市场利率，即能够反映市场资金供求状况、变动灵活的利率，在具体操作中有使用银行间同业拆借利率，有使用短期国库券利率。

22. A [解析] 20世纪90年代以来初步形成的传导体系：中央银行→货币市场→金融机构→企业（居民）。初步建立了政策工具→操作目标→中介目标→最终目标的间接传导机制。

23. ABD [解析] 货币政策的有效性取决于传导机制的效率。货币政策传导效率取决于以下几方面：①能够对货币政策变动作出灵敏反应的经济主体；②较为发达的金融市场；③较高程度的利率汇率市场化。

24. A [解析] 近年来，我国一直实施"稳健"的货币政策。

25. A [解析] 2006年至2008年上半年，中央银行先后19次上调存款准备金共10个百分点，实施从紧的货币政策，但2008年下半年美国次贷危机导致国际金融危机，我国经济发展势头急转直下，中国人民银行将货币政策从"从紧"转向"适度宽松"，本题选择A项。

26. ABCD [解析] 改革后LPR在有效传导货币政策、引导贷款利率方面具有独特优势：①货币政策传导效率提升，政策利率变动可以迅速反映在LPR报价中；②现实反映能力提升，可以客观真实反映商业银行面临的市场环境和竞争情况；③稳定性提升，可以较好地隔绝市场噪声，熨平非理性波动；④约束性增强，LPR在贷款定价中的应用情况纳入宏观审慎评估等相关考核。

27. C [解析] 绿色金融的目标是支持环境改善、应对气候变化和资源高效利用，重点服务于环保、节能、清洁能源等绿色产业，C项错误。高污染、高能耗产业并不是绿色金融的支持重点，是绿色金融转型的对象。

本章学习检查表

知识点名称	初次学习		第一次复习		第二次复习	
	做对题目数/总题目数	学习日期	做对题目数/总题目数	复习日期	做对题目数/总题目数	复习日期
中央银行制度						
中央银行的职责和业务活动特征						
中央银行的主要业务						
中央银行资产负债表						
建设现代中央银行制度						
货币政策定义						
货币政策目标						
货币政策工具						
货币政策的中介目标						
货币政策传导机制						
近年来我国货币政策的实践						
贷款基准利率改革						
强大的货币和强大的中央银行与金融"五篇大文章"						

填写建议：

"做对题目数/总题目数"记录针对该知识点自己做题的情况，比如该知识点总题目数为10题，做对了其中7题，记录为7/10。

"学习日期"记录自己学习该知识点时的日期，建议把下一次复习的日期也写上。

备忘录：

第二十章 商业银行与金融市场

学习指导

本章知识点主要出自商业银行的运营与管理和金融市场。其中商业银行的职能与组织形式、商业银行的主要业务、存款保险制度及金融市场结构为本章考查的重点,商业银行的主要业务是重中之重,近5年出题在6次左右,需要重点掌握。本章较为重要,历年考查分值在4分左右。

本章内容较少,商业银行的主要业务需要重点掌握,有效市场理论的类型需要着重区分。本章内容需要背诵和记忆。

时间	考点
Day 26	➢商业银行的内涵 ➢商业银行的职能与组织形式 ➢商业银行的主要业务 ➢商业银行的经营管理 ➢存款保险制度 ➢金融市场效率 ➢有效市场理论 ➢金融市场结构

Day 26

考点:商业银行的内涵

1. [单项选择题] 下列关于商业银行和中央银行本质特征的表述,正确的是(   )。
   A. 都能对工商企业发放贷款
   B. 都追求利润最大化
   C. 商业银行能吸收社会公众的活期存款,中央银行则不能
   D. 商业银行承担货币发行任务,中央银行则没有

考点:商业银行的职能与组织形式

2. [单项选择题] 商业银行最基本的职能是(   )。
   A. 支付中介   B. 信用创造货币
   C. 集中准备金   D. 信用中介

3. [单项选择题] 比较典型的单一银行制模式的商业银行主要设立于(   )。
   A. 英国   B. 美国   C. 日本   D. 法国

4. [多项选择题] 下列关于商业银行的表述,正确的有(   )。
   A. 商业银行是以营利为目的的金融企业
   B. 吸收存款、发放贷款体现了商业银行的信用中介职能

C. 商业银行是唯一能够面向公众吸收活期存款的金融机构

D. 商业银行的主要职能是信用中介、支付中介和信用创造货币

E. 支付中介是商业银行最基本的职能

▽ **考点**：商业银行的主要业务

5. [单项选择题] 下列商业银行业务中，属于资产业务的是（　　）。

　A. 定期存款业务　　　　　　　　B. 抵押贷款业务

　C. 租赁业务　　　　　　　　　　D. 代理业务

6. [多项选择题] 关于商业银行主要业务的说法，正确的有（　　）。

　A. 贴现业务形式上是票据的买卖，实际上是间接贷款给票据持有人

　B. 银行结算业务的手续费向委托人收取

　C. 商业银行的借款业务包括再贴现和结算过程中的短期资金占用

　D. 租赁业务是商业银行作为支付中介提供服务

　E. 综合化银行制对商业银行的投资业务没有限制

7. [多项选择题] 下列商业银行业务中，属于负债业务的有（　　）。

　A. 吸收活期存款　　　　　　　　B. 质押贷款

　C. 投资房地产　　　　　　　　　D. 向中央银行借款

　E. 结算业务

▽ **考点**：商业银行的经营管理

8. [单项选择题] 下列不属于商业银行基本经营管理原则的是（　　）。

　A. 盈利性原则　　B. 流动性原则　　C. 自愿性原则　　D. 安全性原则

9. [多项选择题] 下列关于商业银行经营管理原则的表述，正确的有（　　）。

　A. 商业银行的经营管理原则包括盈利性、安全性和可控性

　B. 商业银行的资产盈利性与安全性呈现正相关关系

　C. 根据安全性原则，商业银行在发放贷款和投资等业务经营过程中，要能够按期收回本息，特别要避免本金受损

　D. 商业银行必须保有一定比例的现金资产或其他容易变现的资产

　E. 商业银行在经营资产业务中，必须获得尽可能高的收益，体现了盈利性原则

▽ **考点**：存款保险制度

10. [多项选择题] 关于存款保险制度的说法，错误的有（　　）。

　A. 存款人在同一家投保机构每个存款账户的本息都在50万元以内，其本息应获全额赔付

　B. 中资银行海外分支机构的存款原则上纳入存款保险范围

　C. 金融机构同业存款不纳入存款保险范围

　D. 存款保险制度就是存款保障制度

　E. 最高赔付限额根据存款人缴纳的保费确定

11. [多项选择题] 根据我国存款保险条例，存款保险基金的运用形式有（　　）。

　A. 存放于中国人民银行　　　　　B. 投资政府债券

　C. 投资信用等级较低的金融债券　D. 投资中央银行票据

E. 国务院批准的其他资金运用形式

12. [多项选择题] 根据我国存款保险条例，下列各项不纳入存款保险范围的有（   ）。
    A. 外商独资银行
    B. 中外合资银行
    C. 农村信用社
    D. 外国银行在中国的分支机构
    E. 中资银行海外分支机构

▶ 考点：金融市场效率

13. [多项选择题] 金融市场效率是指金融市场实现金融资源优化配置功能的程度，其内容有（   ）。
    A. 金融市场有效再分配社会财富
    B. 金融市场的资金需求者使用金融资源向社会提供有效产出的能力
    C. 金融市场能够迅速反映金融资产的真实价格
    D. 金融市场可以有效地传导货币政策
    E. 金融市场以最低交易成本为资金需求者提供金融资源的能力

▶ 考点：有效市场理论

14. [单项选择题] 根据美国芝加哥大学教授法玛关于有效市场的定义，如果有关证券公开发表的资料对证券的价格变动没有任何影响，则证券市场达到（   ）。
    A. 半强型效率
    B. 弱型效率
    C. 强型效率
    D. 零型效率

▶ 考点：金融市场结构

15. [多项选择题] 票据市场最主要的子市场包括（   ）。
    A. 商业票据市场
    B. 融资性票据市场
    C. 短期票据市场
    D. 银行承兑汇票市场
    E. 银行大额可转让定期存单市场

16. [多项选择题] 按照市场上交易的金融工具的期限长短，金融市场分为货币市场和资本市场，其中，资本市场包括（   ）。
    A. 票据市场
    B. 股票市场
    C. 长期债券市场
    D. 投资基金市场
    E. 同业拆借市场

17. [单项选择题] 甲与所供职的公司签订合同，该合同规定：甲每月支付100元，当其在公司工作满三年后，从第四年起有权按约定价格购买该公司一定数量的股票，这种交易是（   ）交易。
    A. 金融期权
    B. 金融期货
    C. 投资基金
    D. 货币掉期

✏ 学习笔记

参考答案及解析

Day 26

1. C [解析] 商业银行的经营范围广泛，业务种类齐全，是唯一能够吸收活期存款的金融机构。非银行金融机构经营范围窄，经营不完全的信用业务，或不以银行信用方式融通资金。

2. D [解析] 商业银行的职能包括信用中介（吸收存款、发放贷款）、支付中介和信用创造。其中信用中介是最基本的职能。

●考点再现

Q_2 商业银行的主要职能：

职能	具体内容
信用中介	吸收存款、发放贷款，发挥着化货币为资本的作用；是商业银行最基本的职能
支付中介	接受企业的委托，为其办理与货币运动有关的技术性业务，如汇兑、非现金结算等。使银行成为企业的总会计、总出纳，成为社会的总账房
信用创造	商业银行发行信用工具，满足流通界对流通手段和支付手段的需要，并使银行可以超出自有资本与吸收资本的总额而扩张信用

3. B [解析] 商业银行按机构设置分类，可分为单一银行制和总分行制。单一银行制不设分支机构，如美国许多州立银行；总分行制设多层分支机构，目前世界各国的商业银行一般都采用这种银行制度。

4. ABC [解析] 中央银行具有信用创造货币的功能，D项错误；信用中介是商业银行最基本的职能，E项错误。

5. B [解析] 票据贴现、贷款业务和投资业务属于商业银行的资产业务。

6. ABCD [解析] 为防范银行风险，金融监管当局对商业银行证券投资的范围一般都有限制性规定，E项错误。

7. AD [解析] 商业银行的负债业务包括吸收存款及借款业务。本题中，质押贷款、投资房地产属于资产业务，结算业务属于中间业务。

8. C [解析] 商业银行经营管理原则包括流动性原则、盈利性原则和安全性原则。

9. CDE [解析] 商业银行的经营管理原则包括盈利性、流动性和安全性，A项错误。商业银行的资产盈利性和安全性呈负相关关系，B项错误。

10. ABE [解析] 存款人在同一家投保机构所有存款账户的本息合计在50万元以内，其本息应获全额赔付，A项错误。金融机构同业存款、投保机构的高级管理人员在本投保机构的存款、跨国银行分支机构的存款原则上不纳入存款保险范围，B项错误，C项正确。存款保险制度也称为存款保障制度，D项正确。存款保险实行限额偿付，最高偿付限额为人民币50万元，E项错误。

11. ABDE [解析] 存款保险基金的运用形式包括：①存放中国人民银行；②投资政府债券、中央银行票据、信用等级较高的金融债券及其他高等级债券；③国务院批准的其他资金运用形式。

12. DE [解析] 被保险的存款既包括人民币存款，也包括外国存款。但不包括：①金融机构同业存款、投保机构的高级管理人员在本投保机构的存款以及存款保险基金管理机构规定不予保险的其他存款；②外国银行在中国的分支机构以及中资银行海外分支机构的存款。

13. BE [解析] 金融市场效率是指金融市场实现金融资源配置功能的程度。包含两方面的内容：①金融市场以最低交易成本为资金需求者提供金融资源的能力；②金融市场的资金需求者使用金融资源向社会提供有效产出的能力。

14. A [解析] 有关证券公开发表的资料（如公司对外公布的盈利报告等）对证券的价格变动没有任何影响，则市场达到半强型效率；有关证券的历史资料（如价格、交易量等）对证券的价格变动没有任何影响，则市场达到弱型效率；有关证券的所有相关信息，包括公开发表的资料以及内幕信息对证券的价格变动没有任何影响，即证券价格充分、及时地反映了与证券有关的所有信息，则市场达到强型效率。

15. AD [解析] 本题关注"最主要"三个字。按票据的种类，它可以划分为商业票据市场、银行承兑汇票市场、银行大额可转让定期存单市场、短期以及融资性票据市场。但是，最主要的子市场就是商业票据市场和银行承兑汇票市场。

16. BCD [解析] 资本市场包括股票市场、长期债券市场、投资基金市场。

17. A [解析] 金融期权交易是指买卖双方按成交协议签订合同，允许买方在交付一定的期权费用后，取得在特定时间内、按协议价格买进或卖出一定数量的证券的权利。

本章学习检查表

知识点名称	初次学习		第一次复习		第二次复习	
	做对题目数/总题目数	学习日期	做对题目数/总题目数	复习日期	做对题目数/总题目数	复习日期
商业银行的内涵						
商业银行的职能与组织形式						
商业银行的主要业务						
商业银行的经营管理						
存款保险制度						
金融市场效率						
有效市场理论						
金融市场结构						

填写建议：

"做对题目数/总题目数"记录针对该知识点自己做题的情况，比如该知识点总题目数为10题，做对了其中7题，记录为7/10。

"学习日期"记录自己学习该知识点时的日期，建议把下一次复习的日期也写上。

备忘录：

第二十一章 金融风险与金融监管

学习指导

本章知识点主要出自金融风险、金融危机、金融监管理论、金融监管体制及国际金融监管协调。其中金融风险的类型是高频考点，近5年出题在5次左右，需要重点掌握。金融危机的类型、金融监管的概念、巴塞尔协议的产生与发展及1988年巴塞尔报告是中频考点，近5年出题在2次左右。本章较为重要，历年考查分值在5分左右。

本章多为理论性知识，金融风险及金融危机的类型需要重点掌握，巴塞尔协议各个时间段的内容需要分清。

时间	考点
Day 27	➢金融风险的基本特征 ➢金融风险的类型 ➢金融危机的概念 ➢金融危机的类型 ➢次贷危机 ➢金融监管的含义 ➢金融监管的一般性理论
Day 28	➢金融监管体制的含义与分类 ➢我国金融监管体制演变 ➢近年来我国对重点领域的监管进展 ➢建立维护金融稳定长效机制 ➢巴塞尔协议产生的背景和发展 ➢1988年巴塞尔报告 ➢2003年新巴塞尔资本协议 ➢巴塞尔协议Ⅲ

▶▶▶ Day 27

考点：金融风险的基本特征

1. ［多项选择题］金融风险的基本特征有（　　）。
   A. 确定性　　　　B. 相关性　　　　C. 高杠杆性　　　　D. 不确定性
   E. 传染性

2. ［单项选择题］与一般工商企业相比，金融企业负债率明显偏高，这体现了金融风险的（　　）特征。
   A. 不确定性　　　B. 相关性　　　　C. 高杠杆性　　　　D. 传染性

考点：金融风险的类型

3. [单项选择题] 某银行因企业无法按期偿还贷款本息而遭受损失，这种金融风险属于（　　）。

A. 操作风险　　　　　　　　　　　　　B. 流动性风险

C. 信用风险　　　　　　　　　　　　　D. 市场风险

4. [单项选择题] 某证券公司由于证券交易系统不完善导致无法下单交易，这种金融风险属于（　　）。

A. 操作风险　　　　　　　　　　　　　B. 流动性风险

C. 信用风险　　　　　　　　　　　　　D. 市场风险

5. [单项选择题] 某商业银行因人民币兑英镑汇率上升而遭受财务损失，这种风险属于（　　）。

A. 信用风险　　　B. 市场风险　　　C. 流动性风险　　　D. 操作风险

考点：金融危机的概念

6. [单项选择题] 关于金融危机的说法，错误的是（　　）。

A. 金融危机指一个国家或几个国家与地区的全部或大部分金融指标出现急剧、短暂和超周期的恶化

B. 金融危机会使一国实体经济受到影响，但不会导致金融市场崩溃

C. 金融危机的发生具有频繁性、广泛性、传染性和严重性的特点

D. 几乎所有的国家都曾遭受过金融危机的侵袭

考点：金融危机的类型

7. [多项选择题] 关于不同类型金融危机的说法，正确的有（　　）。

A. 流动性危机主要限于一国国内发生，不会在国际蔓延

B. 支付能力危机主要是指一国的债务不合理、无法按期偿还债务而引起的危机

C. 发生内部综合性危机的国家的共同特点是金融体系脆弱，危机由证券行业传导至整个经济体系

D. 国际债务危机、欧洲货币危机和亚洲金融危机的共同特点是危机国家实行钉住汇率制度

E. 综合性金融危机一定程度上暴露了危机国家所存在的深层次结构问题

8. [单项选择题] 通常情况下，发生债务危机国家具有的特征不包括（　　）。

A. 出口不断萎缩，外汇主要来源于举借外债

B. 实行钉住汇率制度

C. 缺乏外债管理经验，外债投资效益不高

D. 国际债务条件对债务国不利

9. [单项选择题] 货币危机主要发生在实行（　　）的国家。

A. 自由浮动汇率

B. 有管理的浮动汇率制度

C. 固定汇率制或带有固定汇率制色彩的钉住汇率安排

D. 无独立法定货币的汇率安排

▽ 考点：次贷危机

10. [单项选择题] 次贷危机从 2007 年春季开始显现，发生在（　　）并席卷世界主要金融市场。

　　A. 英国　　　　　　　　　　　　B. 德国
　　C. 美国　　　　　　　　　　　　D. 法国

11. [单项选择题] 从 2007 年春季开始的美国次贷危机可依次分为（　　）三个阶段。

　　A. 债务危机阶段、信用危机阶段、流动性危机阶段
　　B. 信用危机阶段、债务危机阶段、流动性危机阶段
　　C. 流动性危机阶段、信用危机阶段、债务危机阶段
　　D. 债务危机阶段、流动性危机阶段、信用危机阶段

▽ 考点：金融监管的含义

12. [多项选择题] 金融监管首先是从对银行进行监督开始的，这和银行的一些特性有关，这些特性主要包括（　　）。

　　A. 银行的期限转换功能
　　B. 银行的信用创造功能
　　C. 银行的风险管理功能
　　D. 银行是整个支付体系的重要组成部分
　　E. 银行的流动性创造功能

▽ 考点：金融监管的一般性理论

13. [单项选择题] 存款保险制度是金融监管理论中（　　）的实践形式。

　　A. 公共利益理论　　　　　　　　B. 金融风险控制理论
　　C. 金融不稳定假设理论　　　　　D. 保护债权理论

14. [单项选择题] 认为银行的利润最大化目标促使其系统内增加有风险的活动，导致系统内不稳定性的金融监管理论是（　　）。

　　A. 公共利益论　　　　　　　　　B. 市场失灵理论
　　C. 金融风险控制论　　　　　　　D. 保护债权论

✎ 学习笔记

Day 28

▼ 考点：金融监管体制的含义与分类

1. [单项选择题] 美国金融监管体制的特点是（　　）。
   A. 独立于中央银行的监管体制
   B. 以证券监管部门为重心，中央银行辅助监管
   C. 独立于证券监管部门的监管体制
   D. 以中央银行为重心，其他监管机构参与分工

2. [多项选择题] 大多数发展中国家目前仍实行分业监管体制，这是因为（　　）。
   A. 实行政府主导的经济发展模式
   B. 实行混业经营体制
   C. 实行分业经营体制
   D. 金融发展水平不高
   E. 金融监管能力不足

▼ 考点：我国金融监管体制演变

3. [单项选择题] 2018年3月21日，中共中央印发《深化党和国家机构改革方案》，决定组建（　　）。
   A. 中国银行业监督管理委员会
   B. 中国银行保险监督管理委员会
   C. 中国保险监督管理委员会
   D. 中国证券监督管理委员会

4. [单项选择题] 2003年年底修改的《中国人民银行法》明确规定中国人民银行及其分支机构负有维护金融稳定的职能。下列有关其说法不正确的是（　　）。
   A. 作为最后贷款人在必要时救助高风险金融机构
   B. 共享监管信息，采取各种措施防范系统性金融风险
   C. 由国务院建立监管协调机制
   D. 作为第一贷款人在必要时救助高风险金融机构

5. [单项选择题] 下列不属于中国银行保险监督管理委员会的职责的是（　　）。
   A. 统一监督管理银行业和保险业
   B. 防范和化解金融风险
   C. 维护金融稳定
   D. 拟定银行业、保险业重要法律法规草案

▼ 考点：近年来我国对重点领域的监管进展

6. [单项选择题] 下列对我国影子银行的特点表述错误的是（　　）。
   A. 以银行为核心
   B. 以监管套利为主要目的
   C. 收取通道费用的盈利模式较为普遍
   D. 存在非刚性兑付

▼ 考点：建立维护金融稳定长效机制

7. [单项选择题] 下列不属于《中华人民共和国金融稳定法（草案征求意见稿）》作用的是（　　）。
   A. 建立健全高效权威、协调有力的金融稳定工作机制
   B. 加强金融风险防范和早期纠正
   C. 建立合理化、经济化处置机制
   D. 强化对违法违规行为的责任追究

▽ 考点：巴塞尔协议产生的背景和发展

8. ［多项选择题］在一系列巴塞尔协议中，影响广泛的包括（　　）。
   A. 2003 年新巴塞尔资本协议　　　　　B. 1992 年巴塞尔建议
   C. 2010 年巴塞尔协议Ⅲ　　　　　　　D. 1975 年巴塞尔协议
   E. 1988 年巴塞尔报告

9. ［单项选择题］1975 年 2 月，西方十国集团以及瑞士和卢森堡共 12 个国家的中央银行成立了巴塞尔银行监管委员会，其发起机构是（　　）。
   A. 世界银行　　　　　　　　　　　　B. 国际货币基金组织
   C. 国际清算银行　　　　　　　　　　D. 欧洲复兴开发银行

▽ 考点：1988 年巴塞尔报告

10. ［单项选择题］1988 年巴塞尔报告的主要内容是（　　）。
    A. 确认了监督银行资本的可行的统一标准
    B. 推出了金融监管的"三大支柱"
    C. 将微观审慎监管与宏观审慎监管有机结合起来
    D. 增强系统重要性银行监管的有效性

11. ［多项选择题］根据 1988 年巴塞尔报告，属于银行附属资本的有（　　）。
    A. 公开储备　　　　　　　　　　　　B. 资产重估储备
    C. 呆账准备金　　　　　　　　　　　D. 未公开储备
    E. 普通准备金

▽ 考点：2003 年新巴塞尔资本协议

12. ［单项选择题］下列各项中，不属于 2003 年新巴塞尔资本协议中"三大支柱"的是（　　）。
    A. 最低资本要求　　　　　　　　　　B. 市场约束
    C. 综合监管　　　　　　　　　　　　D. 监管当局的监督检查

▽ 考点：巴塞尔协议Ⅲ

13. ［多项选择题］巴塞尔协议Ⅲ的主要内容有（　　）。
    A. 强化资本充足率监管标准　　　　　B. 引入杠杆率监管标准
    C. 建立流动性风险量化监管标准　　　D. 确定新监管标准的实施过渡期
    E. 废除 2003 年新巴塞尔资本协议的三大新增内容

14. ［单项选择题］巴塞尔委员会引入杠杆率监管指标，自 2011 年年初按照（　　）的标准开始监控杠杆率的变化。
    A. 5%　　　　　B. 2.5%　　　　　C. 8%　　　　　D. 3%

✏ 学习笔记

参考答案及解析

Day 27

1. BCDE [解析] 金融风险的特征包括不确定性、相关性、高杠杆性（负债率高）和传染性。

2. C [解析] 金融风险的特征包括不确定性、相关性、高杠杆性和传染性。其中高杠杆性主要体现在与一般工商企业相比，金融企业负债率明显偏高，财务杠杆大，导致负外部性大。

3. C [解析] 本题根据"无法按期偿还"选择"信用风险"。

4. A [解析] 操作风险是由于金融机构交易系统不完善、管理失误或其他一些人为错误而导致的风险。

5. B [解析] 常见的金融风险有四类，其中一类是由于市场因素（利率、汇率、股价以及商品价格等）的波动而导致的金融参与者的资产价值变化的市场风险。

6. B [解析] 金融危机会使一国实体经济受到影响，经济增长放缓甚至衰退，严重时还会令金融市场完全崩溃，甚至导致国家破产。故B项错误。

7. BDE [解析] 流动性危机包括国内流动性危机和国际流动性危机，A项错误。发生内部综合性危机的国家的共同特点是金融体系脆弱，危机由银行传导至整个经济体系，C项错误。

8. B [解析] 债务危机也可称为支付能力危机，即一国债务不合理，无法按期偿还，最终引发的危机。发生债务危机的国家特征包括：①出口萎缩，外汇主要来源于举借外债；②国际债务条件对债务国不利；③大多数债务国缺乏外债管理经验，外债投资效益不高，创汇能力低。

9. C [解析] 在实行固定汇率制或带有固定汇率制色彩的钉住汇率安排的国家，容易出现货币危机。从国际债务危机、欧洲货币危机到亚洲金融危机，危机主体的一个共同特点在于其钉住汇率制度。

10. C [解析] 次贷危机是指一场发生在美国，因次级抵押贷款机构破产、投资基金被迫关闭、股市剧烈震荡引起的金融风暴。

11. D [解析] 次贷危机可以分为三个阶段：第一阶段，债务危机阶段；第二阶段，流动性危机阶段；第三阶段，信用危机阶段。

12. ABDE [解析] 金融监管首先是从对银行的监管开始的。这和银行的三大特性有关：①银行提供期限转换功能；②银行是整个支付体系的重要组成部分，作为票据的清算者，降低了交易的费用；③银行的信用创造和流动性创造功能。

13. D [解析] 保护债权理论的观点是：为了保护债权人的利益，需要金融监管。债权人就是存款人、证券持有人和投保人等。存款保险制度就是这一理论的实践形式。

14. C [解析] 金融风险控制论源于"金融不稳定假说"，认为银行的利润最大化目标促使其系统内增加有风险的活动，导致系统内的不稳定性。

第二十一章 金融风险与金融监管

Day 28

1. D [解析] 本题注意"美国"，美国的金融监管体制的特点是以中央银行为重心，其他监管机构参与分工。

2. CDE [解析] 当前，大多数发展中国家仍然实行分业监管体制，主要原因有：①金融业实行分业经营体制；②金融发展水平不高；③金融监管能力不足。

3. B [解析] 2018年3月21日，中央决定组建中国银行保险监督管理委员会。

4. D [解析] 中央银行作为最后贷款人在必要时救助高风险金融机构，D项错误。

5. D [解析] 银行业、保险业重要法律法规草案和审慎监管基本制度的职责划入中国人民银行。

6. D [解析] 我国影子银行突出表现为以下五个特点：①以银行为核心，表现为"银行的影子"；②以监管套利为主要目的，违法违规现象较为普遍；③存在刚性兑付或具有刚性兑付预期；④收取通道费用的盈利模式较为普遍；⑤以类贷款为主，信用风险突出。

7. C [解析]《中华人民共和国金融稳定法（草案征求意见稿）》的作用：①旨在建立健全高效权威、协调有力的金融稳定工作机制，进一步压实金融机构及其主要股东、实际控制人的主体责任，地方政府的属地责任和金融监管部门的监管责任；②加强金融风险防范和早期纠正，实现风险早发现、早干预；③建立市场化、法治化处置机制，明确处置资金来源和使用安排，完善处置措施工具，保护市场主体合法权益（C项错误）；④强化对违法违规行为的责任追究，以进一步筑牢金融安全网，坚决守住不发生系统性金融风险的底线。

8. ACE [解析] 影响广泛的巴塞尔协议是1988年巴塞尔报告、2003年新巴塞尔资本协议、2010年巴塞尔协议Ⅲ。

9. C [解析] 为维护成员国的共同利益，加强监管合作，统一监管原则和标准，1975年2月，由国际清算银行发起成立了巴塞尔银行监管委员会。

10. A [解析] 1988年巴塞尔报告的主要内容是确认了监督银行资本的可行的统一标准。

11. BCDE [解析] 巴塞尔委员会将银行资本分为核心资本和附属资本。核心资本又称为一级资本，包括实收资本（普通股）和公开储备；附属资本又称为二级资本，包括未公开储备、资产重估储备、普通准备金和呆账准备金、混合资本工具和长期次级债券。

12. C [解析] 在2003年新巴塞尔资本协议中，最引人注目的是该协议推出的最低资本要求、监管当局的监督检查以及市场约束的内容，被称为新巴塞尔协议的"三大支柱"。

13. ABCD [解析] 2010年巴塞尔协议Ⅲ的主要内容有：①强化资本充足率监管标准；②引入杠杆率监管标准；③建立流动性风险量化监管标准；④确定新监管标准的实施过渡期。

14. D [解析] 自2011年年初按照3%的标准（一级资本/总资产）开始监控杠杆率的变化，2013年年初开始进入过渡期，2018年正式纳入第一支柱框架。

本章学习检查表

知识点名称	初次学习		第一次复习		第二次复习	
	做对题目数/总题目数	学习日期	做对题目数/总题目数	复习日期	做对题目数/总题目数	复习日期
金融风险的基本特征						
金融风险的类型						
金融危机的概念						
金融危机的类型						
次贷危机						
金融监管的含义						
金融监管的一般性理论						
金融监管体制的含义与分类						
我国金融监管体制演变						
近年来我国对重点领域的监管进展						
建立维护金融稳定长效机制						
巴塞尔协议产生的背景和发展						
1988年巴塞尔报告						
2003年新巴塞尔资本协议						
巴塞尔协议Ⅲ						

填写建议：

"做对题目数/总题目数"记录针对该知识点自己做题的情况，比如该知识点总题目数为10题，做对了其中7题，记录为7/10。

"学习日期"记录自己学习该知识点时的日期，建议把下一次复习的日期也写上。

备忘录：

第二十二章 对外金融关系与政策

> **学习指导**
>
> 本章知识点主要出自汇率制度、国际储备、国际货币体系及跨境人民币使用。其中国际货币体系的变迁是本章学习的重点,近5年出题在4次左右,需要重点掌握。本章较为重要,历年考查分值在3分左右。
>
> 本章多为理论性知识,考查的方向不会太偏,国际货币体系的变迁及相应制度需要分清并掌握。

时间	考点
Day 29	➢ 汇率制度的含义与划分 ➢ 影响汇率制度选择的因素 ➢ 人民币汇率制度 ➢ 国际储备的含义及构成 ➢ 国际储备的作用 ➢ 国际储备的管理 ➢ 国际货币体系的含义 ➢ 国际货币体系变迁 ➢ 国际主要金融组织 ➢ 跨境人民币业务的类型

Day 29

考点: 汇率制度的含义与划分

1. [多项选择题] 关于汇率制度的说法,错误的有（   ）。
   A. 布雷顿森林体系下的固定汇率制度是一种人为的可调整的固定汇率制度
   B. 一般来说,国际汇率制度分为固定汇率制度和浮动汇率制度两种类型
   C. 相对的通货膨胀率完全不会影响一国的汇率制度的选择
   D. 一般来说,经济开放程度低,或资本流出流入较为频繁的国家倾向于实行固定汇率制度
   E. 汇率制度是一国对本国货币汇率变动的基本方式所做的一系列安排或规定

2. [单项选择题] 关于国际金本位的说法,错误的是（   ）。
   A. 国际金本位存在的前提是各国政府对经济的自由放任
   B. 银行券可以自由兑换黄金,可以对外支付
   C. 国际金本位是世界第一次出现的国际货币体系
   D. 铸币平价是汇率变动的上下限

3. [单项选择题] 世界上最先出现的国际货币体系是（   ）。
   A. 牙买加体系
   B. 布雷顿森林体系

C. 国际金银本位制　　　　　　　　D. 国际金本位制

◇ 考点：影响汇率制度选择的因素

4. [多项选择题] 一般来说，决定一个国家汇率制度的因素主要有（　　）。
   A. 经济开放程度　　　　　　　　B. 经济规模
   C. 进出口贸易的商品结构和地域分布　D. 居民消费习惯
   E. 相对的通货膨胀率

◇ 考点：人民币汇率制度

5. [单项选择题] 2005年7月21日，在主动性、可控性、渐进性原则指导下，我国改革人民币汇率形成机制，实行以市场供求为基础的，（　　）浮动汇率制度。
   A. 参考一篮子货币进行调节、有管理的
   B. 单一的、有管理的
   C. 钉住美元的
   D. 钉住欧元的

◇ 考点：国际储备的含义及构成

6. [多项选择题] 关于国际储备类型的说法，正确的有（　　）。
   A. 黄金是潜在的国际储备
   B. 外汇储备是国际储备最主要的组成部分
   C. 特别提款权根据一篮子货币定值
   D. 国际货币基金组织的储备头寸是指会员国在国际货币基金组织的普通账户可以自由提取的资产
   E. 特别提款权是国际货币基金组织根据会员国缴纳的份额有偿分配的账面资产

7. [单项选择题] 在国际储备中，由国际货币基金组织根据会员国缴纳的份额无偿分配的是（　　）。
   A. 货币性黄金　　　　　　　　　B. 外汇储备
   C. 国际货币基金组织的储备头寸　D. 特别提款权

◇ 考点：国际储备的作用

8. [单项选择题] 关于国际储备作用的说法，错误的是（　　）。
   A. 融通国际收支逆差
   B. 调节长期性的国际收支不平衡
   C. 干预外汇市场，从而稳定本国货币汇率
   D. 是一国对外举债和偿债的根本保证

◇ 考点：国际储备的管理

9. [单项选择题] 关于外汇储备的说法，正确的是（　　）。
   A. 一般来说，外汇储备在一国的非黄金储备中占比最小
   B. 一般来说，一国可通过储备货币多样化来减少外汇储备风险
   C. 一国的外汇储备越多越好

D. 外汇储备只能用于弥补国际收支逆差

10. [单项选择题] 从重要性来看，国际储备的管理实质上是（　　）的管理。
   A. 黄金储备
   B. 储备流动性
   C. 外汇储备
   D. 币种构成

▽ 考点：国际货币体系的含义

11. [多项选择题] 国际货币体系的主要内容有（　　）。
   A. 确定金融监管制度
   B. 确定国际储备资产
   C. 确定国际投资规则
   D. 确定汇率制度
   E. 确定国际收支调节方式

▽ 考点：国际货币体系变迁

12. [单项选择题] 布雷顿森林体系实行的固定汇率制以（　　）为中心。
   A. 法郎
   B. 英镑
   C. 瑞郎
   D. 美元

13. [单项选择题] 关于国际金本位制的说法，正确的是（　　）。
   A. 可兑换黄金的美元本位制，可调整的固定汇率
   B. 多元化的国际储备体系，可调整的固定汇率
   C. 多元化的国际储备体系，多种汇率安排的浮动汇率
   D. 铸币平价是各国汇率的决定基础，黄金输送点是汇率变动的上下限

14. [多项选择题] 作为一种国际货币体系，牙买加体系的运行特征有（　　）。
   A. 经常账户失衡调节主要通过汇率制度、利率机制、国际金融市场融通和国际货币基金组织调节等方式进行
   B. 多元化的国际储备体系
   C. 可调整的固定汇率
   D. 多种汇率安排并存的浮动汇率体系
   E. 由国际货币基金组织提供信贷解决短期国际收支失衡

▽ 考点：国际主要金融组织

15. [单项选择题] 国际货币体系的核心机构是（　　）。
   A. 国际复兴开发银行
   B. 国际金融公司
   C. 国际清算银行
   D. 国际货币基金组织

16. [多项选择题] 国际货币基金组织贷款的特点有（　　）。
   A. 主要用于解决成员国国际收支问题
   B. 贷款是有政策条件的
   C. 主要用于促进成员国开发资源
   D. 贷款是临时性的
   E. 接受贷款的国家多为发达国家

17. [单项选择题] 国际复兴开发银行主要提供（　　）。
   A. 基于主权担保的债务融资
   B. 低收入国家长期优惠贷款
   C. 不需要主权担保多种形式的融资
   D. 政治风险担保

考点：跨境人民币业务的类型

18. ［单项选择题］商业银行为办理境外直接投资人民币结算业务时不需要履行的义务是（　　）。

   A. 严格进行交易真实性和合规性审查

   B. 对公众披露投资企业信息

   C. 履行反洗钱和反恐融资义务

   D. 按照规定报送信息

19. ［多项选择题］商业银行在办理境外直接投资人民币结算业务时应履行的义务包括（　　）。

   A. 严格遵循"事前管理"的原则进行审查

   B. 严格进行交易真实性和合规性审查

   C. 按照规定报送信息

   D. 履行反洗钱义务

   E. 履行反恐融资义务

20. ［单项选择题］按照（　　）原则，各商业银行主要依据企业提供的境外直接投资主管部门的核准证书或文件等材料办理境外直接投资人民币结算业务。

   A. 事前管理　　　　　　　　　　　　B. 事中管理

   C. 事后管理　　　　　　　　　　　　D. 预期管理

21. ［多项选择题］下列属于自由贸易账户特点的有（　　）。

   A. 总账核算　　　　　　　　　　　　B. 本外币合一可兑换账户

   C. 一线放开、二线管住　　　　　　　D. 适用离岸汇率

   E. 跨二线（境内）只能划转人民币

学习笔记

参考答案及解析

Day 29

1. CD [解析] 相对的通货膨胀率会影响汇率制度的选择，C项错误。经济开放程度越低、经济规模越小、进出口集中在某几种商品或某一国家的国家，一般倾向于固定汇率制度。相反，经济开放程度高、资本流出流入较为可观和频繁的国家，倾向于实行浮动汇率制。D项错误。

2. D [解析] 1880年—1914年是国际金本位制的黄金时期，铸币平价是各国汇率的决定基础，黄金输送点是汇率变动的上下限。在金本位制下，银行券代替黄金流通，可以自由兑换黄金，黄金和银行券都可以对外支付，因此决定两国货币汇率的基础是两国本位币的含金量之比，即铸币平价。由于经济的发展必然带来政府对经济的干预，从而导致了国际金本位制丧失了存在的前提，即各国政府对经济的自由放任。

3. D [解析] 国际货币体系的变迁经历了国际金本位制度、布雷顿森林体系和牙买加体系。最早出现的是国际金本位制度，最早出现在英国。

4. ABCE [解析] 决定一个国家汇率制度的因素有：①经济开放程度；②经济规模；③国内金融市场的发达程度及其国际金融市场的一体程度；④进出口贸易的商品结构和地域分布；⑤相对的通货膨胀率。

5. A [解析] 2005年7月21日，在主动性、可控性、渐进性原则的指导下，改革人民币汇率形成机制，实行以市场供求为基础，参考一篮子货币进行调节、有管理的浮动汇率制度。

6. ABCD [解析] 国际储备包括货币性黄金、外汇储备、IMF储备头寸、特别提款权。由于货币当局在执行黄金储备职能时不能以实物黄金对外支付，所以黄金只能算作潜在的国际储备而非真正的国际储备，A项正确；外汇储备是国际储备最主要的组成部分，在非黄金储备中占比高达95%以上，B项正确；IMF的储备头寸是指在基金组织的普通账户中会员国可以自由提取使用的资产，D项正确；特别提款权是国际货币基金组织根据会员国缴纳的份额无偿分配的账面资产，根据一篮子货币来定值，C项正确、E项错误。

7. D [解析] 特别提款权是国际货币基金组织根据会员国缴纳的份额无偿分配的，可供会员国用以归还基金组织贷款和会员国政府之间偿付国际收支逆差的账面资产。

8. B [解析] 国际储备的作用包括：①融通国际收支逆差，调节临时性的国际收支不平衡；②干预外汇市场，从而稳定本国货币汇率；③一国对外举债和偿债的根本保证。

9. B [解析] 外汇储备在一国的非黄金储备中占比最大，高达95%以上，A项错误。对于外汇储备，收益不确定的风险表现为一国当局将持有的储备资产转化为其他资产进行使用时面临购买力下降的可能性，为了减少汇率风险，可采用实行储备货币多样化的办法，也可以考虑设立与弥补赤字和干预市场所需要的货币保持一致的储备货币结构，B项正确。过多的外汇储备会增加持有储备的机会成本，占用更多的基础货币，导致流动性过剩；过少的外汇储备不能满足一国对外贸易以及对外经济往来的需要，会引起国际支付危机，甚至金融危机，所以一国应该全面衡量持有外汇储备的收益和成本，保持合适的外汇储备规模,C项错误。外汇储备可以用于弥补国际收支逆差,也可以干预外汇市场,也是一国对外举债和偿债的根本保证,D项错误。

10. C [解析] 外汇储备是国际储备最主要的组成部分,在非黄金储备中占比高达95%以上。所以,国际储备的管理实质上是外汇储备的管理。

> ●考点再现
>
> Q_{6-10} 国际储备有关内容:
> (1) 国际储备的构成:货币性黄金、外汇储备、IMF 的储备头寸、特别提款权。
> (2) 国际储备的作用:融通国际收支逆差,调节临时性的国际收支不平衡;干预外汇市场,从而稳定本国货币汇率;国际储备是一国对外举债和偿债的根本。
> (3) 国际储备的管理:总量管理、结构管理、积极管理。

11. BDE [解析] 国际货币体系的主要内容包括:①确定国际储备资产;②确定汇率制度;③确定国际收支调节方式。

12. D [解析] 布雷顿森林体系是以美元为中心的人为可调整的固定汇率制度。

13. D [解析] 金本位制度最早出现在英国,是自发的固定汇率制度,其特征包括:①铸币平价是各国汇率的决定基础;②黄金输送点是汇率变动的上下限。

14. ABD [解析] 牙买加体系运行的特征包括:①多元化的国际储备体系;②多种汇率安排并存的浮动汇率体系;③国际收支的调节:经常账户失衡调节主要通过汇率机制、利率机制、国际金融市场融通和国际货币基金组织调节等方式进行。

15. D [解析] 国际货币体系的核心机构是"国际货币基金组织"。

16. ABD [解析] 国际货币基金组织贷款的特点包括:①主要帮助成员国解决国际收支问题;②是有政策条件的;③是临时性的。

17. A [解析] 国际复兴开发银行,提供基于主权担保的债务融资,A项正确。国际开发协会,主要是向符合条件的低收入国家提供长期优惠贷款,B项错误。国际金融公司,提供不需要主权担保多种形式的融资,C项错误。多边投资担保机构,向外国私人投资者提供政治风险担保和向成员方政府提供投资促进服务,D项错误。

18. B [解析] 商业银行在办理境外直接投资人民币结算业务时应履行的义务包括:①严格进行交易真实性和合规性审查;②按照规定报送信息;③履行反洗钱和反恐融资义务。

19. BCDE [解析] 商业银行在办理境外直接投资人民币结算业务时应履行下列义务:①严格进行交易真实性和合规性审查;②按照规定报送信息;③履行反洗钱和反恐融资义务。

20. C [解析] 按照"事后管理"原则,各商业银行主要依据企业提供的境外直接投资主管部门的核准证书或文件等材料办理境外直接投资人民币结算业务。

21. BCDE [解析] 自由贸易账户又称 FT 账户,具有如下特点:①分账核算;②本外币合一可兑换账户;③一线放开、二线管住,即境外及区内货物可以不受海关监管自由出入境,货物从自由贸易区出入非自由贸易区要征收相应的税收;④跨二线(境内)只能划转人民币;⑤适用离岸汇率。

本章学习检查表

知识点名称	初次学习		第一次复习		第二次复习	
	做对题目数/总题目数	学习日期	做对题目数/总题目数	复习日期	做对题目数/总题目数	复习日期
汇率制度的含义与划分						
影响汇率制度选择的因素						
人民币汇率制度						
国际储备的含义及构成						
国际储备的作用						
国际储备的管理						
国际货币体系的含义						
国际货币体系变迁						
国际主要金融组织						
跨境人民币业务的类型						

填写建议：

"做对题目数/总题目数"记录针对该知识点自己做题的情况，比如该知识点总题目数为10题，做对了其中7题，记录为7/10。

"学习日期"记录自己学习该知识点时的日期，建议把下一次复习的日期也写上。

本部分强化测试

扫码做题

备忘录：

第四部分 统计

第二十三章 统计与数据科学

学习指导

本章知识点主要出自统计学、变量和数据、数据的来源及统计调查。其中统计学的两大分支（描述统计和推断统计）、变量和数据及统计调查的方式为本章考查的重点，近5年出题在5次左右，需要重点掌握。本章较为重要，历年考查分值在4分左右。

本章内容较少，注重理解、背诵和记忆，要求通读教材，熟悉掌握教材知识。

时间	考点
Day 30	➤ 统计学的两大分支 ➤ 变量及数据 ➤ 观测数据和实验数据 ➤ 一手数据和二手数据 ➤ 统计调查的概念与分类 ➤ 统计调查的方式 ➤ 统计质量评价标准 ➤ 数据科学与大数据

Day 30

▼ **考点**：统计学的两大分支

1. [单项选择题] 利用统计图形展示2001—2017年粮食产量的变化。采用的统计方法属于（ ）。

　　A. 回归分析　　　　B. 参数估计　　　　C. 描述统计　　　　D. 假设检验

2. [单项选择题] 下列统计处理中，属于推断统计的是（ ）。

　　A. 利用统计表展示改革开放以来我国GDP增长变化情况

　　B. 利用抽样调查样本数据估计劳动力就业率

　　C. 采用中位数测度平均收入水平

　　D. 采用等距分组整理数值型数据

3. [多项选择题] 统计学的两大分支包括（ ）。

　　A. 描述统计　　　　B. 心理统计　　　　C. 推断统计　　　　D. 客观统计

　　E. 归类统计

4. [多项选择题] 下列统计分析中，需要采用描述统计方法的有（　　）。
   A. 利用样本信息估计总体特征　　　　　B. 利用图表对数据进行展示
   C. 描述一组数据的集中趋势　　　　　　D. 利用样本信息检验对总体的假设是否成立
   E. 描述一组数据的离散趋势

▼ 考点：变量及数据

5. [单项选择题] 下列变量中，属于定量变量的是（　　）。
   A. 固定资产投资完成额　　　　　　　　B. 产品等级
   C. 所属行业　　　　　　　　　　　　　D. 产品类型

6. [单项选择题] 下列统计变量中，属于定性变量的是（　　）。
   A. 行业类别　　　　　　　　　　　　　B. 国内生产总值
   C. 日销售额　　　　　　　　　　　　　D. 员工数量

7. [单项选择题] 将学生成绩分为优、良、中、及格和不及格五类，这种统计变量是（　　）。
   A. 分类变量　　　B. 顺序变量　　　C. 定量变量　　　D. 数量变量

▼ 考点：观测数据和实验数据

8. [多项选择题] 下列统计数据中，属于观测数据的有（　　）。
   A. 新产品使用寿命　　　　　　　　　　B. 国内生产总值
   C. 新药疗效　　　　　　　　　　　　　D. 从业人员数
   E. 消费支出

9. [多项选择题] 下列统计数据中，属于实验数据的有（　　）。
   A. 新产品使用寿命　　　　　　　　　　B. 国内生产总值
   C. 房价　　　　　　　　　　　　　　　D. 居民消费价格指数
   E. 新药疗效

▼ 考点：一手数据和二手数据

10. [单项选择题] 通过直接统计调查获得的数据属于（　　）。
    A. 二手数据　　　B. 实验数据　　　C. 间接数据　　　D. 一手数据

11. [多项选择题] 一手数据是指来源直接的调查和科学实验的数据。一手数据的来源主要有（　　）。
    A. 科研论文　　　B. 公开出版物　　　C. 实验　　　D. 调查
    E. 统计年鉴

▼ 考点：统计调查的概念与分类

12. [多项选择题] 下列调查方式中，属于非全面调查的有（　　）。
    A. 重点调查　　　B. 抽样调查　　　C. 典型调查　　　D. 普查
    E. 全面统计报表

13. [多项选择题] 按调查登记的时间是否连续，统计调查分为连续调查和不连续调查，下列现象适合不连续调查的有（　　）。
    A. 生产设备拥有量　　　　　　　　　　B. 耕地面积
    C. 人口的出生死亡　　　　　　　　　　D. 原材料的投入

E. 工厂的产品生产

考点：统计调查的方式

14. ［单项选择题］我国人口普查的实施年份末尾数字是（　　）。
    A. 5　　　　　　　B. 8　　　　　　　C. 6　　　　　　　D. 0

15. ［单项选择题］为及时了解全国城市商品零售价格的变动趋势，按照商品零售额排序，对前35个大中型城市的商品零售价格变化情况进行调查，这种调查方法属于（　　）。
    A. 全面调查　　　　B. 典型调查　　　　C. 重点调查　　　　D. 随机调查

16. ［多项选择题］抽样调查的优点有（　　）。
    A. 统一的标准调查时间　　　　　　　B. 适应面广
    C. 时效性强　　　　　　　　　　　　D. 准确性高
    E. 经济性

17. ［单项选择题］为了解全国煤炭企业的生产安全状况，找出安全隐患，专家根据经验选择10个有代表性的企业进行深入细致的调查。这类调查方法属于（　　）。
    A. 专家调查　　　　　　　　　　　　B. 重点调查
    C. 系统调查　　　　　　　　　　　　D. 典型调查

18. ［多项选择题］关于普查的特点的说法，正确的有（　　）。
    A. 普查数据规范化程度较高　　　　　B. 普查通常是一次性的或周期性的
    C. 普查使用范围比较窄　　　　　　　D. 普查时效性强
    E. 普查一般需要规定统一标准的调查时间

考点：统计质量评价标准

19. ［多项选择题］下列选项中，属于统计数据质量评价标准的有（　　）。
    A. 真实性　　　　　B. 适用性　　　　　C. 协调性　　　　　D. 统一性
    E. 可获得性

考点：数据科学与大数据

20. ［单项选择题］下列不属于大数据"4V"特性的是（　　）。
    A. 数据量大　　　　　　　　　　　　B. 数据多样性
    C. 价值密度高　　　　　　　　　　　D. 数据的产生和处理速度快

21. ［多项选择题］关于数据挖掘的说法，正确的有（　　）。
    A. 数据源必须是真实的、大量的、无噪声的
    B. 发现的知识是可接受、可理解、可运用的
    C. 发现的是用户感兴趣的知识
    D. 核心任务是对数据关系和特征进行探索
    E. 并不要求发现放之四海而皆准的知识

参考答案及解析

Day 30

1. C [解析] 描述统计是研究数据收集、整理和描述的统计方法,其内容之一是用图表或数学方法对数据进行整理和展示,由此根据题干可知本题采用的统计方法为描述统计。

2. B [解析] 推断统计是研究如何利用样本数据来推断总体特征的统计学方法,其内容包括参数估计和假设检验两大类。参数估计是利用样本信息推断总体特征;假设检验是利用样本信息判断对总体的假设是否成立。

3. AC [解析] 统计学的两大分支是描述统计和推断统计。

4. BCE [解析] 描述统计是研究数据收集、整理和描述的统计方法。其内容包括:①如何取得所需要的数据;②如何用图表或数学方法对数据进行整理和展示;③如何描述数据的一般特征。A、D 两项需要采用推断统计。

●考点再现

Q_{1-4} 统计学的两大分支如下表:

类型	主要内容
描述统计	是研究数据收集、整理和描述的统计方法。其内容包括: (1) 如何取得所需要的数据 (2) 如何用图表或数学方法对数据进行整理和展示 (3) 如何描述数据的一般特征
推断统计	是研究如何利用样本数据推断总体特征的统计方法。其内容包括: (1) 参数估计:利用样本信息推断总体特征 (2) 假设检验:利用样本信息判断对总体的假设是否成立 (推断统计包括参数估计及假设检验,利用抽样调查数据估计城镇居民人均消费支出属于参数估计)

5. A [解析] 定量变量的取值表现为具体的数值。B、C、D 三项均属于定性变量。

6. A [解析] 当变量的取值表现为类别时被称为分类变量。行业类别属于定性变量中的分类变量。本题也可以用排除法选择,B、C、D 三项均可以用数值表示,是定量变量。

7. B [解析] 当变量的取值表现为类别时被称为分类变量。当变量的取值表现为类别且具有一定的顺序时被称为顺序变量。

8. BDE [解析] 统计数据按收集方法可分为观测数据和实验数据。其中,观测数据是指通过直接调查或测量而收集的数据,几乎所有与社会经济现象有关的统计数据都是观测数据,如 GDP、CPI、房价等。

9. AE [解析] 实验数据是通过在实验中控制实验对象以及其所处的实验环境收集到的数据。如一种新产品使用寿命的数据、一种新药疗效的数据。自然科学领域的数据大多都是实验数据。

10. D [解析] 一手数据是指来源直接的调查和科学实验的数据。

11. CD ［解析］一手数据来源主要有调查或观察、实验。

12. ABC ［解析］统计调查按调查对象的范围不同分为：①全面调查，包括全面统计报表和普查；②非全面调查，包括非全面统计报表、抽样调查、重点调查和典型调查。

13. AB ［解析］不连续调查是间隔相当长的时间所做的调查，为了对总体现象在一定时点上的状态进行研究。如生产设备拥有量、耕地面积等。

14. D ［解析］人口普查每逢0的年份进行，每10年1次；经济普查每逢末尾3、8的年份实施，每10年两次。农业普查每逢6的年份进行。

15. C ［解析］重点调查是指从调查对象的总体中选择少数重点单位进行调查。调查商品零售额靠前的35个大中型城市的物价可以基本了解全国零售物价的变动趋势，这种调查属于重点调查。

16. BCDE ［解析］抽样调查的优点有经济性、时效性强、适应面广、准确性高。

17. D ［解析］典型调查强调"典型""有代表性"，故D项正确。

18. ABCE ［解析］普查的特点包括：①普查通常是一次性的或者周期性的；②普查一般要规定统一的标准调查时间，以避免调查数据的重复或遗漏，保证普查结果的准确性；③普查的数据一般比较准确，规范化程度较高；④使用范围比较窄，只能调查最基本及特定的现象。

19. ABCE ［解析］国家统计局制定的《国家统计质量保证框架（2021）》，针对统计数据生产全过程，从真实性、准确性、完整性、及时性、适用性、经济性、可比性、协调性和可获得性九个方面，确定了统计数据的质量评价标准。

20. C ［解析］大数据"4V"特性包括：①数据量大；②数据多样性；③价值密度低；④数据的产生和处理速度快。

21. BCDE ［解析］数据挖掘是指从大量的、不完全的、有噪声的、模糊的、随机的实际应用数据中，提取隐藏在其中但又有潜在价值的信息和知识的过程，核心任务是对数据关系和特征进行探索。包含以下几层含义：①数据源必须是真实的、大量的、有噪声的；②发现的是用户感兴趣的知识；③发现的知识是可接受的、可理解、可运用的；④并不要求发现放之四海而皆准的知识，只支持特定的发现问题。

本章学习检查表

知识点名称	初次学习		第一次复习		第二次复习	
	做对题目数/总题目数	学习日期	做对题目数/总题目数	复习日期	做对题目数/总题目数	复习日期
统计学的两大分支						
变量及数据						
观测数据和实验数据						
一手数据和二手数据						
统计调查的概念与分类						
统计调查的方式						
统计质量评价标准						
数据科学与大数据						

填写建议：

"做对题目数/总题目数"记录针对该知识点自己做题的情况，比如该知识点总题目数为10题，做对了其中7题，记录为7/10。

"学习日期"记录自己学习该知识点时的日期，建议把下一次复习的日期也写上。

备忘录：

第二十四章　描述统计

学习指导

本章知识点主要出自集中趋势的测度、离散程度的测度、分布形态的测度及变量间的相关分析。其中均值、中位数、众数的比较及适用范围、标准分数、相关系数定义和取值是本章考查的重点，需要重点掌握。本章尤其重要，历年考查分值在 5 分左右。

本章计算公式较多，要求掌握各种数据的计算方法，注意细节性的知识，比如中位数一定要先将数据进行排序。变量间的相关关系和散点图的各个形态也要求掌握。

时间	考点
Day 31	➢ 集中趋势的测度 ➢ 离散程度的测度 ➢ 分布形态的测度 ➢ 变量间的相关关系 ➢ 两变量的散点图 ➢ 相关系数

▶▶▶ Day 31

▽ **考点**：集中趋势的测度

1. [单项选择题] 下列适用于描述分类数据和顺序数据集中趋势的统计量是（　　）。
    A. 众数　　　　　　　　　　　　B. 均值
    C. 标准分数　　　　　　　　　　D. 中位数

2. [多项选择题] 下列集中趋势测度值中，适于测度顺序数据的有（　　）。
    A. 标准差　　　　　　　　　　　B. 中位数
    C. 方差　　　　　　　　　　　　D. 均值
    E. 众数

3. [单项选择题] 某连锁超市 6 个分店的职工人数由小到大排序后为 60 人、58 人、58 人、63 人、57 人、70 人，其均值、中位数分别为（　　）。
    A. 59、58　　　　　　　　　　　B. 61、58
    C. 61、59　　　　　　　　　　　D. 61、70

4. [单项选择题] 一组数据中出现频数最多的数值是（　　）。
    A. 众数　　　　　　　　　　　　B. 标准差
    C. 均值　　　　　　　　　　　　D. 中位数

5. [单项选择题] 下面一组数据为 9 个家庭的人均月收入数据（单位：元），分别为 850、

780、750、960、1 250、1 080、1 500、1 650、2 000，则中位数为（　　）。

A. 750
B. 1 080
C. 1 500
D. 2 000

6. [多项选择题] 下列统计量中，用于测度数据分布集中趋势的有（　　）。

A. 中位数
B. 众数
C. 平均数
D. 标准分数
E. 偏态系数

考点：离散程度的测度

7. [多项选择题] 下列统计量中，适用于测度数据离散程度的有（　　）。

A. 方差
B. 标准差
C. 众数
D. 中位数
E. 均值

8. [单项选择题] 根据2014年某城市金融业和制造业各1 000人的年薪样本数据来比较这两个行业从业人员年薪的离散程度，应采用的统计量是（　　）。

A. 标准分数
B. 相关系数
C. 变异系数
D. 偏态系数

9. [单项选择题] 集中趋势的测度值对一组数据的代表程度，取决于该组数据的离散水平。数据的离散程度越大，集中趋势的测度值对该组数据的代表性（　　）。

A. 越好
B. 越差
C. 始终不变
D. 在一定区间内反复变化

10. [多项选择题] 下列统计量中，容易受极端值影响的有（　　）。

A. 均值
B. 方差
C. 众数
D. 中位数
E. 标准差

11. [单项选择题] 下列关于标准差的表述，错误的是（　　）。

A. 能够度量数值与均值的平均距离
B. 用来测量数据的离散程度
C. 与原始数值具有相同的计量单位
D. 用来测量数据的集中趋势

考点：分布形态的测度

12. [单项选择题] 将数值减去均值所得的差除以标准差，所得的统计量为（　　）。

A. 相关系数
B. 标准分数
C. 方差
D. 偏态系数

13. [单项选择题] 某公司员工年度业绩考核中，全体员工考核成绩的均值为80、方差为25。某员工在这次业绩考核中成绩为85，则该员工考核成绩的标准分数为（　　）。

A. 3.4
B. 0.2
C. 1.0
D. 17.0

14. [多项选择题] 某企业员工年收入数据分布的偏态系数为 3.0，则该组数据的分布形态为（   ）。
    A. 右偏　　　　　　B. 左偏　　　　　　C. 严重倾斜　　　　D. 轻度倾斜
    E. 中度倾斜

15. [单项选择题] 根据经验法则，服从对称钟形分布的标准分数在 [-2, 2] 范围内的概率是（   ）。
    A. 95%　　　　　　B. 50%　　　　　　C. 68%　　　　　　D. 99%

16. [单项选择题] 某企业对员工进行了两项考核，在考核 A 中员工的平均得分为 70 分，标准差为 20 分；在考核 B 中员工平均得分为 60 分，标准差为 5 分，甲在考核 A 中得 80 分，在考核 B 中得 70 分，则说明（   ）。
    A. 甲在考核 B 中的相对排名高于在考核 A 中的相对排名
    B. 甲在考核 A 中的相对排名高于在考核 B 中的相对排名
    C. 两项考核中甲的相对排名一致
    D. 无法判断

▼ 考点：变量间的相关关系

17. [单项选择题] 两个变量之间完全相关是指（   ）。
    A. 两个变量之间的数值变化大致呈现为线性关系
    B. 一个变量的取值完全由另一个变量的取值变化来确定
    C. 两个变量之间存在因果关系
    D. 两个变量的取值变化互不影响

18. [多项选择题] 按相关的方向，相关关系可以分为（   ）。
    A. 完全相关　　　　B. 不完全相关　　　C. 正相关　　　　　D. 负相关
    E. 不相关

▼ 考点：两变量的散点图

19. [多项选择题] 变量 X 和 Y 的散点图如下：

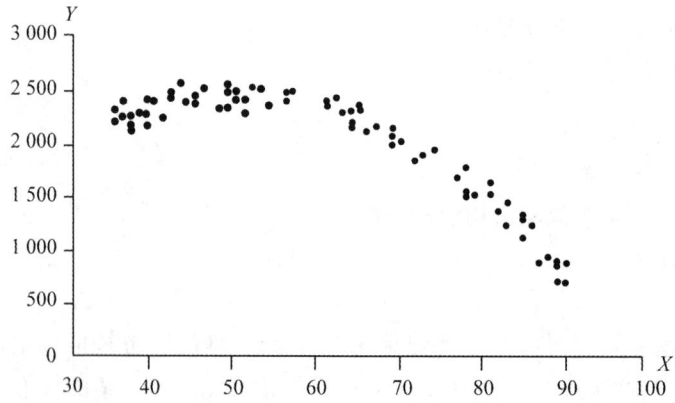

关于变量 X 和 Y 之间的关系的说法，正确的有（   ）。
    A. 变量间存在正相关关系　　　　　　　　B. 变量间存在因果关系

C. 变量间不存在相关关系   D. 变量间存在不完全相关关系

E. 变量间存在非线性相关关系

20. [单项选择题] 下列图形中，适用于描述两个定量变量间相关关系的是（　　）。

    A. 散点图   B. 圆形图

    C. 条形图   D. 直方图

▽ **考点**：相关系数

21. [单项选择题] 对于两个定量变量之间的相关分析，适用的统计量是（　　）。

    A. 离散系数   B. 相关系数

    C. 偏态系数   D. 标准分数

22. [单项选择题] 根据下列的变量 X 和变量 Y 的散点图，可以看出这两个变量的 Pearson 相关系数 r 的取值范围是（　　）。

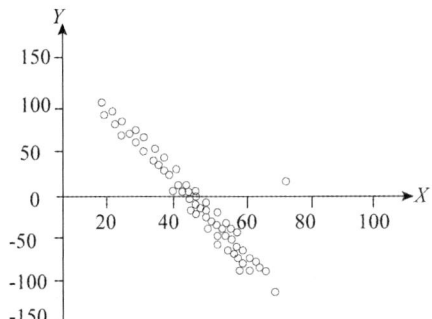

    A. $r \leqslant -1$ B. $-1 < r < 0$

    C. $0 \leqslant r < 1$ D. $r \geqslant 1$

✎ 学习笔记

参考答案及解析

Day 31

1. A [解析] 众数适用于描述分类数据和顺序数据的集中趋势。

2. BE [解析] 众数用于描述分类数据和顺序数据；中位数适用于测度顺序数据和数值型数据；均值、标准差、方差、离散系数只适用于测度数值型数据。

3. C [解析] 均值＝(57＋58＋58＋60＋63＋70)/6＝61，注意中位数的计算要先将此组数据由小到大排序，即57、58、58、60、63、70，中位数＝(58＋60)/2＝59。

4. A [解析] 众数是一组数据中出现频数最多的那个数值。

5. B [解析] 先将此组数据由小到大排序：750、780、850、960、1 080、1 250、1 500、1 650、2 000，由于数据个数为9个，则中位数的位置为第5个数据，所对应的数值为1 080。

6. ABC [解析] 集中趋势的测度：均值、中位数、众数。离散程度的测度：方差、标准差、离散系数。分布形态的测度：偏态系数、标准分数。变量间的相关分析：散点图及相关系数。

7. AB [解析] 适用测度离散程度的指标有方差、标准差、离散系数（变异系数）。

8. C [解析] 本题通过题干中的"离散程度"判断应选择反映离散程度的指标。离散系数也称为变异系数，变异系数（离散系数）的适用范围是：为了消除变量值水平高低和计量单位不同对离散程度测度值的影响，需要计算离散系数。

9. B [解析] 集中趋势的测度值是对数据一般水平的一个概括性变量，它对一组数据的代表程度，取决于该组数据的离散水平。数据的离散程度越大，集中趋势的测度值对该组数据的代表性就越差，离散程度越小，其代表性就越好。

10. ABE [解析] 容易受极端值影响的是方差、标准差、均值。

11. D [解析] 标准差用来测度数据的离散程度，是方差的平方根，能度量数值与均值的平均距离，还与原始数值具有相同的计量单位。

12. B [解析] 标准分数可以给出数值距离均值的相对位置，计算方法是用数值减去均值所得的差除以标准差，标准分数＝(原始分数－平均分数)/标准差。

13. C [解析] 标准差的平方是方差，所以标准差＝5，标准分数＝(原始分数－平均分数)/标准差＝(85－80)/5＝1.0。

14. AC [解析] 如果偏态系数为正值，说明分布右偏，取值在0和0.5之间轻度右偏，取值在0.5和1之间中度右偏，取值大于1严重右偏。题干中偏态系数等于3.0，说明该组数据是严重右偏。偏态系数为负数，则左偏，取值在0和－0.5之间轻度左偏，取值在－0.5和－1之间中度左偏，取值小于－1严重左偏。

15. A [解析] 约有68%的数据与平均数的距离在1个标准差之内，标准分数在[－1，1]范围内；约有95%的数据与平均数的距离在2个标准差之内，标准分数在[－2，2]范围内；约有99%的数据与平均数的距离在3个标准差之内，标准分数在[－3，3]范围内。可巧记为"168""295""399"。

16. A [解析] 由于是两项不同的考核且均值、标准差都不同，所以应使用标准分数来比较。甲在考核 A 中的标准分数＝（80－70）/20＝0.5。甲在考核 B 中的标准分数＝（70－60）/5＝2。由于甲在考核 B 中的标准分数高，说明甲在考核 B 中的相对排名高于在考核 A 中的相对排名。

17. B [解析] 一个变量的取值变化完全由另一个变量的取值变化所确定，称这两个变量完全相关。当两个变量的关系介于完全相关和不相关之间，称为不完全相关，一般的相关现象都属于不完全相关。两个变量的取值变化彼此互不影响是不相关。

18. CD [解析] 按相关的方向可分为正相关和负相关。正相关是一个变量的取值由小变大，另一个变量的取值也相应的由小变大，即两个变量同方向变化。负相关是一个变量的取值由小变大，另一个变量的取值由大变小，即两个变量反方向变化。

●考点再现

Q_{17-18} 变量间的相关关系：

分类标准	类别	含义
相关程度	完全相关	一个变量的取值变化完全由另一个变量的取值变化所确定
	不完全相关	介于完全相关和不相关之间
	不相关	两个变量的取值变化彼此互不影响
相关方向	正相关	两个变量同方向变化
	负相关	两个变量反方向变化
相关形式	线性相关	两个相关变量之间的关系大致呈现为线性关系
	非线性相关	两个相关变量之间的关系近似于某种曲线方程的关系

19. DE [解析] 散点图中无规律而言，表示这两个变量不相关。观测点密集在一条直线周围，表现为较强的线性关系，横轴和纵轴是正方向变化关系，即正相关；横轴和纵轴是反方向变化关系，即负相关；介于完全相关和不相关之间为不完全相关；呈现曲线模式，则为非线性相关。

20. A [解析] 用来描述相关关系的图形是散点图。

21. B [解析] 相关系数是度量两个变量间相关关系的统计量。

22. B [解析] 通过散点图可看出横轴和纵轴是反方向变化关系，即负相关，所以相关系数应该为负数，而相关系数的取值在－1 到 1 之间，故本题选择 B 项。

本章学习检查表

知识点名称	初次学习		第一次复习		第二次复习	
	做对题目数/总题目数	学习日期	做对题目数/总题目数	复习日期	做对题目数/总题目数	复习日期
集中趋势的测度						
离散程度的测度						
分布形态的测度						
变量间的相关关系						
两变量的散点图						
相关系数						

填写建议：

"做对题目数/总题目数"记录针对该知识点自己做题的情况，比如该知识点总题目数为10题，做对了其中7题，记录为7/10。

"学习日期"记录自己学习该知识点时的日期，建议把下一次复习的日期也写上。

备忘录：

第二十五章 抽样调查

学习指导

本章知识点主要出自抽样调查基本概念、几种基本概率抽样方法、估计量和样本量。其中抽样调查基本概念、抽样调查中的误差是本章考查的重点，近5年出题在4次左右，需要重点掌握。本章尤其重要，历年考查分值在5分左右。

本章中几种抽样方法需要分清，概念相对抽象，可根据相应的例子进行记忆，其他抽象的知识点也要学会运用巧妙的方法去掌握。

时间	考点
Day 32	➢抽样调查基本概念 ➢概率抽样和非概率抽样 ➢抽样调查的一般步骤 ➢抽样调查中的误差 ➢概率抽样方法 ➢估计量的性质 ➢抽样误差的估计 ➢样本量的影响因素

▶▶▶ Day 32

▼ **考点**：抽样调查基本概念

1. [单项选择题] 供抽样所用的所有抽样单元的名单称为（　　）。
   A. 抽样框　　　　　　　　　　B. 总体
   C. 总体参数　　　　　　　　　D. 样本

2. [单项选择题] 在某省住户收支与生活状况调查中，通过对该城镇住户和农村住户的抽样调查来了解该省城乡居民收入、消费及其他生活状况。该抽样调查的总体是该省（　　）。
   A. 被采集数据的住户
   B. 每一个被采集数据的用户
   C. 所有住户
   D. 每一个住户

3. [单项选择题] 北京市旅游管理部门要通过抽样调查了解2015年北京市常住居民出境旅游总消费金额，该抽样调查的总体参数是2015年北京市（　　）。
   A. 所有常住居民旅游总消费金额
   B. 所有常住居民出境旅游总消费金额
   C. 被调查的常住居民出境旅游总消费金额

D. 被调查的每一位常住居民出境旅游消费金额

✓考点：概率抽样和非概率抽样

4. [单项选择题] 在街边或居民小区，每隔5分钟拦住一位行人进行"拦截式"调查，这种抽样方法属于（　　）。
   A. 自愿抽样　　　　　　　　　　　B. 方便抽样
   C. 判断抽样　　　　　　　　　　　D. 配额抽样

5. [多项选择题] 下列抽样方法中，属于概率抽样的有（　　）。
   A. 判断抽样　　　　　　　　　　　B. 配额抽样
   C. 方便抽样　　　　　　　　　　　D. 整群抽样
   E. 系统抽样

6. [多项选择题] 随机抽样的特点主要包括（　　）。
   A. 每个总体单元被注入样本的概率都相等
   B. 总体中每个单元都有一定的机会被抽中
   C. 以最大限度降低调查成本为目的
   D. 调查者可以根据自己的主观判断抽取样本
   E. 总体中每个单元被抽中的概率是已知或可计算的

✓考点：抽样调查的一般步骤

7. [多项选择题] 下列抽样调查工作中，属于调查方案设计环节的有（　　）。
   A. 问卷设计　　　　　　　　　　　B. 数据编码和录入
   C. 撰写报告　　　　　　　　　　　D. 统计分析
   E. 抽样设计

✓考点：抽样调查中的误差

8. [多项选择题] 下列误差来源中，会导致非抽样误差的有（　　）。
   A. 样本量较小
   B. 问卷设计原因造成被调查者对调查问题理解有偏误
   C. 被调查者拒绝接受调查
   D. 调查人员有意作弊
   E. 抽样框不完善

9. [多项选择题] 为有效降低抽样调查中的抽样误差，可采取的措施有（　　）。
   A. 增大样本量　　　　　　　　　　B. 改进估计量
   C. 加强调查过程中的质量控制　　　D. 加强对访问人员的培训
   E. 选择更有效的抽样方法

10. [多项选择题] 人口普查统计数据可能存在的误差来源有（　　）。
    A. 填报错误　　　　　　　　　　　B. 抽样的随机性
    C. 抄录错误　　　　　　　　　　　D. 汇总错误
    E. 有意瞒报

11. [单项选择题] 由于受访者记忆模糊，导致调查数据与其真值之间不一致，这种误差属于（　　）。

A. 抽样误差　　　　　　　　　　　　B. 计量误差

C. 抽样框误差　　　　　　　　　　　D. 无回答误差

12. [单项选择题] 下列误差来源中，会导致无回答误差的是（　　）。

A. 抽样的随机性　　　　　　　　　　B. 受访者拒绝接受调查

C. 抽样框遗漏部分总体单元　　　　　D. 调查人员作弊

考点：概率抽样方法

13. [单项选择题] 某城市为调查居民对市政建设的满意度，先从该市所有居委会中随机抽取20个居委会，再从每个被抽中的居委会中随机抽取30个居民家庭进行入户调查，该项调查采用的抽样方法是（　　）。

A. 分层抽样　　　　　　　　　　　　B. 多阶段抽样

C. 整群抽样　　　　　　　　　　　　D. 系统抽样

14. [多项选择题] 为调查我国国有企业在职职工的延迟退休意愿，分别从东部、中部和西部地区采用简单随机抽样方法各自抽取10个地级行政区域，然后在被抽中的每个地级行政区域采用简单随机抽样方法抽取20家国有企业，对被抽中企业的所有在职员工发放问卷进行调查。该调查中，除了简单随机抽样，还使用到的抽样方法有（　　）。

A. 分层抽样　　　　　　　　　　　　B. 配额抽样

C. 整群抽样　　　　　　　　　　　　D. 多阶段抽样

E. 系统抽样

15. [单项选择题] 某校高三年级有8个班，即6个普通班和2个尖子班，总共有500人参加考试，分别从普通班随机抽取60份试卷，尖子班随机抽取20份试卷计算平均成绩，这种抽样的方法是（　　）。

A. 简单随机抽样　　B. 整群抽样　　　C. 分层抽样　　　D. 等距抽样

16. [多项选择题] 某省在开展住户收支调查时，首先将省内所有调查小区分为城镇和农村两类，分别独立随机抽取100个城镇调查小区和100个农村调查小区。然后在每个样本调查小区内对住户进行排序，按照一定间隔抽取20个住户进行问卷调查，该住户收支调查采用的抽样调查有（　　）。

A. 系统抽样　　　　B. 整群抽样　　　C. 判断抽样　　　D. 多阶段抽样

E. 分层抽样

17. [单项选择题] 下列关于简单随机抽样的表述，错误的是（　　）。

A. 总体的每个单位入样概率相同　　　B. 最基本的随机抽样方法

C. 没有利用抽样框更多的辅助信息　　D. 适用个体之间差异较大的调查

18. [单项选择题] 为了了解某地区职工家庭生活状况，调查时，将职工家庭按居委会分组，并以居委会为单位进行简单随机抽样，再对抽中的居委会所辖每户职工家庭一一进行调查，这种调查组织方式为（　　）。

A. 多阶段抽样　　　　　　　　　　　B. 系统抽样

C. 分层抽样　　　　　　　　　　　　D. 整群抽样

▼ 考点：估计量的性质

19. [单项选择题] 在同一抽样方案下，总体参数 θ 有两个无偏估计量 $\hat{\theta}_1$ 和 $\hat{\theta}_2$，已知 $Var(\hat{\theta}_1) < Var(\hat{\theta}_2)$，则 $\hat{\theta}_1$ 比 $\hat{\theta}_2$ 更（　　）。

A. 无偏　　　　　　　　　　　　B. 一致

C. 随机　　　　　　　　　　　　D. 有效

20. [单项选择题] 随着样本量的增大，估计量的取值收敛于总体参数的真值，这个估计量具有（　　）。

A. 一致性　　　　　　　　　　　B. 有效性

C. 无偏性　　　　　　　　　　　D. 稳定性

21. [多项选择题] 抽样统计中，估计量的性质包括（　　）。

A. 一致性　　　　　　　　　　　B. 相关性

C. 无偏性　　　　　　　　　　　D. 有效性

E. 密集性

▼ 考点：抽样误差的估计

22. [单项选择题] 从规模 $N=10\,000$ 的总体中抽出一个样本总量 $n=500$ 的不放回简单随机样本，样本均值 $\bar{y}=1\,000$，样本方差 $s^2=1\,000$，则估计量 $\bar{y}$ 方差的估计为（　　）。

A. 1.9

B. 2

C. 10

D. 9.5

23. [多项选择题] 下列影响因素中，属于抽样误差来源的有（　　）。

A. 总体单位值之间的差异大小　　B. 样本量大小

C. 访问员的选择　　　　　　　　D. 抽样方式的选择

E. 估计量的选择

▼ 考点：样本量的影响因素

24. [单项选择题] 一般来说，不影响样本量多少的因素是（　　）。

A. 总体的离散程度　　　　　　　B. 调查的精度

C. 无回答情况　　　　　　　　　D. 受访者的能力

25. [单项选择题] 关于样本量的影响因素的说法，正确的是（　　）。

A. 其他条件相同，调查的精度要求越高，所需样本量越小

B. 其他条件相同，总体方差越大，所需样本量越大

C. 其他条件相同，总体的规模越大，所需样本量越大

D. 其他条件相同，无回答率越高，所需样本量越小

✎ 学习笔记

参考答案及解析

Day 32

1. A [解析] 抽样框是供抽样所用的所有抽样单元的名单，是抽样总体的具体表现。常用的抽样框有名录框，如企业名录、电话簿、人员名册。

2. C [解析] 总体是指调查对象的全体。本题调查某省住户的收支与生活状况，总体就是该省所有住户，总体参数是所有住户的收支与生活状况，样本是抽取出来的住户，样本统计量是抽出来的住户的收支与生活状况。

3. B [解析] 总体参数是根据总体中所有单位的数值计算的，通常是我们通过调查想要了解的。本题中总体参数就是所有常住居民出境旅游总消费金额。

4. B [解析] 方便抽样是指在抽取样本时，依据方便原则，以达到最大限度降低调查成本的目的，比如拦截式调查。本题的陷阱是"每隔5分钟"，这可能会导致部分考生误以为是"系统抽样中的等距抽样"，要注意等距抽样是遵循随机原则的概率抽样方法，在确定初始单位时遵循了随机原则而不是方便原则。

5. DE [解析] 概率抽样方法包括简单随机抽样、分层抽样、整群抽样、系统抽样和多阶段抽样。

> **●考点再现**
>
> Q_{4-5} 抽样方法包括概率抽样（随机抽样）和非概率抽样（非随机抽样）。
> （1）概率抽样方法包括简单随机抽样、分层抽样、整群抽样、系统抽样和多阶段抽样。
> （2）非概率抽样方法包括：①判断抽样（例如选平均型单元作为样本）；②方便抽样（为了达到最大限度降低调查成本，比如拦截式调查）；③自愿样本（网上调查）；④配额抽样（先分类再选）。

6. BE [解析] 随机抽样即概率抽样，总体中每个单元被抽中的概率是已知的或者是可以计算出来，但概率可以相等也可以不相等，A项错误、E项正确。随机抽样中总体中每个单元都有一定的机会被抽中，B项正确。以最大限度降低调查成本为目的的抽样方法是非概率抽样中的方便抽样，C项错误。调查者可以根据自己的主观判断抽取样本，这是非概率抽样中的判断抽样，D项错误。

7. AE [解析] 抽样调查的步骤包括确定调查问题、调查方案设计、实施调查过程、数据处理分析、撰写调查报告，其中调查方案设计包括抽样方案设计和问卷设计。本题可根据关键词"设计"选择A、E两项。

8. BCDE [解析] 非抽样误差的产生原因包括：①抽样框误差，如抽样框不完善；②无回答误差，如被调查者不在家、被调查者拒绝接受调查等；③计量误差，如调查人员有意作弊、由于问卷的原因造成受访者对调查问题的理解偏误等。

9. ABE [解析] 抽样误差的影响因素包括：①抽样误差与总体分布有关，总体单位值之间差异越大，即总体方差越大，抽样误差越大。②抽样误差与样本量 n 有关，其他条件相同,样本量越大,抽样误差越小。③抽样误差与抽样方式和估计量的选择也有关。例如,分层抽样的估计量方差一般小于简单随机抽样。④利用有效辅助信息的估计量也可以有效的减小抽样误差。

10. ACDE [解析] 普查只存在非抽样误差。填报错误、抄录错误、汇总错误、有意瞒报均属于非抽样误差中的计量误差。B项,抽样的随机性属于抽样误差。

11. B [解析] 由于调查者、受访者、问卷设计导致的误差都属于计量误差。

12. B [解析] 无回答误差是指现场调查中由于各种原因,调查人员没能够从被调查者那里得到所需的数据所形成的误差。无回答误差分为:①随机因素造成的,如被调查者恰巧不在家;②非随机因素造成的,如被调查者不愿告诉实情而拒绝回答。

13. B [解析] 本题样本由居民构成,但抽样时是先抽居委会(居委会是居民的群),在"抽中"的居委会中再"随机"抽取居民,这是两阶段抽样,第一阶段整群抽样,第二阶段简单随机抽样,B项正确。

14. ACD [解析] 本题中,第一阶段将职工分为东、中、西部三层,每层随机抽取职工所属行政区域,采用了分层抽样;第二阶段在抽中的行政区域抽取职工所属的企业,抽中的企业职工全部调查,运用的是整群抽样;在分层抽样和整群抽样中又运用了简单随机抽样;整个抽样过程运用的方法统称为多阶段抽样。所以本题选择A、C、D三项。

15. C [解析] 将学生分为普通班和尖子班,就是对总体进行分层,抽取的试卷分别来自普通班和尖子班,说明在每层中都随机抽取了样本,属于分层抽样。

16. ADE [解析] 由于城镇和农村收支差异很大,将住户按城镇和农村分类,属于分层,在城镇和农村均随机抽样,本阶段采用的是"分层抽样"。在各层中按照一定间隔抽取20个住户进行问卷调查,属于系统抽样。整个抽样调查属于"多阶段抽样中的两阶段抽样",第一阶段采用分层抽样,第二阶段采用系统抽样。

17. D [解析] 简单随机抽样是最基本的随机抽样方法,每个单位的入样概率相同。其适用条件为:①抽样框中没有更多可以利用的辅助信息;②调查对象分布的范围不广阔;③个体之间的差异不是很大。

18. D [解析] 整群抽样是将总体中所有的基本单位按照一定规则划分为互不重叠的群,抽样时直接抽取群,对抽中的群调查其全部的基本单位,对没有抽中的群则不进行调查。

19. D [解析] 本题可采用排除法选择,首先根据题干可知本题考核估计量的性质,即一致性、无偏性和有效性,由于一致性强调随着样本量的增大,估计量的值稳定或收敛于总体参数真值,所以不选B项。无偏性强调样本均值的平均值等于总体均值,所以不选A项。因此本题应该选择D项有效性。有效性强调两个无偏估计量比较,哪个方差小,哪个就离总体真值近,哪个就更有效。

20. A [解析] 随着样本量的增大,估计量的取值收敛于总体参数的真值,这个估计量具有一致性。

21. ACD [解析] 估计量的性质包括:①估计量的无偏性;②估计量的有效性;③估计量的一致性。

22. A [解析] 样本估计量的方差 $= \left(1 - \dfrac{\text{样本量}\,n}{\text{总体个数}\,N}\right) \times \dfrac{\text{总体方差}\,s^2}{\text{样本量}\,n} = \left(1 - \dfrac{500}{10\,000}\right) \times \dfrac{1\,000}{500}$

＝1.9。
23. ABDE ［解析］抽样误差与总体分布、样本量多少、抽样方式、估计量的选择以及辅助有效信息的利用均有关。
24. D ［解析］影响样本量的因素包括调查的精度、总体离散程度、总体规模、无回答情况、经费的制约、调查的限定时间、实施调查的人力资源情况等。
25. B ［解析］其他条件相同，要求的调查精度越高，所需要的样本量就越大，A项错误。对于大规模的总体，总体规模对样本量的需求则几乎没有影响，但对于小规模的总体，总体规模越大，为保证相同估计精度，样本量也要随之增大，C项错误。在无回答率较高的调查项目中，样本量要大一些，以减少无回答带来的影响，D项错误。

●考点再现

$Q_{24\text{-}25}$ 影响样本量的因素如下表：

影响因素	如何影响
调查的精度	调查的精度是指用样本数据对总体进行估计时可以接受的误差水平，要求的调查精度越高，所需要的样本量就越大
总体的离散程度	在其他条件相同情况下，总体方差越大，所需要的样本量也越大
总体的规模	对于大规模的总体，总体规模对样本量的需求几乎没有影响，但对于小规模的总体，总体规模越大，为保证相同估计精度，样本量也要随之增大
无回答情况	无回答减少了有效样本量，在无回答率较高的调查项目中，样本量要大一些，以减少无回答带来的影响
经费的制约	样本量是调查经费与调查精度之间的某种折中和平衡
其他因素	调查的限定时间、实施调查的人力资源等

本章学习检查表

知识点名称	初次学习		第一次复习		第二次复习	
	做对题目数/总题目数	学习日期	做对题目数/总题目数	复习日期	做对题目数/总题目数	复习日期
抽样调查基本概念						
概率抽样和非概率抽样						
抽样调查的一般步骤						
抽样调查中的误差						
概率抽样方法						
估计量的性质						
抽样误差的估计						
样本量的影响因素						

填写建议：

"做对题目数/总题目数"记录针对该知识点自己做题的情况，比如该知识点总题目数为10题，做对了其中7题，记录为7/10。

"学习日期"记录自己学习该知识点时的日期，建议把下一次复习的日期也写上。

备忘录：

第二十六章　回归分析

学习指导

本章知识点主要出自回归模型、最小二乘法及模型的检验和预测。其中回归分析与相关分析的关系、一元线性回归模型、回归模型的拟合效果分析是本章的中频考点，需要熟悉。一元线性回归模型是本章的高频考点，近5年出题在5次左右，需要重点掌握。本章历年考查分值在3分左右。

本章内容较少，较为抽象，应多做相应练习题以达到熟悉知识点的目的。

时间	考点
Day 33	➢回归分析的概念 ➢一元线性回归模型 ➢最小二乘法 ➢回归模型的拟合效果分析

▶▶▶ Day 33

▼考点：回归分析的概念

1. [单项选择题] 若要定量研究边际消费倾向，并预测一定收入条件下的人均消费金额，适用的统计方法是（　　）。
   A. 相关分析　　　　　　　　　　　　B. 回归分析
   C. 偏态分析　　　　　　　　　　　　D. 描述分析

2. [单项选择题] 关于相关分析和回归分析的说法，错误的是（　　）。
   A. 相关分析可以从一个变量的变化来推测另一个变量的变化
   B. 相关分析研究变量间相关的方向和相关的程度
   C. 回归分析是研究变量间相互关系的具体形式
   D. 相关分析和回归分析在研究方法和研究目的上有明显区别

▼考点：一元线性回归模型

3. [单项选择题] 一元回归模型和多元回归模型的划分依据是（　　）。
   A. 模型的数量　　　　　　　　　　　B. 样本量
   C. 因变量数量　　　　　　　　　　　D. 自变量数量

4. [单项选择题] 在一元线性回归模型 $Y = \beta_0 + \beta_1 X + \varepsilon$ 中，ε 反映的是（　　）。
   A. X 和 Y 的线性关系对 Y 的影响
   B. 由自变量 X 的变化引起的因变量 Y 的变化
   C. X 和 Y 的线性关系对 X 的影响
   D. 除 X 和 Y 的线性关系之外的随机因素对 Y 的影响

5. [多项选择题] 线性回归模型 $Y=\beta_0+\beta_1 X+\varepsilon$ 中，下列表述正确的有（　　）。

   A. β_0 为回归直线的截距

   B. β_1 为回归直线的斜率

   C. 误差项 ε 表示观测值和估计值之间的残值

   D. 误差项 ε 表示除 X 和 Y 线性关系之外的随机因素对 Y 的影响

   E. $\beta_0+\beta_1 X$ 反映了由于自变量 X 的变化而引起的因变量 Y 的线性变化

6. [多项选择题] 根据抽样调查数据中人均收入和人均可支配消费进行回归分析，得到估计的一元线性回归模型 $Y=1\,000+0.7X$，（X——人均可支配收入；Y——人均消费，单位：元），关于该回归模型的说法，正确的有（　　）。

   A. 人均可支配收入每增加 1 元，人均消费将平均增长 0.7 元

   B. 人均可支配收入每减少 1 元，人均消费将平均增长 0.7 元

   C. 人均可支配收入每增加 1%，人均消费将平均增长 0.7%

   D. 当人均可支配收入为 20 000 元时，人均消费将为 15 000 元

   E. 人均可支配收入每减少 1%，人均消费将平均增长 0.7%

▼ 考点：最小二乘法

7. [单项选择题] 利用样本数据估计的一元线性回归方程表达式是（　　）。

   A. $\hat{y}_i=\hat{\beta}_0+\hat{\beta}_1 x_i$

   B. $\hat{y}_i=\hat{\beta}_0+\hat{\beta}_1 x_i+e_i$

   C. $\hat{y}_i=\hat{\beta}_0+\hat{\beta}_1 \bar{x}_i$

   D. $y_i=\beta_0+\beta_1 x_i+e_i$

8. [单项选择题] 最小二乘法的原理是使得（　　）最小。

   A. 因变量的观测值与自变量的观测值之间的离差平方和

   B. 因变量的观测值与估计值之间的离差平方和

   C. 自变量的观测值与均值之间的离差平方和

   D. 因变量的观测值与均值之间的离差平方和

9. [单项选择题] 对于一元线性回归方程 $Y=\beta_0+\beta_1 X+\varepsilon$，确定 β_0 和 β_1 的方法是（　　）。

   A. 二次平均法　　　　　　　　　　B. 加权平均法

   C. 斯特基方法　　　　　　　　　　D. 最小二乘法

▼ 考点：回归模型的拟合效果分析

10. [多项选择题] 在某城市随机抽取 1 000 户居民作为样本对该城市居民消费水平进行研究，对居民月消费支出 Y（单位：元）和月收入 X（单位：元），建立回归模型，得到估计的回归系数 $Y=1\,300+0.6X$，决定系数 0.96，关于该模型的说法，正确的有（　　）。

    A. 居民月收入和月消费支出之间正相关

    B. 回归模型的拟合效果很好

    C. 居民月收入难以解释月消费支出的变化

D. 居民月收入每增长1元，月消费支出将平均增长0.6元

E. 居民月收入为10 000元时，居民人均月消费支出大约为7 300元

11. [单项选择题] 回归模型决定系数的取值范围是（　　）。

   A. -1到1之间　　　　　　　　　　B. 大于等于0

   C. 0—1之间　　　　　　　　　　　D. 没有限制

12. [多项选择题] 关于回归方程决定系数的说法，正确的有（　　）。

   A. 决定系数测度回归模型对样本数据的拟合程度

   B. 决定系数取值越大，回归模型的拟合效果越差

   C. 决定系数等于1，说明回归模型可以解释因变量的所有变化

   D. 决定系数取值在 [0，1] 之间

   E. 如果决定系数等于1，所有观测点都会落在回归线上

✏️ 学习笔记

参考答案及解析

Day 33

1. B [解析] 回归分析就是根据相关关系的具体形态，选择一个合适的数学模型，来近似地表达变量间的依赖关系。

2. A [解析] 相关分析与回归分析在研究目的和方法上具有明显的区别：①相关分析研究变量之间相关的方向和相关的程度。②回归分析是研究变量之间相互关系的具体形式，它对具有相关关系的变量之间的数量联系进行测定，确定相关的数学方程式，根据这个数学方程式可以从已知量来推测未知量，从而为估算和预测提供了一个重要方法。相关分析无法从一个变量的变化来推测另一个变量的变化情况，A项错误。

3. D [解析] 一元回归模型和多元回归模型的划分依据是自变量数量。

4. D [解析] 一元线性回归模型：$Y=\beta_0+\beta_1 X+\varepsilon$，因变量 Y 是自变量 X 的线性函数（$\beta_0+\beta_1 X$）加上误差项 ε；误差项 ε 是个随机变量，表示除线性关系之外的随机因素对 Y 的影响，它是不能由 X 和 Y 的线性关系所解释的 Y 的变异性。

5. ABDE [解析] 线性回归模型 $Y=\beta_0+\beta_1 X+\varepsilon$ 中，ε 是个随机变量，表示除线性关系之外的随机因素对 Y 的影响，它是不能由 X 和 Y 的线性关系所解释的 Y 的变异性，C项错误。

6. AD [解析] $Y=1\,000+0.7X$，X 为人均收入、Y 为人均消费。X 与 Y 同方向变化，可排除 B、E 两项。当 $X=20\,000$ 时，$Y=1\,000+0.7\times 20\,000=15\,000$（元），D项正确。当 X 变动时，$\Delta Y=(1\,000+0.7X_1)-(1\,000+0.7X_2)=0.7\times\Delta X$，由此可知 X 增加1元，Y 增加0.7元，A项正确。假设 X 原来为100元，$Y=1\,000+0.7\times 100=1\,070$（元），$X$ 增长1%后，$X=100\times(1+1\%)=101$（元），$Y=1\,000+0.7\times 101=1\,070.7$（元），$Y$ 的增长率=$(1\,070.7-1\,070)/1\,070\approx 0.065\%$，C项错误。

7. A [解析] 样本数据估计的回归方程为：$\hat{y}_i=\hat{\beta}_0+\hat{\beta}_1 x_i$。

8. B [解析] 最小二乘法的原理是使得因变量的观测值与估计值之间的离差平方和最小。

9. D [解析] 在现实中，模型的参数都是未知的，需要利用样本数据去估计，采用的估计方法是最小二乘法。

10. ABDE [解析] 由 $Y=1\,300+0.6X$，可以看出 X 和 Y 同方向变化，即正相关，A项正确；0.6 表示 X 每增加一个单位，Y 的平均增加量，D项正确；将 E 项中的 10\,000 元代入回归方程，即 $Y=1\,300+0.6\times 10\,000=7\,300$（元），E项正确。本题中决定系数 0.96 接近于1，可看出回归模型的拟合效果很好，X 能很好地解释 Y 的变化，B项正确、C项错误。

11. C [解析] 决定系数的取值在0到1之间，大体说明了回归模型所能解释的因变量变化占因变量总变化的比例。决定系数越接近1，回归直线的拟合效果越好。

12. ACDE [解析] 决定系数可以测度回归直线对样本数据的拟合程度，A项正确。决定系数大体说明了回归模型所能解释的因变量变化占因变量总变化的比例，决定系数越接近1，回归直线的拟合效果越好，B项错误。决定系数的取值在0到1之间，D项正确。决定系数等于1，说明回归直线可以解释因变量的所有变化，所有观测点都会落在回归线上，C、E两项正确。

本章学习检查表

知识点名称	初次学习		第一次复习		第二次复习	
	做对题目数/总题目数	学习日期	做对题目数/总题目数	复习日期	做对题目数/总题目数	复习日期
回归分析的概念						
一元线性回归模型						
最小二乘法						
回归模型的拟合效果分析						

填写建议：

"做对题目数/总题目数"记录针对该知识点自己做题的情况，比如该知识点总题目数为 10 题，做对了其中 7 题，记录为 7/10。

"学习日期"记录自己学习该知识点时的日期，建议把下一次复习的日期也写上。

备忘录：

第二十七章 时间序列分析

学习指导

本章知识点主要出自时间序列及其分类、时间序列的水平分析和速度分析以及平滑预测法。其中时间序列的分类、逐期增长量与累计增长量、发展速度与增长速度是本章考查的重点，近5年多次出题。本章历年考查分值在3分左右。

本章内容比较多，需要记忆的概念和计算方法很多，相对较难，应多做题了解考查的方向，注意背诵和记忆。

时间	考点
Day 34	➢时间序列的含义及构成要素 ➢时间序列的分类 ➢平均发展水平 ➢逐期增长量与累计增长量 ➢平均增长量 ➢发展速度与增长速度 ➢平均发展速度与平均增长速度 ➢速度的分析与应用 ➢时间序列的分解和预测程序 ➢平滑法的适用情况 ➢移动平均法 ➢指数平滑法

Day 34

▼ **考点**：时间序列的含义及构成要素

1. [单项选择题]"国内生产总值"指标的时间序列属于（　　）。
   A. 时点序列
   B. 相对数时间序列
   C. 平均数时间序列
   D. 时期序列

2. [单项选择题]"年底总人口数"指标的时间序列属于（　　）。
   A. 时点序列
   B. 平均数时间序列
   C. 相对数时间序列
   D. 时期序列

▼ **考点**：时间序列的分类

3. [单项选择题] 我国2018—2023年期间最终消费支出对国内生产总值增长贡献率的时间序列如下：

年份	2018	2019	2020	2021	2022	2023
最终消费支出对国内生产总值增长贡献率	61.9%	54.9%	47.0%	48.8%	59.7%	66.5%

按时间序列的分类，该时间序列属于（　　）。

A. 均数时间序列　　　　　　　　B. 时点序列

C. 相对数时间序列　　　　　　　D. 时期序列

4. ［多项选择题］下表中国内生产总值是（　　）序列。

某国 2017—2023 年国内生产总值

年份	2017	2018	2019	2020	2021	2022	2023
国内生产总值（亿元）	115 823	117 171	118 517	119 850	121 121	122 389	123 626

A. 相对数时间　　　　　　　　　B. 时期

C. 绝对数时间　　　　　　　　　D. 平均数

E. 时点

5. ［多项选择题］下列指标和时间构成的时间序列中，属于时点序列的有（　　）。

A. 年末总人口　　　　　　　　　B. 钢产量

C. 国内生产总值　　　　　　　　D. 人口自然增长率

E. 月末库存量

▼ 考点：平均发展水平

6. ［单项选择题］下列指标中，应采用算术平均方法计算平均数的是（　　）。

A. 企业年销售收入　　　　　　　B. 男、女性别比

C. 国内生产总值环比发展速度　　D. 人口增长率

7. ［单项选择题］在序时平均数的计算过程中，与间隔相等的间断时点序列序时平均数计算思路相同的是（　　）。

A. 间隔不相等的间断时点序列序时平均数

B. 时期序列序时平均数

C. 资料逐日登记且逐日排列的连续时点序列序时平均数

D. 只在指标值发生变动时才记录一次的连续时点序列序时平均数

8. ［单项选择题］某地区 2019—2023 年原煤产量如下：

年份	2019	2020	2021	2022	2023
原煤产量（万吨）	45	46	59	68	72

该地区 2019—2023 年的平均每年原煤产量为（　　）万吨。

A. 58　　　　B. 57.875　　　　C. 59　　　　D. 60

▼ 考点：逐期增长量与累计增长量

9. ［单项选择题］下列在时间序列的水平分析中，报告期水平与前一期水平的差是（　　）。

A. 累计增长量　　　　　　　　　B. 逐期增长量

C. 平均增长量　　　　　　　　　D. 定基增长量

10. [单项选择题] 我国 2018—2023 年不变价国内生产总值资料如下表：

年份	2018	2019	2020	2021	2022	2023
不变价国内生产总值逐期增长量（亿元）	—	8 235.1	9 758.6	11 750.6	13 005.6	16 056.2

我国 2018—2023 年期间不变价国内生产总值累计增加（　　）亿元。

A. 58 806.1　　　　B. 16 056.2　　　　C. 11 761.2　　　　D. 7 821.1

11. [单项选择题] 逐期增长量与累计增长量的区别是（　　）。

A. 适用的时间序列类型不同　　　　B. 计量单位不同

C. 基期确定方法不同　　　　D. 报告期确定方法不同

▼ 考点：平均增长量

12. [多项选择题] 下列时间序列分析指标中，用于水平分析的有（　　）。

A. 发展水平　　　　B. 平均发展水平

C. 发展速度　　　　D. 平均增长速度

E. 平均增长量

13. [单项选择题] 平均增长量是时间序列中（　　）的序时平均数。

A. 累计增长量

B. 报告期水平与某一固定时期水平（通常是时间序列最初水平）之差

C. 逐期增长量

D. 报告期发展水平

▼ 考点：发展速度与增长速度

14. [单项选择题] 我国国内旅游总花费 2022 年为 30 311.9 亿元，2023 年为 34 195.1 亿元，则国内旅游总花费 2023 年的环比发展速度为（　　）。

A. 12.81%　　　　B. 1.77%

C. 112.81%　　　　D. 101.77%

15. [单项选择题] 时间序列分析中，报告期水平与某一固定时期水平的比率是（　　）。

A. 定基发展速度　　　　B. 环比发展速度

C. 环比增长速度　　　　D. 定基增长速度

▼ 考点：平均发展速度与平均增长速度

16. [单项选择题] 某企业 2017—2023 年销售收入的年平均增长速度是 27.6%，这期间相应的年平均发展速度是（　　）。

A. 4.6%　　　　B. 17.6%

C. 127.6%　　　　D. 72.4%

17. [单项选择题] 某市财政收入 2023 年比 2018 年增长了 72.6%，则该市 2018 年至 2023 年财政收入的平均增长速度为（　　）。

A. $\sqrt[6]{72.6\%}$　　　　B. $\sqrt[6]{172.6\%}-1$

C. $\sqrt[5]{72.6\%}$　　　　D. $\sqrt[5]{172.6\%}-1$

▽ **考点**：速度的分析与应用

18. [多项选择题] 关于时间序列速度分析的说法，正确的有（　　）。
A. 两个相邻时期环比发展速度的比率等于相应时期的定基发展速度
B. 定基发展速度等于相应时期内各环比发展速度的连乘积
C. 平均增长速度等于平均发展速度减去 1
D. 当时间序列中的指标值出现 0 或负数时，不宜计算速度
E. 计算平均发展速度通常采用简单算术平均法

▽ **考点**：时间序列的分解和预测程序

19. [多项选择题] 下列属于时间序列的成分的有（　　）。
A. 长期趋势　　　　　　　　　　B. 短期趋势
C. 季节变动　　　　　　　　　　D. 循环变动
E. 不规则波动

20. [单项选择题] 下列对时间序列的预测步骤表述错误的是（　　）。
A. 确定时间序列所包含的成分
B. 找出适合该时间序列的预测方法
C. 对全部的预测方法进行评估，以确定最佳预测方案
D. 利用最佳预测方案进行预测

▽ **考点**：平滑法的适用情况

21. [多项选择题] 平滑法的目的是"消除"时间序列的不规则成分所引起的随机波动，包括（　　）。
A. 移动平均法　　　　　　　　　B. 算术平均法
C. 指数平滑法　　　　　　　　　D. 几何平均法
E. 加权平均法

▽ **考点**：移动平均法

22. [单项选择题] 2018—2023 年我国工业生产者出厂价格指数分别为 106.0、98.3、98.1、98.1、94.8、98.6，选取移动间隔 $k=3$，应用移动平均法预测 2024 年工业生产者出厂价格指数，则预测值为（　　）。
A. 99.0　　　　B. 98.3　　　　C. 96.7　　　　D. 97.2

▽ **考点**：指数平滑法

23. [单项选择题] 如果以 Y_t 表示第 t 期实际观测值，F_t 表示第 t 期指数平滑预测值，α 表示平滑系数，则指数平滑预测值的计算公式是（　　）。
A. $F_{t+1}=\alpha F_t+(1-\alpha)Y_t+1$　　　　B. $F_{t+1}=\alpha Y_t+(1-\alpha)F_t$
C. $F_{t+1}=\alpha(F_t+Y_t)$　　　　　　　　D. $F_{t+1}=\alpha F_t$

✎ 学习笔记

参考答案及解析

Day 34

1. D [解析] 国内生产总值是一定时期的总量,所对应的时间序列是绝对数时期序列。

2. A [解析] 本题可通过"年底"二字选择时点序列。时点序列反映现象在一定时点上的瞬间水平。

考点再现

Q_{1-2} 绝对数时间序列包括时期序列和时点序列。

项目	具体内容
时期序列	反映现象在一定时期内发展的结果,即过程总量(如国内生产总值)
时点序列	反映现象在一定时点上的瞬间水平(如年底总人口数)

3. C [解析] 贡献率为相对数指标,所对应的时间序列为相对数时间序列。

4. BC [解析] 国内生产总值属于时期指标,所以该时间序列是时期序列,也就是绝对数时间序列。

5. AE [解析] 绝对数时间序列中,统计指标值是绝对数。根据指标值的时间特点,绝对数时间序列分为时期序列和时点序列。时期序列中,每一指标值反映现象在一定时期内发展的结果,即过程总量,如本题中的B、C两项;时点序列中,每一指标值反映现象在一定时点上的瞬间水平,如本题中的A、E两项。D项,人口自然增长率属于相对数时间序列。

6. A [解析] 企业年销售收入采用算术平均方法计算平均数。

7. A [解析] 间隔相等的间断时点序列序时平均数与间隔不相等的间断时点序列序时平均数的计算思路均是两次平均。

考点再现

Q_{6-7} 序时平均数的计算方法如下表:

序列			平均数的计算
时期序列			简单算术平均数
时点序列	连续时点	逐日登记且逐日排列	简单算术平均数
		指标值变动才登记	加权算术平均数
	间断时点	间隔时间相等	两次平均法:均为简单算术平均
		间隔时间不相等	两次平均法:第一次简单算术平均;第二次加权算术平均

8. A [解析] 原煤产量是时期指标,由此构成的时间序列为时期序列,其平均发展水平为各期发展水平的简单算术平均数。平均产量=(45+46+59+68+72)/5=58(万吨)。

9. B [解析] 逐期增长量是报告期水平与前一期水平之差;累计增长量是报告期水平与某一

固定时期水平（通常是时间序列最初水平）之差。

10. A ［解析］同一时间序列中，累计增长量等于相应时期逐期增长量之和，累计增长量＝8 235.1＋9 758.6＋11 750.6＋13 005.6＋16 056.2＝58 806.1（亿元）。

11. C ［解析］根据基期的不同确定方法，增长量分为逐期增长量和累计增长量。逐期增长量是报告期水平与前一期水平之差，累计增长量是报告期水平与某一固定时期水平（通常是时间序列最初水平）之差。

12. ABE ［解析］时间序列的水平分析内容包括发展水平、平均发展水平、增长量与平均增长量。时间序列的速度分析包括发展速度与增长速度、平均发展速度与平均增长速度。

13. C ［解析］平均增长量是时间序列中逐期增长量的序时平均数。

14. C ［解析］环比发展速度＝报告期水平/报告期前一期水平＝34 195.1/30 311.9×100%≈112.81%。

15. A ［解析］定基发展速度是报告期水平与某一固定时期水平的比率。

16. C ［解析］平均增长速度＝平均发展速度－1，故平均发展速度＝1＋27.6%＝127.6%。

17. D ［解析］平均增长速度＝平均发展速度－1＝$\sqrt[5]{定基发展速度}$－1＝$\sqrt[5]{(1+定基增长速度)}$－1＝$\sqrt[5]{172.6\%}$－1。

18. BCD ［解析］两个相邻时期定基发展速度的比率等于相应时期的环比发展速度，A 项错误。计算平均发展速度通常采用几何平均法，E 项错误。

19. ACDE ［解析］时间序列的变化可能受一种或几种因素的影响，这种因素称为时间序列的成分。时间序列的成分通常有长期趋势（T）、季节变动（S）、循环波动（C）和不规则波动（I）等四种。

20. C ［解析］时间序列分析的一个主要目的就是根据历史数据对未来进行预测。时间序列的预测通常包括以下几个步骤：第一步，确定时间序列所包含的成分；第二步，找出适合该时间序列的预测方法；第三步，对可能的预测方法进行评估，以确定最佳预测方案；第四步，利用最佳预测方案进行预测。

21. AC ［解析］平滑法包括移动平均法和指数平滑法。

22. D ［解析］选择离预测期 2024 年最近的 3 期数据计算算术平均数，移动平均法下 2024 年预测值＝（98.1＋94.8＋98.6）/3≈97.2。

23. B ［解析］指数平滑法是利用过去时间序列值的加权平均数作为预测值，即 $t+1$ 期的预测值等于第 t 期的实际观察值与第 t 期预测值的加权平均数。

本章学习检查表

知识点名称	初次学习		第一次复习		第二次复习	
	做对题目数/总题目数	学习日期	做对题目数/总题目数	复习日期	做对题目数/总题目数	复习日期
时间序列的含义及构成要素						
时间序列的分类						
平均发展水平						
逐期增长量与累计增长量						
平均增长量						
发展速度与增长速度						
平均发展速度与平均增长速度						
速度的分析与应用						
时间序列的分解和预测程序						
平滑法的适用情况						
移动平均法						
指数平滑法						

填写建议：

"做对题目数/总题目数"记录针对该知识点自己做题的情况，比如该知识点总题目数为10题，做对了其中7题，记录为7/10。

"学习日期"记录自己学习该知识点时的日期，建议把下一次复习的日期也写上。

本部分强化测试

扫码做题

备忘录：

第五部分 会计

第二十八章　会计概论

学习指导

本章知识点主要出自会计基本概念、会计目标、会计要素、会计要素确认和计量基本原则、会计基本前提、会计信息质量要求及会计法规。其中反映财务状况的要素、每个要求的具体含义及其在实际中的应用是本章考查的重点，反映财务状况的要素是重中之重，近5年出题在8次左右，需要重点掌握。本章尤其重要，历年考查分值在9分左右。

没有会计基础的话在开始学习的时候会感到困难，但是大家不用担心，考试出题不会太深，要求大家通读教材，熟悉掌握教材知识，注重背诵和记忆。

时间	考点
Day 35	➢现代会计的两大分支 ➢会计的基本职能 ➢会计的对象 ➢会计核算的具体内容 ➢会计的目标
Day 36	➢会计信息内容 ➢会计信息的主要使用者 ➢会计要素的分类 ➢反映财务状况的要素（资产、负债和所有者权益） ➢反映经营成果的会计要素 ➢会计等式 ➢经济业务发生所引起的会计要素的变动 ➢会计要素确认和计量基本原则
Day 37	➢配比原则 ➢历史成本原则 ➢划分收益性支出与资本性支出原则 ➢会计基本前提的内容 ➢每个基本前提的内容 ➢会计信息质量要求 ➢会计法规体系的核心及主要内容

Day 35

考点：现代会计的两大分支

1. [单项选择题] 关于管理会计的说法，正确的是（　　）。
   A. 管理会计主要对外提供决策所需的信息
   B. 管理会计以会计准则为主要依据
   C. 管理会计是从财务会计中分离出来的
   D. 管理会计提供的信息是对过去生产经营活动的客观反映

2. [单项选择题] 按照对外提供还是对内提供决策所需的信息划分，现代会计分为（　　）。
   A. 责任会计与企业会计
   B. 预算会计与财务会计
   C. 政府会计与企业会计
   D. 财务会计与管理会计

3. [单项选择题] 下列会计活动中，属于管理会计范畴的是（　　）。
   A. 预测分析企业成本变化趋势
   B. 报告企业财务状况、经营成果和现金流量
   C. 记录经营成果的形成和分配
   D. 确认会计要素的增减变动

考点：会计的基本职能

4. [单项选择题] 会计通过确认、计量、记录、报告，运用一定的方法或程序，利用货币形式，从价值量方面反映企业已经发生或完成的客观经济活动情况，为经济管理提供可靠的会计信息。这体现的是会计的（　　）职能。
   A. 核算   B. 检查
   C. 反映   D. 监督

5. [多项选择题] 会计监督的主要手段有（　　）。
   A. 检查   B. 考核
   C. 报告   D. 预算
   E. 记录

考点：会计的对象

6. [单项选择题] 在工业企业的资金运动中，企业资金从货币资金转化为储备资金形态的过程属于资金循环中的（　　）过程。
   A. 生产   B. 销售
   C. 供应   D. 投入

考点：会计核算的具体内容

7. [多项选择题] 下列关于经济业务和经济事项的说法，正确的有（　　）。
   A. 经济业务是单位与其他单位或个人之间发生的经济利益交换活动
   B. 购买固定资产、销售商品、上缴税收都属于经济事项

C. 经济事项是指在单位内部发生的、具有经济影响的各类事项

D. 支付职工工资、报销差旅费、计提折旧都属于经济事项

E. 所有经济业务和经济事项都是会计核算的内容

8. [多项选择题] 根据《中华人民共和国会计法》的规定，下列应当办理会计手续，进行会计核算的经济业务事项有（　　）。

A. 企业资产的增减和使用 　　B. 职工日常考勤记录

C. 所得税税率的变动趋势分析 　　D. 企业负债的增减

E. 所有者权益的增减

◆ 考点：会计的目标

9. [多项选择题] 下列关于会计目标的说法，正确的有（　　）。

A. 会计目标是指会计工作预期达到的最终结果

B. 市场经济条件下会计的一般目标是向企业内部管理部门和企业外部与企业有利害关系的主体提供决策所需要的会计信息及与之相关的其他财务信息

C. 我国企业会计的目标可以帮助会计信息使用者做出经济决策

D. 我国企业会计的目标有助于评价企业的经营管理责任以及资源使用的有效性

E. 市场经济条件下会计的目标只对企业内部管理部门负责

✎ 学习笔记

Day 36

考点：会计信息内容

1. [多项选择题]企业财务会计信息的主要内容包括有关（　　）的信息。
   A. 财务状况
   B. 预算执行情况
   C. 现金流量
   D. 经营成果
   E. 行政事业成果

考点：会计信息的主要使用者

2. [多项选择题]下列属于会计信息使用者的有（　　）。
   A. 企业内部管理人员
   B. 投资者
   C. 债权人
   D. 政府及有关部门
   E. 外部的非利益相关者

考点：会计要素的分类

3. [多项选择题]下列会计概念中，属于会计要素的有（　　）。
   A. 收入
   B. 资产
   C. 现金流量
   D. 负债
   E. 公允价值

考点：反映财务状况的要素（资产、负债和所有者权益）

4. [多项选择题]下列资产中属于非流动资产的有（　　）。
   A. 现金
   B. 应收账款
   C. 无形资产
   D. 长期股权投资
   E. 银行存款

5. [单项选择题]下列会计科目中，属于流动资产的是（　　）。
   A. 固定资产
   B. 存货
   C. 短期借款
   D. 预收账款

6. [单项选择题]下列会计要素中，能够反映企业财务状况的是（　　）。
   A. 利润
   B. 负债
   C. 费用
   D. 结余

考点：反映经营成果的会计要素

7. [单项选择题]企业在日常经营活动中发生的，会导致所有者权益减少的、与向所有者分配利润无关的、能够可靠计量的经济利益的总流出，在会计上称为（　　）。
   A. 利润
   B. 价格
   C. 投资
   D. 费用

8. [多项选择题]反映一定时期企业经营成果的会计要素有（　　）。
   A. 收入
   B. 费用
   C. 投资
   D. 利润
   E. 所有者权益

▽ **考点**：会计等式

9. ［单项选择题］根据会计等式，下列经济业务会发生的是（　　）。

　　A. 资产有增有减，权益不变

　　B. 资产增加、负债减少，所有者权益不变

　　C. 资产不变、负债增加，所有者权益增加

　　D. 资产减少、负债增加，所有者权益不变

▽ **考点**：经济业务发生所引起的会计要素的变动

10. ［多项选择题］一项经济业务发生后会引起相关会计要素的变动。下列会计要素变动情形中，正确的有（　　）。

　　A. 一项资产和一项负债同时等额增加

　　B. 一项资产和一项所有者权益同时等额减少

　　C. 一项负债和一项所有者权益同时等额增加

　　D. 一项资产增加，一项负债同时等额减少

　　E. 一项负债增加，另一项负债等额减少，资产和所有者权益不变

▽ **考点**：会计要素确认和计量基本原则

11. ［单项选择题］下列会计处理原则中，属于会计要素确认和计量基本原则的是（　　）。

　　A. 历史成本原则　　　　　　　　B. 实质重于形式

　　C. 会计主体　　　　　　　　　　D. 货币计量

✎ 学习笔记

Day 37

考点：配比原则

1. [单项选择题] 按照配比原则,一个会计期间的产品收入应该与其相关的成本、费用在该会计期间内确认,并应相互配比,以便计算本期损益,属于根据因果关系进行直接配比的是(　　)。
   A. 管理费用
   B. 期间费用
   C. 销售费用
   D. 直接生产成本

考点：历史成本原则

2. [单项选择题] 企业在取得各项财产时应当按照实际成本计算。其后,如果各项财产发生减值,应当按规定计算相应的减值准备。除法律法规和国家统一的会计制度另有规定外,企业一律不得自行调整其账面价值。这一会计确认和计量原则是(　　)。
   A. 历史成本原则
   B. 配比原则
   C. 实质重于形式原则
   D. 权责发生制原则

3. [单项选择题] 企业在计量会计要素时,一般应采用(　　)进行计量。
   A. 历史成本
   B. 现值
   C. 重置成本
   D. 公允价值

考点：划分收益性支出与资本性支出原则

4. [单项选择题] 将收益性支出按资本性支出进行账务处理会导致(　　)。
   A. 少计费用、多计资产
   B. 多计费用、少计资产
   C. 少计费用、少计资产
   D. 多计费用、多计资产

考点：会计基本前提的内容

5. [多项选择题] 下列各项中,属于会计基本前提的有(　　)。
   A. 会计主体
   B. 持续经营
   C. 权责发生制
   D. 货币计量
   E. 会计分期

考点：每个基本前提的内容

6. [单项选择题] 在会计核算的基本前提中,界定会计核算空间范围的是(　　)。
   A. 持续经营
   B. 会计主体
   C. 会计期间
   D. 货币计量

7. [单项选择题] 投资者个人的经济业务与其所投资企业的经济业务分开,符合(　　)这一会计核算基本前提的要求。
   A. 持续经营
   B. 会计主体
   C. 货币计量
   D. 会计分期

8. [单项选择题] 会计分期是建立在(　　)基础上的。
   A. 会计主体
   B. 货币计量
   C. 持续经营
   D. 权责发生制

考点：会计信息质量要求

9. [多项选择题] 企业对融资租入的固定资产采用加速折旧法,体现的会计信息质量要求有（　　）。
A. 可比性　　　　　B. 实质重于形式　　　C. 及时性　　　　　D. 重要性
E. 谨慎性

10. [单项选择题] 企业在会计核算过程中，对交易或事项应当根据其对经济决策的影响程度采取不同的核算方式。在不影响会计信息真实性和不至于误导报告使用者做出正确判断的前提下，对影响资产、负债、损益较大的会计事项，必须按照规定的方法和程序进行处理，并在财务会计报告中予以充分、准确地披露；而对影响较小的、次要的会计事项可以适当简化或合并反映。这体现的会计信息质量要求是（　　）。
A. 谨慎性　　　　　B. 可靠性　　　　　C. 相关性　　　　　D. 重要性

11. [单项选择题] 企业采用融资租赁方式租入的固定资产在会计核算上视为企业的总资产，这体现了会计信息质量（　　）的要求。
A. 相关性　　　　　　　　　　　　　　B. 实质重于形式
C. 重要性　　　　　　　　　　　　　　D. 谨慎性

12. [单项选择题] 企业的会计核算方法和程序前后各期应当保持一致，不得随意变更，确需变更，应当在附注中说明，这体现了会计（　　）的要求。
A. 可靠性　　　　　B. 可比性　　　　　C. 实质重于形式　　D. 谨慎性

13. [单项选择题] 下列会计业务中，不能体现会计核算谨慎性要求的是（　　）。
A. 对固定资产采用加速折旧法计提折旧
B. 对应收账款计提坏账准备
C. 在物价上涨时期对存货采用后进先出法计价
D. 生产资料分为固定资产和低值易耗品

14. [多项选择题] 下列会计业务处理要求中，符合谨慎性会计信息质量要求的有（　　）。
A. 不多计资产　　　　　　　　　　　　B. 虚增账面利润
C. 设置秘密准备　　　　　　　　　　　D. 不少计费用
E. 不多计负债

▼ 考点：会计法规体系的核心及主要内容

15. [多项选择题] 我国政府会计准则的主要内容包括（　　）。
A. 政府绩效评估报告　　　　　　　　　B. 政府财务会计要素
C. 政府决算报告和财务报告　　　　　　D. 政府会计信息质量要求
E. 政府预算会计要素

16. [单项选择题]（　　）是我国会计工作的基本法律，是在我国会计法规体系中处于最高层次的法律规范。
A. 会计法　　　　　B. 会计准则　　　　C. 会计标准　　　　D. 会计制度

✎ 学习笔记

参考答案及解析

Day 35

1. C [解析] 管理会计是从财务会计中分离出来的,它利用财务会计、统计及其他有关资料并通过对这些资料进行整理、计算、对比和分析,产生一系列新的信息,用于满足企业内部管理人员编制计划、作出决策、控制经济活动等方面的信息需要,服务于企业加强内部经营管理、加强决策控制、提高经济效益的需要的一套信息处理系统,管理会计主要包括预测分析、决策分析、全面预算、成本控制和责任会计等内容。

2. D [解析] 现代会计以企业会计为核心,按照对外提供还是对内提供决策所需的信息分成财务会计和管理会计两大分支。

3. A [解析] 本题根据选项中的"确认、记录和报告"能排除B、C、D三项(属于财务会计范畴)。

4. A [解析] 会计的核算职能为:会计通过确认、计量、记录、报告,运用一定的方法或程序,利用货币形式,从价值量方面反映企业已经发生或完成的客观经济活动情况,为经济管理提供可靠的会计信息。

5. ABD [解析] 会计监督职能是指在经济事项发生之前、经济事项进行当中和经济事项发生之后,会计利用预算、检查、考核、分析等手段,对单位的会计核算及其经济活动的真实性、完整性、合规性和有效性进行检查与控制。

6. C [解析] 由货币资金到储备资金的过程属于工业企业的供应过程,例如,某工业企业用货币购买原材料的过程就是供应过程。

7. ACDE [解析] B项错误,购买固定资产、销售商品、上缴税收属于经济业务,而不是经济事项。

8. ADE [解析] 应当办理会计手续,进行会计核算的经济业务事项主要有:①资产的增减和使用;②负债的增减;③净资产(所有者权益)的增减;④收入、支出、费用、成本的增减;⑤财务成果的计算和处理;⑥需要办理会计手续、进行会计核算的其他事项。B、C两项不属于会计核算的直接对象。

9. ABCD [解析] 市场经济条件下,会计的一般目标是向企业内部管理部门和企业外部与企业有利害关系的主体提供决策所需要的会计信息及与之相关的其他财务信息,不仅对企业内部管理部门负责,也对企业外部与企业有利害关系的主体负责,E项错误。

Day 36

1. ACD [解析] 财务会计信息的内容包括:①有关企业财务状况的信息,通过资产负债表来反映;②有关企业经营成果的信息,通过利润表来反映;③有关企业现金流量的信息,通过现金流量表来反映。

2. ABCD [解析] 会计信息使用者包括企业内部管理人员和外部利益关系人,外部利益关系人包括投资者、债权人、政府及有关部门、社会公众、监管部门、企业职工。

3. ABD [解析] 企业会计有6个要素,反映财务状况的会计要素包括资产、负债、所有者权益。反映经营成果的会计要素包括收入、费用、利润。

4. CD [解析] 非流动资产包括长期股权投资、在建工程、固定资产、无形资产、开发支出等，现金、银行存款、应收账款均属于流动资产。故本题选择C、D两项。

5. B [解析] 流动资产主要包括：①货币资金；②交易性金融资产；③应收票据及应收账款；④预付款项；⑤其他应收款；⑥存货。本题中，固定资产属于非流动资产；短期借款和预收账款属于流动负债。

6. B [解析] 反映企业财务状况的会计要素包括资产、负债和所有者权益。

7. D [解析] 日常活动经济利益总流出称为费用。

8. ABD [解析] 反映一定时期企业经营成果的会计要素有收入、费用、利润。

9. A [解析] 经济业务的发生不会破坏"资产=负债+所有者权益"这种恒等关系，一旦发现此关系不成立，该种经济业务就不会发生。B项，等式左边增加，等式右边减少，等式不成立。C项，等式左边不变，等式右边都增加，等式不成立。D项，等式左边减少，等式右边增加，等式不成立。

10. ABE [解析] 依据"资产=负债+所有者权益"的恒等式判断。C、D两项导致等式左右不相等。

● 考点再现

Q_{9-10} 会计等式：

会计等式	反映的内容
资产=权益 　　=债权人权益+所有者权益 　　=负债+所有者权益	反映企业资产的归属关系。在某个特定的时点，资产与负债和所有者权益三者之间所存在的平衡关系，是复式记账法的理论基础，也是编制资产负债表的基础
收入-费用=利润	反映企业利润的形成过程。收入、费用和利润之间的关系是编制利润表的基础

11. A [解析] 会计要素确认和计量基本原则包括权责发生制原则、配比原则、历史成本原则、划分收益支出与资本性支出原则。

Day 37

1. D [解析] 配比原则是指对一个会计期间的收入和与其相关的成本、费用应当在该会计期间内确认，并应相互配比，以便计算本期损益。配比方式分为：①收入与费用之间的因果配比，如主营业务收入与直接成本相配比；②收入与费用之间的时间配比，如广告费、办公费与发生在同一时间的收入相配比。

2. A [解析] 取得时的实际成本即历史成本。本题根据"取得时的实际成本"就可选择A项。

3. A [解析] 在会计计量属性中，一般采用历史成本。

4. A [解析] 收益性支出作为费用，资本性支出作为资产，若将收益性支出按资本性支出处理会导致费用少计、资产多计。

5. ABDE [解析] 会计基本前提包括会计主体、持续经营、会计分期、货币计量。

6. B [解析] 会计主体是会计确认、计量和报告的空间范围。

7. B [解析] 明确界定会计主体，是会计核算的重要前提，是为了把会计主体的经济业务与其他会计主体以及投资者的经济业务划分开。

8. C [解析] 会计分期是建立在持续经营基础上的。

●考点再现

Q_{5-8} 会计基本前提：

会计基本前提	具体内容
会计主体	是指企业会计确认、计量和报告的空间范围，是会计所服务的特定单位。法律主体必然是会计主体；但会计主体可以是独立的法律主体，也可以不是，可以是营利性组织，也可以不是
持续经营	是指会计核算应当以持续、正常的经营活动为前提，在可以预见的将来，企业将会按当前的规模和状态持续经营下去
会计分期	又称会计期间，是指将一个企业持续不断的生产经营活动期间划分为若干连续、等距的会计期间。会计期间一般分年度和中期
货币计量	是指企业在进行会计确认、计量和报告时采用货币为主要计量单位进行记录，并假定货币的币值保持不变。企业会计准则规定，应当以货币计量，有时在会计核算中也辅以实物数量等计量单位

9. BE [解析] 实质重于形式要求企业应当按照交易或事项的经济实质进行会计确认、计量和报告，而不应当仅仅以交易或事项的法律形式为依据。如以融资租赁方式租入的固定资产，虽然法律上企业并不拥有其所有权，但由于租赁合同中规定的租赁期较长，接近于该资产的使用寿命，租赁期满承租企业有优先购买该资产的选择权，在租赁期内承租企业有权支配资产并从中收益，所以，从经济实质上，企业拥有该资产的实际控制权，在会计核算上就将其视为企业的资产。谨慎性原则在会计上的应用有：存货在物价上涨时采用后进先出法，对应收账款计提坏账准备，对固定资产采用加速折旧法，对可能发生的资产损失计提减值准备等。谨慎性原则的应用并不允许企业设置秘密准备。

10. D [解析] 重要性要求在会计核算过程中对交易或事项应当区别其重要程度，采用不同的核算方式。本题可通过题干中的关键词"影响较大、影响较小"选择 D 项"重要性"。影响较大的就是重要的事项，影响较小的就是次要的事项。

11. B [解析] 融资租入固定资产依据实质重于形式的要求作为企业的资产处理。

12. B [解析] 可比性要求企业提供的会计信息应当具有可比性：①同一企业不同时期发生的相同或相似的交易或事项，应当采用一致的会计政策，不得随意变更；确需变更的，应当在附注中说明，以便进行不同时期的纵向比较。②不同企业发生的相同或者相似的交易或者事项，应当采用规定的会计政策和会计处理办法，确保会计信息口径一致，以便在不同企业之间可以进行横向比较。

13. D [解析] 谨慎性又称为稳健性，要求企业对交易或者事项进行会计确认、计量和报告应当保持应有的谨慎，不应高估资产或者收益，也不低估负债或者费用。如某一经济业务有多种处理方法可供选择时，应选择采取一种不导致夸大资产、虚增账面利润、扩大所有者权益的方法，对于预计会发生的损失应计算入账，对于可能产生的收益则不预计入账。谨慎性在会计上的应用是多方面的，如存货在物价上涨时采用后进先出法、对应收账款计提坏账准备、对固定资产采用加速折旧法、对可能发生的资产损失计提减值准备等。

14. AD [**解析**] 谨慎性要求企业在进行会计核算时，不得多计资产或收益、少计负债或费用，且不得设置秘密准备，在会计核算工作中坚持谨慎性原则，要求企业在面临不确定因素的情况下做出职业判断时，应当保持必要的谨慎，采取稳健的做法，不高估资产或收益，也不低估负债或费用。

15. BCDE [**解析**] 政府会计准则是为了规范政府的会计核算，保证会计信息质量制定的原则性规定。主要对政府会计信息质量要求、政府预算会计要素、政府财务会计要素、政府决算报告和财务报告等做出的规定。

16. A [**解析**]《会计法》是我国会计工作的基本法律，是我国会计法规体系中处于最高层次的法律规范。

本章学习检查表

知识点名称	初次学习		第一次复习		第二次复习	
	做对题目数/总题目数	学习日期	做对题目数/总题目数	复习日期	做对题目数/总题目数	复习日期
现代会计的两大分支						
会计的基本职能						
会计的对象						
会计核算的具体内容						
会计的目标						
会计信息内容						
会计信息的主要使用者						
会计要素的分类						
反映财务状况的要素（资产、负债和所有者权益）						
反映经营成果的会计要素						
会计等式						
经济业务发生所引起的会计要素的变动						
会计要素确认和计量基本原则						
配比原则						
历史成本原则						
划分收益性支出与资本性支出原则						
会计基本前提的内容						
每个基本前提的内容						
会计信息质量要求						
会计法规体系的核心及主要内容						

填写建议：

"做对题目数/总题目数"记录针对该知识点自己做题的情况，比如该知识点总题目数为10题，做对了其中7题，记录为7/10。

"学习日期"记录自己学习该知识点时的日期，建议把下一次复习的日期也写上。

备忘录：

第二十九章 会计循环

学习指导

本章知识点主要出自会计确认、会计计量、会计记录及财务会计报告。其中会计计量属性、会计记录的方法及账务处理程序是本章考查的重点,会计记录的方法是重中之重,近5年出题在7次左右,历年考查分值在4分左右。

本章内容较多,没有会计基础的话在开始学习的时候会感到困难,但是考查方向不会太深,大家要通读教材,熟悉掌握教材知识,注重背诵和记忆。

时间	考点
Day 38	➢ 会计确认需解决的三大问题 ➢ 会计确认的标准 ➢ 会计计量的概念 ➢ 会计计量的属性 ➢ 会计记录的方法 ➢ 账务处理程序 ➢ 会计报告的内容 ➢ 会计报表的分类

▶▶▶ Day 38

考点:会计确认需解决的三大问题

1. [多项选择题] 会计确认主要解决的问题包括（　　）。
   A. 确定某一经济业务是否需要进行确认
   B. 确定某一经济业务的货币金额
   C. 确定某一经济业务应在何时进行确认
   D. 确定某一经济业务应确认为哪个会计要素
   E. 为编制财务报告积累数据

考点:会计确认的标准

2. [单项选择题]（　　）构成了确认收入和费用的基础,也进一步构成了资产和负债的确认基础。
   A. 会计凭证　　　　B. 会计确认　　　　C. 权责发生制　　　　D. 会计计量

3. [单项选择题] 会计确认的一般标准不包括（　　）。
   A. 被确认的项目是通过经济业务活动所产生的,其交易性质符合会计要素的要求
   B. 与该项目有关的未来经济利益流入或流出企业的不确定性能明确地评估
   C. 该项目应有可以计量的属性

D. 该项目应以历史成本计量

▽ **考点**：会计计量的概念

4. [单项选择题] 在会计报表中确认和计量有关会计要素的实际状况而确定其货币金额的过程称为（　　）。

A. 会计确认 B. 会计计量
C. 会计记录 D. 会计报告

▽ **考点**：会计计量的属性

5. [单项选择题] 在公平交易中，熟悉情况的交易双方自愿进行资产交换或者债务清偿的金额指的是（　　）。

A. 可变现净值 B. 现值
C. 价格 D. 公允价值

6. [多项选择题] 会计计量属性主要包括（　　）。

A. 历史成本 B. 重置成本
C. 现行市价 D. 公允价值
E. 货币

▽ **考点**：会计记录的方法

7. [多项选择题] 会计记录的方法主要包括（　　）。

A. 编制会计报表 B. 填制和审核凭证
C. 设置账户 D. 复式记账
E. 登记账簿

8. [单项选择题] 在采用借贷记账法进行时，资产类账户的记录规则是（　　）。

A. 借方记录增加额，期末余额在贷方
B. 借方记录增加额，贷方记录减少额
C. 借方记录减少额，贷方记录增加额
D. 借方记录减少额，期末余额在贷方

9. [单项选择题] 下列会计活动中，属于会计记录方法的是（　　）。

A. 设置账户 B. 编制会计报表
C. 财务分析 D. 预算管理

10. [多项选择题] 会计记录的方法包括（　　）。

A. 划分会计期间 B. 设置账户
C. 复式记账 D. 填制和审核凭证
E. 登记账簿

▽ **考点**：账务处理程序

11. [单项选择题] 编制会计报表的主要依据是（　　）。

A. 记账凭证 B. 原始凭证
C. 预算 D. 会计账簿

12. [单项选择题] 账务处理程序也称为会计核算组织程序，其基本模式可以概括为（　　）。

   A. 原始凭证—记账凭证—会计账簿—会计报表

   B. 记账凭证—原始凭证—会计账簿—会计报表

   C. 会计账簿—会计报表

   D. 会计凭证—会计报表

▽ **考点**：会计报告的内容

13. [多项选择题] 财务会计报告包括（　　）。

   A. 资产负债表　　　　　　　　　　B. 利润表

   C. 现金流量表　　　　　　　　　　D. 会计报表附注

   E. 科目汇总表

▽ **考点**：会计报表的分类

14. [单项选择题] 在我国，企业对外会计报表种类、格式和编制方法由（　　）制定。

   A. 财政部

   B. 各地财政部门

   C. 企业

   D. 各地证券监督管理部门

✎ 学习笔记

参考答案及解析

Day 38

1. ACD [解析] 会计确认主要解决三个问题：①确定某一经济业务是否需要进行确认；②确定该业务应在何时进行确认；③确定该业务应确认为哪个会计要素。

2. C [解析] 权责发生制构成了确认收入和费用的基础，也进一步构成了资产和负债的确认基础。

3. D [解析] 会计确认的三大标准包括：①被确认的项目是通过经济业务活动所产生的，其交易性质符合会计要素的要求；②与该项目有关的未来经济利益流入或流出企业的不确定性能明确地评估；③该项目应有可以计量的属性。可计量的属性不一定就是历史成本，D项错误。

4. B [解析] 会计计量是指在会计报表中确认和计量有关会计要素的实际状况而确定其货币金额的过程。

5. D [解析] 本题通过"公平交易"与"公允价值"的关联选择。公允价值是指公平交易中，熟悉情况的交易双方自愿进行资产交换或者债务清偿的金额。

6. ABD [解析] 会计计量属性主要有 5 种，即历史成本、重置成本、可变现净值、现值和公允价值。

7. BCDE [解析] 会计记录的方法主要包括设置账户、复式记账、填制和审核凭证、登记账簿。

8. B [解析] 资产类账户借方登记增加额，贷方登记减少额，期末余额在借方。

●考点再现

Q_8 借贷记账法下各类账户的记账规则：

账户分类	记账规则
资产、成本、费用类	借方登记增加额，贷方登记减少额
负债、所有者权益、收入类	借方登记减少额，贷方登记增加额

9. A [解析] 会计记录的方法包括设置账户、复式记账、填制和审核凭证、登记账簿，简记"3账1证"。

10. BCDE [解析] 会计记录的方法包括设置账户、复式记账、填制和审核凭证、登记账簿，简记"3账1证"。

11. D [解析] 账务处理程序也称为会计核算组织程序，是指对会计数据的记录、归类、汇总、报告的步骤和方法。其基本模式可以概括为：原始凭证—记账凭证—会计账簿—会计报表。所以编制会计报表的主要依据是会计账簿。

12. A [解析] 账务处理程序也称为会计核算组织程序，是指对会计数据的记录、归类、汇总、报告的步骤和方法。其基本模式可以概括为：原始凭证—记账凭证—会计账簿—会计报表。

13. ABCD [解析] 财务会计报告包括会计报表、会计报表附注和其他应当在财务会计报告中披露的相关信息和资料。其中会计报表包括资产负债表、利润表、现金流量表等。故本题选择 A、B、C、D 四项。

14. A [解析] 会计报表按照报送对象不同，分为对外会计报表和对内会计报表两类，企业对外会计报表种类、格式和编制方法由财政部统一制定；对内报表是根据企业内部需要自行规定、自行设计的。

本章学习检查表

知识点名称	初次学习		第一次复习		第二次复习	
	做对题目数/总题目数	学习日期	做对题目数/总题目数	复习日期	做对题目数/总题目数	复习日期
会计确认需解决的三大问题						
会计确认的标准						
会计计量的概念						
会计计量的属性						
会计记录的方法						
账务处理程序						
会计报告的内容						
会计报表的分类						

填写建议：

"做对题目数/总题目数"记录针对该知识点自己做题的情况，比如该知识点总题目数为10题，做对了其中7题，记录为7/10。

"学习日期"记录自己学习该知识点时的日期，建议把下一次复习的日期也写上。

备忘录：

第三十章　会计报表

 学习指导

本章知识点主要出自会计报表的概念、资产负债表、利润表、现金流量表及会计报表附注。其中利润表的格式、内容及编制方法以及现金流量表的项目是本章考查的重点，需要重点掌握。本章内容较为重要，历年考查分值在 5 分左右。

本章内容较多，多考查资产负债表、利润表、现金流量表的格式、编制方法及对应的项目，且内容容易混淆，应注意区分，加强背诵和记忆。此外这章会涉及简单的计算，需要掌握公式。

时间	考点
Day 39	➢会计报表的概念 ➢会计报表的编制要求 ➢会计报表编制前的准备工作 ➢资产负债表的概念及作用 ➢资产负债表的格式和内容 ➢资产负债表的编制方法
Day 40	➢利润表的含义及作用 ➢利润表的格式、内容及编制方法 ➢现金流量表的概念和内容 ➢现金流量表的项目 ➢会计报表附注的概念及作用 ➢会计报表附注的内容

▶▶▶ Day 39

▽ **考点**：会计报表的概念

1. [单项选择题] 在会计核算工作中，以日常会计账簿资料为主要依据定期编制的，总括反映企业财务状况、经营成果和现金流量等会计信息的书面文件是（　　）。

　　A. 财务分析报告　　　　　　　　　　B. 会计报表

　　C. 决算报告　　　　　　　　　　　　D. 会计凭证

2. [单项选择题] 会计核算的最后一个环节是（　　）。

　　A. 会计确认　　　　　　　　　　　　B. 会计计量

　　C. 会计记录　　　　　　　　　　　　D. 会计报表

▽ **考点**：会计报表的编制要求

3. [单项选择题] 企业会计报表应当根据经过审核的会计账簿记录和有关资料进行编制，真实地反映交易或事项的实际情况，这体现的会计报表编制要求是（　　）。
A. 真实可靠　　　　　　　　　　B. 编报及时
C. 全面完整　　　　　　　　　　D. 便于理解

4. [多项选择题] 企业编制的会计报表应该做到（　　）。
A. 真实可靠　　　　　　　　　　B. 全面完整
C. 灵活多变　　　　　　　　　　D. 便于理解
E. 编报及时

▼ 考点：会计报表编制前的准备工作

5. [多项选择题] 下列属于会计报表编制前的准备工作的有（　　）。
A. 在建工程的实际发生额与账面记录是否一致
B. 核对各会计账簿记录与会计凭证的内容、金额等是否一致，记账方向是否相符
C. 检查相关的会计核算是否符合国家统一会计制度的规定
D. 各项投资是否存在，投资收益是否按照国家统一会计制度规定进行确认和计量
E. 原材料、在产品、自制半成品、库存商品等各项存货的实存数量与进货数量是否一致

▼ 考点：资产负债表的概念及作用

6. [单项选择题] 编制资产负债表依据的会计等式是（　　）。
A. 资产＝收入－费用　　　　　　B. 资产＝负债＋所有者权益
C. 资产＝投资＋利润　　　　　　D. 资产＋负债＝所有者权益

7. [多项选择题] 关于资产负债表的说法，错误的有（　　）。
A. 资产负债表反映企业在某一特定日期的财务状况
B. 资产负债表可以总括反映企业资金的来源渠道和构成情况
C. 资产负债表主要用于反映企业的盈利能力
D. 目前我国采用报告式资产负债表格式
E. 资产负债表反映企业在一定会计期间的经营成果

8. [多项选择题] 下列各项中，可以通过资产负债表反映的有（　　）。
A. 某一时点的财务状况
B. 某一时点的偿债能力
C. 某一期间的经营成果
D. 某一期间的获利能力
E. 企业所拥有或控制掌握的经济资源及其分布和构成情况的信息

▼ 考点：资产负债表的格式和内容

9. [单项选择题] 在资产负债表中，资产项目是按其流动性进行排列的，流动性强的项目排在前面，流动性差的项目排在后面。下列资产项目中，属于在资产负债表上排在应收账款前面的是（　　）。
A. 固定资产　　　　　　　　　　B. 存货
C. 无形资产　　　　　　　　　　D. 货币资金

10. [单项选择题] 我国资产负债表采用的编制格式是（　　）。

    A. 报告式　　　　　　　　　　　　B. 单步式

    C. 多步式　　　　　　　　　　　　D. 账户式

11. [单项选择题] 下列资产项目中，流动性最强的是（　　）。

    A. 存货　　　　　　　　　　　　　B. 固定资产

    C. 在建工程　　　　　　　　　　　D. 应收账款

◆ 考点：资产负债表的编制方法

12. [单项选择题] 某企业2023年末资产负债表反映的资产总额为840万元、负债总额为552万元，利润表反映利润总额为300万元。那么该企业2023年末所有者权益是（　　）万元。

    A. 288　　　　　　　　　　　　　　B. 588

    C. 540　　　　　　　　　　　　　　D. 252

13. [单项选择题] 下列资产负债表项目中，根据若干总账科目期末余额分析计算填列的是（　　）。

    A. 货币资金　　　　　　　　　　　B. 长期借款

    C. 短期借款　　　　　　　　　　　D. 资本公积

/ 学习笔记

Day 40

▽ **考点**：利润表的含义及作用

1. [单项选择题] 企业编制利润表所依据的会计等式是（　　）。
   A. 投资－成本＝利润
   B. 资产－负债＝所有者权益
   C. 收入－成本＝所有者权益
   D. 收入－费用＝利润

2. [单项选择题] 用来评价企业的经济效益、盈利能力，评价或考核企业经营管理者的经营业绩和盈利能力的会计报表是（　　）。
   A. 所有者权益变动表
   B. 利润表
   C. 资产负债表
   D. 现金流量表

▽ **考点**：利润表的格式、内容及编制方法

3. [单项选择题] 已知某企业本年"主营业务收入"为560万元，"主营业务成本"为310万元，"管理费用"为150万元，"营业外支出"为40万元。假设不考虑其他因素，该企业本年营业利润为（　　）万元。
   A. 210　　　　B. 100　　　　C. 250　　　　D. 370

4. [单项选择题] 已知某企业本年"营业收入"为280万元，"营业成本"为160万元，"管理费用"为60万元，"营业外支出"为40万元。假设不考虑其他因素，该企业本年利润表中营业利润为（　　）万元。
   A. 20
   B. 120
   C. 60
   D. 80

5. [单项选择题] 下列项目影响营业利润的是（　　）。
   A. 所得税
   B. 营业外收入
   C. 销售费用
   D. 营业外支出

▽ **考点**：现金流量表的概念和内容

6. [单项选择题] 企业编制现金流量表的作用在于（　　）。
   A. 提供企业一定会计期间内现金和现金等价物流入和流出的信息
   B. 提供企业盈利能力方面的信息
   C. 提供企业所拥有和控制的经济资源及其构成情况的信息
   D. 提供企业财务状况、偿债能力和支付能力的信息

7. [多项选择题] 下列经济业务中，因经营活动而引起的现金流入有（　　）。
   A. 收到咨询收入
   B. 销售商品取得货款
   C. 收到出口退税
   D. 收到银行借款
   E. 处置固定资产取得现金

▽ **考点**：现金流量表的项目

8. [单项选择题] 下列经济业务所产生的现金流量中，属于应列入现金流量表中"投资活动产生的现金流量"项目的是（　　）。
   A. 支付职工工资
   B. 购买固定资产支付货款

C. 支付应交税费　　　　　　　　　　D. 收到银行借款

9. [单项选择题]下列经济业务中,属于现金流量表中"经营活动产生的现金流量"项目的是(　　)。

　A. 企业取得银行贷款　　　　　　　B. 企业处置固定资产取得现金
　C. 股东投入资本　　　　　　　　　D. 企业销售商品取得现金

10. [单项选择题]2023年某企业经营活动产生的现金流入量为3 000万元,现金流出量为2 400万元;投资活动产生的现金流入量为300万元,现金流出量为1 400万元;筹资活动产生的现金流入量为1 600万元,现金流出量为1 000万元;汇率变动导致现金流出量为200万元,则在该企业2023年度现金流量表内,现金和现金等价物净增加额为(　　)万元。

　A. 100　　　　B. 600　　　　C. 4 900　　　　D. －100

11. [多项选择题]下列企业经济业务产生的现金变动中,属于投资活动产生的现金流量的有(　　)。

　A. 销售商品收到现金　　　　　　　B. 处置固定资产收到现金
　C. 取得投资收益收到现金　　　　　D. 支付应交税费
　E. 支付现金股利

◆ 考点：会计报表附注的概念及作用

12. [单项选择题]下列关于会计报表附注的概念及作用的说法,错误的是(　　)。

　A. 附注是为了会计报表使用者理解会计报表的内容而对会计报表的编制基础、编制依据、编制原则和方法及主要项目等所做的解释
　B. 附注可以增进会计信息的可理解性、突出会计信息的重要性、提高会计信息的可比性
　C. 财务报告使用者通过阅读会计报表及相关附注,能为其决策提供更充分的信息
　D. 附注所披露的相关信息可以与会计报表中所列示的项目不互相参照

◆ 考点：会计报表附注的内容

13. [多项选择题]我国企业会计准则规定,附注应披露的内容有(　　)。

　A. 不遵循企业会计准则的声明
　B. 会计政策和会计估计变更以及差错更正的说明
　C. 财务报表的编制基础
　D. 重要会计政策的说明,包括财务报表项目的计量基础和会计政策的确定依据
　E. 重要会计估计的说明,包括下一会计期间内很可能导致资产、负债账面价值重大调整的会计估计的确定依据

学习笔记

参考答案及解析

Day 39

1. B [解析] 会计报表是以日常账簿资料为主要依据定期编制的,总括反映企业财务状况、经营成果和现金流量等会计信息的书面文件。

2. D [解析] 会计报表是会计核算环节的最后一个环节,也是会计循环过程的终点。

3. A [解析] 会计报表的真实可靠,指企业会计报表要真实地反映交易或事项的实际情况,不能人为扭曲,会计报表应当根据经过审核的会计账簿记录和有关资料编制,这是保证会计报表质量的重要环节。

4. ABDE [解析] 企业编制会计报表的基本要求包括真实可靠、全面完整、编报及时、便于理解。

●考点再现

Q_{3-4} 会计报表的编制要求:

基本要求	具体内容
真实可靠	会计报表要真实地反映交易或事项的实际情况,不能人为地扭曲,会计报表应当根据审核的会计账簿记录和有关资料编制,这是保障会计报表质量的重要环节
全面完整	会计报表应当全面披露企业的财务状况、经营成果和现金流量,完整地反映企业经济活动的过程和结果
编报及时	企业应当依据有关会计报表提供期限的规定,及时编制、提供会计报表
便于理解	会计报表提供的信息可以为使用者所理解

5. ABCD [解析] 全面财产清查中,原材料、在产品、自制半成品、库存商品等各项存货的实存数量与账面数量是否一致,E项错误。

6. B [解析] 资产负债表编制的依据是:资产=负债+所有者权益。

7. CDE [解析] 资产负债表是反映企业在某一特定日期财务状况的会计报表,A项正确,C、E两项错误;资产负债表总括反映了企业资金的来源渠道和构成情况的信息,B项正确。目前我国采用账户式资产负债表格式,D项错误。

8. ABE [解析] 资产负债表反映企业某一特定日期(即某一时点)财务状况,为报表使用者提供企业所拥有或控制掌握的经济资源及其分布和构成情况的信息,也能反映企业某一时点的偿债能力。反映某一期间经营成果和获利能力的报表是利润表。因此本题选择A、B、E三项。

9. D [解析] 本题涉及的项目流动性由强到弱分别是货币资金、应收账款、存货、固定资产、无形资产。

10. D [解析] 资产负债表的格式有账户式和报告式。我国采用的是账户式。

11. D [解析] 通过本题掌握流动资产的排列顺序。按大类来说,流动性由强到弱依次是货币资金、应收票据及应收账款、预付款项、其他应收款、存货和待摊费用等。

12. A [解析] 所有者权益=资产-负债=840-552=288(万元)。

13. A [解析] 长期借款是根据总账科目和明细科目余额分析计算填列。短期借款和资本公积是根据总账科目的期末余额直接填列。根据若干总账科目期末余额分析计算填列的项目有货币资金、未分配利润。

Day 40

1. D [解析] 编制利润表依据的会计等式是：收入－费用＝利润；资产负债表编制依据的会计等式是：资产＝负债＋所有者权益。

2. B [解析] 利润表的作用是为报表使用者提供企业盈利能力方面的信息，具体包括：①了解企业利润的形成情况，分析、考核企业经营目标及利润指标的完成情况，分析企业利润增减变动情况及原因；②评价企业的经济效益、盈利能力，评价或考核企业经营管理者的经营业绩和盈利能力。

3. B [解析] 营业利润＝560－310－150＝100（万元），营业外支出不影响营业利润。

4. C [解析] 营业利润＝280－160－60＝60（万元）。

5. C [解析] 本题采用排除法选择。营业外收入、营业外支出、所得税不影响营业利润。故排除 A、B、D 三项。

6. A [解析] 现金流量表是反映企业在一定会计期间内有关现金和现金等价物的流入和流出的报表。

7. ABC [解析] 收到银行借款属于筹资活动，D 项错误；处置固定资产取得现金属于投资活动，E 项错误。经营活动是指企业投资活动和筹资活动以外的所有交易和事项，包括销售商品、提供劳务收到的现金，收到的税费返还，收到其他与经营活动有关的现金，购买商品、接受劳务支付的现金，支付给职工以及为职工支付的现金，支付的各项税费，支付其他与经营活动有关的现金。

8. B [解析] 购买固定资产支付的货款属于投资活动现金流量，B 项正确；A、C 两项属于经营活动的现金流量；D 项属于筹资活动的现金流量。

9. D [解析] 企业销售商品取得现金属于经营活动；企业取得银行贷款、股东投入资本属于筹资活动；企业处置固定资产取得现金属于投资活动。

10. D [解析] 经营活动产生的现金流量净额＝经营活动产生的现金流入量－经营活动产生的现金流出量＝3 000－2 400＝600（万元）；投资活动产生的现金流量净额＝投资活动产生的现金流入量－投资活动产生的现金流出量＝300－1 400＝－1 100（万元）；筹资活动产生的现金流量净额＝筹资活动产生的现金流入量－筹资活动产生的现金流出量＝1 600－1 000＝600（万元）；现金及现金等价物净增加额＝经营活动产生的现金流量净额＋投资活动产生的现金流量净额＋筹资活动产生的现金流量净额＋汇率变动对现金的影响额＝600＋（－1 100）＋600－200＝－100（万元）。

11. BC [解析] 销售商品收到的现金、支付应交税费属于经营活动的现金流量，A、D 两项错误。处置固定资产收到的现金属于投资活动的现金流量，B 项正确；取得投资收益收到的现金属于投资活动的现金流量，C 项正确；支付现金股利属于筹资活动的现金流量，E 项错误。

12. D [解析] 附注所披露的相关信息应当与会计报表中所列示的项目互相参照，D 项错误。

13. BCDE [解析] 我国企业会计准则规定，附注一般应当披露如下内容：①企业的基本情况；②财务报表的编制基础；③遵循企业会计准则的声明；④重要会计政策的说明，包括财务报表项目的计量基础和会计政策的确定依据；⑤重要会计估计的说明，包括下一会计期间内很可能导致资产、负债账面价值重大调整的会计估计的确定依据等；⑥会计政策和会计估计变更以及差错更正的说明；⑦对已在资产负债表、利润表、现金流量表和所有者权益变动表等会计报表中列示的重要项目的进一步说明，包括终止经营税后利润的金额及其构成情况等；⑧或有事项和承诺事项、资产负债表日后非调整事项、关联方关系及其交易等需要说明的事项；⑨有助于财务报表使用者评价企业管理资本的目标、政策及程序的信息。

本章学习检查表

知识点名称	初次学习		第一次复习		第二次复习	
	做对题目数/总题目数	学习日期	做对题目数/总题目数	复习日期	做对题目数/总题目数	复习日期
会计报表的概念						
会计报表的编制要求						
会计报表编制前的准备工作						
资产负债表的概念及作用						
资产负债表的格式和内容						
资产负债的编制方法						
利润表的含义及作用						
利润表的格式、内容及编制方法						
现金流量表的概念和内容						
现金流量表的项目						
会计报表附注的概念及作用						
会计报表附注的内容						

填写建议：

"做对题目数/总题目数"记录针对该知识点自己做题的情况，比如该知识点总题目数为10题，做对了其中7题，记录为7/10。

"学习日期"记录自己学习该知识点时的日期，建议把下一次复习的日期也写上。

备忘录：

第三十一章 财务报表分析

学习指导

本章知识点主要出自财务报表分析的意义和内容、财务报表分析的基本方法、财务报表分析的基本指标。其中偿债能力分析、盈利能力分析是本章考查的重点，近5年出题在5次左右，需要重点掌握，历年考查分值在3分左右。

财务报表分析的基本指标，这些基本指标主要反映的内容，以及这些指标的计算方法是本章的难点，要求掌握。

时间	考点
Day 41	➢财务报表分析的意义和内容 ➢财务报表分析的方法 ➢偿债能力分析 ➢营运能力分析 ➢盈利能力分析

Day 41

考点：财务报表分析的意义和内容

1. [多项选择题]企业财务报表分析的主要内容包括（　　）。
   A. 企业的偿债能力　　　　　　　　B. 企业的技术水平
   C. 企业资产的营运能力　　　　　　D. 企业的盈利能力
   E. 企业会计人员的工作能力

考点：财务报表分析的方法

2. [多项选择题]财务报表分析的基本方法有（　　）。
   A. 比较分析法　　　　　　　　　　B. 比率分析法
   C. 事前分析法　　　　　　　　　　D. 趋势分析法
   E. 综合分析法

3. [单项选择题]下列比率指标的不同类型中，流动比率属于（　　）。
   A. 构成比率　　　　　　　　　　　B. 动态比率
   C. 相关比率　　　　　　　　　　　D. 效率比率

考点：偿债能力分析

4. [单项选择题]通常情况下，一个大型工业企业的流动比率、速动比率和现金比率的关系是（　　）。
   A. 流动比率＜速动比率＜现金比率　　B. 现金比率＞流动比率＞速动比率

C. 流动比率＞速动比率＞现金比率　　　　D. 速动比率＞流动比率＞现金比率

5. [多项选择题] 下列财务分析指标中，用于分析企业偿债能力的有（　　）。
   A. 资产负债率　　　　　　　　　　　　B. 净资产收益率
   C. 流动比率　　　　　　　　　　　　　D. 已获利息倍数
   E. 速动比率

6. [单项选择题] 在进行财务报表分析时，用于衡量企业利用债权人提供资金进行经营活动的能力和反映债权人发放贷款安全程度的指标是（　　）。
   A. 资产负债率　　　　　　　　　　　　B. 流动比率
   C. 总资产周转率　　　　　　　　　　　D. 资本收益率

7. [单项选择题] 2020年12月31日，某公司资产负债表上反映其流动资产为21 600万元，非流动资产为18 400万元，流动负债为17 280万元，非流动负债为16 720万元，则该公司2020年年末流动比率为（　　）。
   A. 0.80　　　　　　　　　　　　　　　B. 1.25
   C. 0.85　　　　　　　　　　　　　　　D. 1.18

8. [单项选择题] 在企业财务报表分析的基本指标中，流动比率反映的是（　　）。
   A. 企业可在短期内转变为现金的流动资产偿还到期流动负债的能力
   B. 企业用经营所得支付债务利息的能力
   C. 企业立即偿还到期债务的能力
   D. 企业利用债权人的资金进行经营活动的能力

9. [单项选择题] 关于速动比率，下列说法错误的是（　　）。
   A. 速动比率反映企业短期内可变现资产偿还短期内到期债务的能力
   B. 计算速动比率要排除存货的原因为存货是企业流动资产中流动性最差的一种
   C. 速动资产＝流动资产－存货＝货币资金＋短期投资＋应收账款
   D. 一般认为，速动比率应维持在2∶1左右较为理想

10. [多项选择题] 下列情况中，会引起流动比率过高的有（　　）。
    A. 存货超储积压　　　　　　　　　　　B. 过分充裕的现金
    C. 大量应收账款未收回　　　　　　　　D. 长期未进行利润分配
    E. 大量应付账款未支付

▼ **考点**：营运能力分析

11. [单项选择题] 以下指标中，反映企业全部资产的使用效率的是（　　）。
    A. 流动比率　　　　　　　　　　　　　B. 资产总额
    C. 总资产周转率　　　　　　　　　　　D. 利润总额

12. [多项选择题] 下列各项指标中，反映企业营运能力的有（　　）。
    A. 存货周转率　　　　　　　　　　　　B. 应收账款周转率
    C. 已获利息倍数　　　　　　　　　　　D. 市盈率
    E. 现金比率

▽ 考点：盈利能力分析

13. ［多项选择题］下列财务分析指标中，属于反映企业盈利能力的有（　　）。
    A. 资产负债率
    B. 总资产周转率
    C. 资本保值增值率
    D. 净资产收益率
    E. 市盈率

14. ［单项选择题］已知2023年某企业实现营业收入2 000万元，发生营业成本1 200万元，缴纳增值税及其附加120万元。当年企业发生销售费用280万元，管理费用100万元，财务费用10万元，实现净利润232万元。则该企业2023年的营业利润率为（　　）。
    A. 34%
    B. 40%
    C. 14.5%
    D. 11.6%

15. ［单项选择题］某股票的开盘价为22.08元，收盘价为24元，每股收益为0.96元，则该股票的市盈率为（　　）。
    A. 22
    B. 25
    C. 21.4
    D. 1.92

16. ［单项选择题］某企业本年度的年平均资产总额为2 000万元，当年实现销售收入净额700万元，实现净利润112万元，当年平均资产负债率为60%，则该企业本年度的净资产收益率为（　　）。
    A. 5.6%
    B. 9.3%
    C. 16%
    D. 14%

17. ［多项选择题］下列财务分析指标中，用来分析企业盈利能力的有（　　）。
    A. 营业利润率
    B. 资本保值增值率
    C. 应收账款周转率
    D. 流动比率
    E. 市盈率

学习笔记

参考答案及解析

Day 41

1. ACD [解析] 财务报表分析的基本内容主要包括：①分析企业的偿债能力，分析企业权益的结构，评价企业归还债务的能力，估量企业对债务资金的利用程度；②评价企业资产的营运能力，分析企业资产的分布情况和周转使用情况，估量企业对资产的利用效率；③评价企业的盈利能力，分析企业利润目标的完成情况和不同年度盈利水平的变动情况，评价企业的发展能力，分析企业发展的方向和发展潜力。

2. ABD [解析] 财务报表分析常用的方法包括比率分析法（效率比率、相关比率和结构比率）、比较分析法和趋势分析法。

3. C [解析] 相关比率是以某个项目和与其相关但又不同的项目加以对比所得的比率，流动比率＝流动资产/流动负债，流动资产与流动负债是相关的。

● 考点再现

Q_{2-3} 比率分析法下常用的三种比率：

类别	含义	举例
相关比率	某个项目和与其有关但又不同的项目加以比较所得的相关数值的比率	流动资产与流动负债的比率，即流动比率
结构比率	某项目数值占各项目总和的比率，反映部分与总体的关系	存货与流动资产的比率；流动资产与全部资产的比率
效率比率	用以计算某项经济活动所费与所得的比率，反映投入与产出的关系。可以进行得失比较，考查经营成果，评价经济效益	主营业务利润率；净资产利润率、成本利润率

4. C [解析] 根据公式：流动比率＝流动资产/流动负债×100%；速动比率＝速动资产/流动负债×100%，现金比率＝现金/流动负债×100%，因为三个指标的分母相同，均为流动负债，分子分别是流动资产、速动资产和现金资产。速动资产＝流动资产－存货，现金资产＝现金及现金等价物，即流动资产＞速动资产＞现金资产，所以流动比率＞速动比率＞现金比率。

5. ACDE [解析] 偿债能力的分析指标包括流动比率、速动比率、现金比率、资产负债率、产权比率、已获利息倍数。

6. A [解析] 资产负债率用来衡量企业利用债权人提供资金进行经营活动的能力，反映债权人发放贷款的安全程度。流动比率是指企业流动资产与流动负债的比率，反映企业可在短期内转变为现金的流动资产偿还到期流动负债的能力。总资产周转率是企业营业收入净额与全部资产的平均余额的比率，反映企业全部资产的使用效率。资本收益率是企业净利润和实收资本的比率，反映企业资本的盈利能力。

7. B [解析] 流动比率＝流动资产/流动负债＝21 600/17 280＝1.25。

8. A [解析] B项对应"已获利息倍数"；C项对应"现金比率"；D项对应"资产负债率"。

9. D [解析] 一般认为，速动比率应维持在1∶1左右较为理想，D项错误。

10. ABC [解析] 过高的流动比率说明企业有较多的资金滞留在流动资产上未加以更好地运用，如出现存货超储积压、存在大量应收账款、拥有过分充裕的现金等，资金周转可能减慢，从而影响其盈利能力。A、B、C三项都会造成流动资产增加，在流动负债不变的情况，造成流动比率过高。

11. C [解析] 总资产周转率反映企业全部资产的使用效率。

12. AB [解析] 企业营运能力的指标包括应收账款周转率、存货周转率、流动资产周转率和总资产周转率。反映营运能力的指标需带"周转"二字。

13. CDE [解析] 企业盈利能力的指标包括营业利润率、营业净利润率、资本收益率、净资产收益率、资产净利润率、普通股每股收益、市盈率和资本保值增值率。

14. C [解析] 根据公式：营业利润率＝营业利润/营业收入×100%＝（2 000－1 200－120－280－100－10）/2 000×100%＝14.5%。

15. B [解析] 根据公式：市盈率＝普通股每股市场价格/普通股每股收益＝24/0.96＝25。

16. D [解析] 平均负债总额＝2 000×60%＝1 200（万元）；平均所有者权益＝2 000－1 200＝800（万元）；净资产收益率＝净利润/平均所有者权益×100%＝112/800×100%＝14%。

17. ABE [解析] 应收账款周转率反映营运能力；流动比率反映短期偿债能力。

本章学习检查表

知识点名称	初次学习		第一次复习		第二次复习	
	做对题目数/总题目数	学习日期	做对题目数/总题目数	复习日期	做对题目数/总题目数	复习日期
财务报表分析的意义和内容						
财务报表分析的方法						
偿债能力分析						
营运能力分析						
盈利能力分析						

填写建议：

"做对题目数/总题目数"记录针对该知识点自己做题的情况，比如该知识点总题目数为10题，做对了其中7题，记录为7/10。

"学习日期"记录自己学习该知识点时的日期，建议把下一次复习的日期也写上。

备忘录：

第三十二章 政府会计

 学习指导

本章知识点主要出自政府会计的概念、政府会计要素和政府会计报告三方面。近年来着重考查的知识点包括政府会计要素（政府预算会计要素和政府财务会计要素）、政府会计报告，需要重点关注。

时间	考点
Day 42	▶政府会计的概念 ▶政府会计要素 ▶政府会计报告

▶▶▶ Day 42

▼ **考点**：政府会计的概念

1. [单项选择题] 目前我国政府财务会计采用的会计确认和计量的基础是（　　）。
   A. 收付实现制 B. 实地盘存制
   C. 永续盘存制 D. 权责发生制

2. [多项选择题] 政府会计是用于（　　）政府会计主体财务收支活动及其受托责任履行情况的会计体系。
   A. 确认 B. 计量
   C. 记录 D. 分析
   E. 报告

▼ **考点**：政府会计要素

3. [单项选择题] 关于政府财务会计的"资产"要素的表述，错误的是（　　）。
   A. 政府会计主体过去的经济业务或者事项形成的经济资源
   B. 由政府会计主体控制的经济资源
   C. 预期能够产生服务潜力或者带来经济利益流入的经济资源
   D. 预期会导致经济资源流出政府会计主体的现时义务

4. [单项选择题] 下列各项中，属于政府财务会计"负债"项目的是（　　）。
   A. 公共基础设施 B. 应收及预付款
   C. 政府储备资产 D. 应付政府债券

5. [单项选择题] 报告期内导致政府会计主体净资产增加的、含有服务潜力或者经济利益的经济资源的流入称为（　　）。
   A. 收入 B. 费用 C. 净资产 D. 预算收入

6. [多项选择题] 下列关于政府会计主体净资产的表述，错误的有（　　）。

A. 净资产金额取决于资产和负债的计量

B. 政府会计主体资产扣除负债后的净额

C. 净资产增加时，其表现形式为资产增加或负债减少

D. 净资产项目应当列入收入费用表

E. 净资产减少时，其表现形式为资产增加或负债减少

▼ **考点：** 政府会计报告

7. [单项选择题] 反映政府会计主体某一特定日期的财务状况和某一会计期间的运行情况等信息的文件是（　　）。

A. 政府决算报告　　　　　　　　B. 政府财务报告

C. 资产负债表　　　　　　　　　D. 政府综合报告

8. [多项选择题] 政府财务报告包括（　　）。

A. 政府决算报告　　　　　　　　B. 政府综合财务报告

C. 政府部门财务报告　　　　　　D. 政府预算报告

E. 政府资产报告

9. [单项选择题] 政府综合财务报告是指（　　）。

A. 由政府编制的反映政府财政支出状况的报告

B. 政府各单位按规定编制的财务报告

C. 政府各部门按规定编制的财务报告

D. 由政府财政部门编制的，反映各级政府整体财务状况、运行情况和财政中长期可持续性的报告

✎ **学习笔记**

参考答案及解析

Day 42

1. D〔解析〕政府会计包括：①预算会计提供与政府预算执行有关的信息，实行收付实现制，国务院另有规定的，依照其规定；②财务会计提供与政府的财务状况、运行情况（含运行成本）和现金流量等有关信息，实行权责发生制。

2. ABCE〔解析〕政府会计是用于确认、计量、记录和报告政府会计主体财务收支活动及其受托责任履行情况的会计体系，是以货币为主要计量单位，对各政府会计主体财政资金的活动过程和结果进行全面、系统、连续地反映和监督，以确认、计量、记录政府管理国家公共事务和国家资源、国有资产的情况，报告政府公共财务资源管理的业绩及履行受托责任情况的专门会计。

3. D〔解析〕资产是指政府会计主体过去的经济业务或者事项形成的，由政府会计主体控制的，预期能够产生服务潜力或者带来经济利益流入的经济资源。

4. D〔解析〕负债是政府会计主体过去的经济业务或者事项形成的，预期会导致经济资源流出政府会计主体的现时义务，包括流动负债和非流动负债，本题中，应付政府债券属于非流动负债。公共基础设施、应收及预付款、政府储备资产均属于"资产"项目。

5. A〔解析〕政府财务会计收入是指报告期内导致政府会计主体净资产增加的、含有服务潜力或者经济利益的经济资源的流入。政府会计主体收入的增加将导致净资产增加，进而导致资产增加或负债减少（或二者兼而有之），并且最终导致政府会计主体经济利益的增加或服务潜力增强。预算收入是指政府会计主体在预算年度内依法取得并纳入预算管理的现金流入。

6. DE〔解析〕净资产项目应当列入资产负债表，D项错误；净资产减少时，其表现形式为资产减少或负债增加，E项错误。

7. B〔解析〕政府财务报告是反映政府会计主体某一特定日期的财务状况和某一会计期间的运行情况等信息的文件，包括政府综合财务报告和政府部门财务报告。政府决算报告是综合反映政府会计主体年度预算收支执行结果的文件。

8. BC〔解析〕政府会计主体应当编制政府决算报告和政府财务报告，其中政府财务报告包括政府综合财务报告和政府部门财务报告。

9. D〔解析〕政府综合财务报告是指由政府财政部门编制的，反映各级政府整体财务状况、运行情况和财政中长期可持续性的报告。

●考点再现

Q_{7-9} 政府会计报告的相关内容：

项目	具体内容
政府决算报告	综合反映政府会计主体年度预算收支执行结果的文件，包括政府决算报表、其他相关信息资料
政府财务报告	反映政府会计主体某一特定日期的财务状况和某一会计期间的运行情况等信息的文件
政府财务报告	包括政府综合财务报告、政府部门财务报告： (1) 政府综合财务报告由政府财政部门编制 (2) 政府部门财务报告由政府各部门、各单位按规定编制，包括财务报表和财务分析。财务报表包括会计报表和报表附注。其中会计报表至少应当包括资产负债表、收入费用表、当期盈余与预算结余差异表和净资产差异表

本章学习检查表

知识点名称	初次学习		第一次复习		第二次复习	
	做对题目数/总题目数	学习日期	做对题目数/总题目数	复习日期	做对题目数/总题目数	复习日期
政府会计的概念						
政府会计要素						
政府会计报告						

填写建议：

"做对题目数/总题目数"记录针对该知识点自己做题的情况，比如该知识点总题目数为10题，做对了其中7题，记录为7/10。

"学习日期"记录自己学习该知识点时的日期，建议把下一次复习的日期也写上。

本部分强化测试

扫码做题

备忘录：

第六部分 法律

第三十三章 法律对经济关系的调整

学习指导

本章知识点主要出自调整经济的法和经济法、调整社会主义市场经济的法律体系。其中经济法和调整经济的法的关系以及经济法的调整对象是本章考查的重点，需要重点掌握，历年考查分值在2分左右。

本章内容较少，应注意理解，分清"调整经济的法"和"经济法"的关系，掌握各法律的内容。

时间	考点
Day 43	➢法律对经济关系的调整阶段 ➢"经济法"和"调整经济的法"的关系 ➢调整社会主义市场经济的法律体系（民商法、经济法、其他法律部门） ➢营商环境的概念和优化营商环境的基本原则 ➢市场主体保护和市场环境 ➢政务服务 ➢监管执法和法治保障

Day 43

▽ **考点**：法律对经济关系的调整阶段

1. [单项选择题] 当代社会，法律对经济关系的调整模式是（　　）。

   A. 诸法不分，刑法、民法合一
   B. 民商法主导模式
   C. 行政法主导模式
   D. 民商法、经济法主导，环境法、劳动法、社会保障法等辅助模式

▽ **考点**："经济法"和"调整经济的法"的关系

2. [单项选择题] 关于"经济法"和"调整经济的法"的说法，错误的是（　　）。

   A. "经济法"是与行政法、刑法等部门法并列的一个法律部门
   B. 调整社会主义市场经济的法律体系包括民商法、经济法和劳动法、环境法等其他法律部门
   C. "调整经济的法"是一国所有调整经济关系的法律规范的总和

D. "调整经济的法"就是"经济法"

▽ **考点**：调整社会主义市场经济的法律体系（民商法、经济法、其他法律部门）

3. [单项选择题] 人类要进行物质资料的生产，首先要完成人与生产资料的结合。这种结合具体体现为财产的支配关系，在法律上就表现为（　　）。
   A. 物权法律制度和知识产权法律制度
   B. 所有权法律制度和支配权法律制度
   C. 民事责任法律制度和刑事责任法律制度
   D. 行政法律制度和经济法律制度

4. [多项选择题] 下列法律中，属于民商法部门的有（　　）。
   A. 产品质量法　　　B. 物权法　　　C. 合同法　　　D. 知识产权法
   E. 消费者权益保护法

5. [多项选择题] 市场管理关系是经济法的调整对象，具体包括（　　）。
   A. 经济协作关系　　　　　　　　　　B. 消费者权益保护关系
   C. 产品质量管理关系　　　　　　　　D. 合同法律关系
   E. 维护公平竞争关系

6. [多项选择题] 我国的其他法律部门包括（　　）。
   A. 合同法　　　B. 环境保护法　　　C. 社会保障法　　　D. 民商法
   E. 经济法

▽ **考点**：营商环境的概念和优化营商环境的基本原则

7. [单项选择题] 根据《优化营商环境条例》，属于优化营商环境应当秉持的基本原则的是（　　）。
   A. 加强政府对市场资源的直接配置　　B. 市场化、法治化、国际化
   C. 以政府需求为导向　　　　　　　　D. 强化政府对市场活动的干预

▽ **考点**：市场主体保护和市场环境

8. [多项选择题] 根据《优化营商环境条例》，国家坚持（　　），保障各种所有制经济平等受到法律保护。
   A. 权利平等　　　　　　　　　　　　B. 机会平等
   C. 规则平等　　　　　　　　　　　　D. 义务平等
   E. 使用权平等

▽ **考点**：政务服务

9. [多项选择题] 加快建设全国一体化在线政务服务平台的主要措施包括（　　）。
   A. 推动政务服务事项在全国范围内实现"一网通办"
   B. 促进政务服务跨地区、跨部门、跨层级数据共享和业务协同
   C. 增设政务服务事项的办理条件和环节
   D. 推动政务服务大厅与政务服务平台全面对接融合
   E. 建立电子证照共享服务系统

考点：监管执法和法治保障

10. ［单项选择题］国家根据优化营商环境需要，依法及时制定、修改、废止有关法律、法规、规章、行政规范性文件，除依法需要保密外，应当通过报纸、网络等向社会公开征求意见，其期限一般不少于（　　）。

    A. 半年　　　　　　　　　　　　　　B. 180 日
    C. 60 日　　　　　　　　　　　　　　D. 30 日

    ✎ 学习笔记

参考答案及解析

Day 43

1. D [解析] 当代社会，民法、商法和经济法共同对经济关系进行调整，同时社会保障法、环境保护法等也成为调整经济关系的辅助性法律部门。

2. D [解析] "经济法"是与民法、商法、行政法、刑法等部门法并列的一个法律部门，是现代法律体系的一个重要组成部分。"调整经济的法"是调整围绕社会物质财富的生产、交换、分配和消费过程所进行的各种经济关系的法律规范的总体，它既包括传统法律体系中的民法、商法，也包括近代产生的经济法，它既包括调整国内经济关系的法，也包括调整国际经济关系的国际私法和国际经济法，它是一国所有调整经济关系的规范的总和。"调整经济的法"包含了"经济法"，D项错误。

3. A [解析] 人对财产支配关系的调整，在法律上表现为物权法律制度和知识产权法律制度。

4. BCD [解析] 民商法包括物权法、知识产权法、合同法、公司法、票据法等。A、E两项产品质量法和消费者权益保护法属于经济法的内容。

5. BCE [解析] 市场管理关系包括：①维护公平竞争关系；②产品质量管理关系；③消费者权益保护关系。

6. BC [解析] 除了民商法和经济法外，调整社会主义市场经济的主要法律部门还包括社会保障法、环境保护法等。民商法、经济法属于基本法。

7. B [解析] 根据《优化营商环境条例》，优化营商环境应当秉持的基本原则之一是坚持市场化、法治化、国际化原则。《优化营商环境条例》要求最大限度减少政府对市场资源的直接配置和对市场活动的直接干预，A、D两项错误。《优化营商环境条例》要求以市场主体需求为导向，C项错误。

8. ABC [解析] 国家坚持权利平等、机会平等、规则平等，保障各种所有制经济平等受到法律保护。

9. ABDE [解析] 加快建设全国一体化在线政务服务平台，推动政务服务事项在全国范围内实现"一网通办"；推动政务信息系统整合，优化政务流程，促进政务服务跨地区、跨部门、跨层级数据共享和业务协同；建立电子证照共享服务系统，实现电子证照跨地区、跨部门共享和全国范围内互信互认；推动政务服务大厅与政务服务平台全面对接融合。C项"增设"与"整合、优化"相悖，不符合题意。

10. D [解析] 制定与市场主体生产经营活动密切相关的行政法规、规章、行政规范性文件，应当按照国务院的规定，充分听取市场主体、行业协会商会的意见；除依法需要保密外，应当通过报纸、网络等向社会公开征求意见，并建立健全意见采纳情况反馈机制。向社会公开征求意见的期限一般不少于30日。

本章学习检查表

知识点名称	初次学习		第一次复习		第二次复习	
	做对题目数/总题目数	学习日期	做对题目数/总题目数	复习日期	做对题目数/总题目数	复习日期
法律对经济关系的调整阶段						
"经济法"和"调整经济的法"的关系						
调整社会主义市场经济的法律体系（民商法、经济法、其他法律部门）						
营商环境的概念和优化营商环境的基本原则						
市场主体保护和市场环境						
政务服务						
监管执法和法治保障						

填写建议：

"做对题目数/总题目数"记录针对该知识点自己做题的情况，比如该知识点总题目数为10题，做对了其中7题，记录为7/10。

"学习日期"记录自己学习该知识点时的日期，建议把下一次复习的日期也写上。

备忘录：

第三十四章 物权法律制度

学习指导

本章知识点主要出自物权概述、所有权、用益物权以及担保物权。其中物权的概念和特征、所有权的取得与消灭、抵押权是本章考查的重点,近5年出题在4次左右,需要重点掌握。本章较为重要,历年考查分值在5分左右。

本章是法律部分比较重要的一章,考查的内容较为全面,要求对物权法种类的划分依据能够进行判断;所有权的取得和消灭要求能够熟悉掌握;近年来,抵押权也是考查较多的知识点。

时间	考点
Day 44	➤物权的概念和特征 ➤物权法的基本原则 ➤物权的种类 ➤所有权的概念和法律特征 ➤所有权的取得与消灭
Day 45	➤共有 ➤业主的建筑物区分所有权 ➤用益物权的概念和法律特征 ➤几种具体的用益物权 ➤担保物权的概念和法律特征 ➤几种主要的担保物权

▶▶▶ Day 44

▽ **考点**:物权的概念和特征

1. [单项选择题] 关于作为物权客体的"物"的说法,正确的是( )。
   A. 物权法上的"物"既可以是有体物,也可以是无体物
   B. 物权法上的"物"包括他人的身体
   C. 物权法上的"物"可以是行为
   D. 物权法上的"物"须是独立于人身之外的物

2. [单项选择题] 关于物权特征的说法,错误的是( )。
   A. 物权是绝对权
   B. 物权具有优先效力
   C. 物权具有追及效力
   D. 物权是请求权

3. [多项选择题] 关于物权与债权区别的说法,正确的有( )。
   A. 物权是支配权,债权是请求权
   B. 物权为绝对权,债权为相对权

C. 物权不允许当事人自由创设，债权不允许当事人自由确定

D. 物权具有优先效力与追及效力，债权只有追及效力

E. 同一标的物上存在着两个抵押权时，成立在先的抵押权优先于成立在后的抵押权

4. [单项选择题] 物权的权利主体是特定的，权利人之外的其他任何人都负有不得非法干涉和侵害权利人所享有的物权的义务。这说明物权是（　　）。

A. 绝对权　　　　　　　　　　　　B. 相对权

C. 对人权　　　　　　　　　　　　D. 支配权

▽ 考点：物权法的基本原则

5. [单项选择题] 根据《中华人民共和国物权法》，预告登记后，债权消灭或者自能够进行不动产登记之日起（　　）内未申请登记的，预告登记失效。

A. 3个月　　　　　　　　　　　　B. 1个月

C. 6个月　　　　　　　　　　　　D. 1年

6. [单项选择题] 不动产物权消灭时进行的登记称为（　　）。

A. 更正登记　　　　　　　　　　　B. 变更登记

C. 异议登记　　　　　　　　　　　D. 注销登记

7. [多项选择题] 物权法定原则的具体内容包括（　　）。

A. 物权种类法定化　　　　　　　　B. 物权客体使用方法法定化

C. 物权效力法定化　　　　　　　　D. 物权内容法定化

E. 物权的得丧变更法定化

8. [单项选择题] 下列原则中，不属于物权法基本原则的是（　　）。

A. 物权法定原则　　　　　　　　　B. 物权意定原则

C. 一物一权原则　　　　　　　　　D. 物权公示原则

9. [多项选择题] 根据不动产登记暂行条例的规定，纳入不动产统一登记范围的不动产物权包括（　　）。

A. 抵押权　　　　　　　　　　　　B. 质权

C. 建设用地使用权　　　　　　　　D. 地役权

E. 留置权

▽ 考点：物权的种类

10. [多项选择题] 下列物权中，属于从物权的有（　　）。

A. 所有权　　B. 抵押权　　C. 留置权　　D. 地役权

E. 质权

11. [多项选择题] 根据物权的权利人行使权利的范围不同，物权可以分为（　　）。

A. 自物权　　B. 用益物权　　C. 担保物权　　D. 他物权

E. 主物权

12. [多项选择题] 用益物权和担保物权的区别在于（　　）。

A. 设立的目的不同　　　　　　　　B. 权利的性质不同

C. 标的物不同　　　　　　　　　　D. 权利的主体不同

E. 标的价值形态发生变化对权利的影响不同

▼ 考点：所有权的概念和法律特征

13. [单项选择题] 所有权不允许任何人非法侵害，一物不容二主，这体现了所有权的（　　）特征。
    A. 弹力性　　　　B. 独占性　　　　C. 存续性　　　　D. 全面性

14. [单项选择题] 所有权的核心内容是（　　），它是拥有所有权的根本标志。
    A. 占有权　　　　B. 使用权　　　　C. 收益权　　　　D. 处分权

15. [多项选择题] 所有权的法律特征包括（　　）。
    A. 所有权的存续性
    B. 所有权的单一性
    C. 所有权的片面性
    D. 所有权的独占性
    E. 所有权的弹力性

▼ 考点：所有权的取得与消灭

16. [单项选择题] 甲在火车站丢失了一台电脑，乙拾得后放在家里，后被丙盗走。这台电脑属于（　　）。
    A. 甲所有
    B. 丙所有
    C. 乙所有
    D. 无主物

17. [单项选择题] 所有权的消灭包括绝对消灭和相对消灭，下列情形中，属于所有权绝对消灭的是（　　）。
    A. 甲的汽车在其死后被其子继承
    B. 乙的珍珠项链遗失
    C. 丙将其房屋变卖
    D. 丁的一幅古代字画被焚毁

18. [单项选择题] 下列财产中，可以适用善意取得制度的是（　　）。
    A. 黄金
    B. 不记名证券
    C. 枪支弹药
    D. 麻醉品

19. [多项选择题] 关于孳息的表述，错误的有（　　）。
    A. 在一物之上设定了用益物权的，该物产生的天然孳息，除当事人另有约定外，由所有权人取得
    B. 法定孳息有约定的，按约定取得
    C. 法定孳息没有约定或约定不明确的，由所有权人取得
    D. 存款取得的利息是天然孳息
    E. 法定孳息没有约定或约定不明确的，按交易习惯取得

✎ 学习笔记

Day 45

▽ **考点**：共有

1. [单项选择题] 甲、乙、丙、丁按份共有一房屋，甲占该房屋70%份额。现甲欲将该房作抵押向银行贷款500万元，如各共有人事先对此未做约定，则甲的抵押行为（ ）。
   A. 须经乙、丙、丁一致同意
   B. 须经乙、丙、丁中的两人同意
   C. 须经乙、丙、丁中份额最大的一人同意
   D. 无须经乙、丙、丁同意

2. [单项选择题] 处分按份共有的不动产，除共有人之间另有约定外，至少需要占份额（ ）以上按份共有人的同意。
   A. 二分之一   B. 三分之一
   C. 四分之三   D. 三分之二

▽ **考点**：业主的建筑物区分所有权

3. [多项选择题] 根据物权法律制度的规定，下列关于建筑物区分所有权的表述，正确的有（ ）。
   A. 业主对于专有部分的占有、使用、收益和处分，不得损害其他业主的合法权益
   B. 业主将住宅改变为经营性用房的，除遵守法律、法规以及管理规约外，应当经业主委员会同意
   C. 业主对共有部分享有的共有和共同管理的权利随着对专有部分所有权的转让而一并转让
   D. 业主若放弃共有部分的权利，也可不履行其共有义务
   E. 建筑物区分所有权是由专有权和共有权两方面构成

▽ **考点**：用益物权的概念和法律特征

4. [多项选择题] 下列关于用益物权的表述，正确的有（ ）。
   A. 用益物权人对他人所有的不动产或者动产，依法享有占有、使用和收益的权利
   B. 设立建设用地使用权可以采取出让或者划拨等方式
   C. 宅基地的使用权人因为对宅基地的占有和使用而取得宅基地的所有权
   D. 地役权是按照合同设立的
   E. 承包经营合同是确认土地承包经营权的主要依据

5. [多项选择题] 下列关于用益物权的表述，错误的有（ ）。
   A. 用益物权是具有独立性的自物权
   B. 用益物权是限制物权
   C. 设置用益物权的目的在于对他人之物的使用和收益
   D. 用益物权的标的物主要是动产
   E. 用益物权多以不动产尤其是土地为使用收益的对象

232

> 考点：几种具体的用益物权

6. [单项选择题] 为方便自家农田的灌溉，甲与乙达成书面协议，甲在乙的土地上开挖一条新排水渠并支付乙一定的费用。甲因此协议享有的权利属于（　　）。
A. 土地使用权
B. 相邻权
C. 地役权
D. 土地承包经营权

题目讲解

7. [单项选择题] 在我国，确认土地承包经营权的主要依据是（　　）。
A. 国家法律的规定
B. 集体经济组织的规定
C. 国家土地政策
D. 土地承包合同

8. [多项选择题] 下列权利中，属于用益物权的有（　　）。
A. 地役权
B. 宅基地使用权
C. 土地承包经营权
D. 留置权
E. 抵押权

9. [多项选择题] 关于居住权的说法，正确的有（　　）。
A. 居住权自登记时设立
B. 设立居住权，可以根据遗嘱或者遗赠，也可以按照合同约定
C. 居住权属于用益物权
D. 居住权不得继承
E. 居住权可以转让

> 考点：担保物权的概念和法律特征

10. [单项选择题] 担保期间，担保财产毁损、灭失的，担保物权人可以就获得的赔偿金优先受偿，这体现了担保物权的（　　）特征。
A. 物上代位性
B. 价值权性
C. 从属性
D. 不可分性

11. [多项选择题] 担保物权的法律特征有（　　）。
A. 价值权性
B. 从属性
C. 物上代位性
D. 可分性
E. 法定性

> 考点：几种主要的担保物权

12. [单项选择题] 以土地使用权为抵押标的设立的抵押，其抵押合同（　　）。
A. 自合同订立时生效
B. 无效
C. 自办理抵押登记时生效
D. 自土地管理部门批准后生效

13. [单项选择题] 下列权利凭证中，不可以质押的是（　　）。
A. 汇票
B. 仓单
C. 不动产权属证书
D. 债券

14. [多项选择题] 根据《中华人民共和国物权法》的规定，债务人或者第三人有权处分的（　　）可以抵押。
A. 建筑物
B. 正在建造的建筑物

C. 生产设备 D. 建设用地使用权
E. 土地所有权

15. [单项选择题] 关于抵押的说法，错误的是（　　）。
    A. 当事人应当采取书面形式订立抵押合同
    B. 在同一抵押物上先成立的抵押权优先于后成立的抵押权
    C. 所有的抵押都必须办理抵押登记才能产生法律效力
    D. 抵押财产必须是可以转让的

16. [多项选择题] 下列可以作为质物的有（　　）。
    A. 土地 B. 房屋
    C. 票据 D. 财产保险单
    E. 提单

17. [多项选择题] 关于担保物权的表述，正确的有（　　）。
    A. 质权的设定必须转移占有
    B. 质权的标的主要为不动产或权利
    C. 抵押权的发生不以占有抵押物为要件
    D. 以建筑物抵押的，该建筑物占用范围内的建设用地使用权一并抵押
    E. 留置权是一种法定的担保物权

✎ 学习笔记

参考答案及解析

Day 44

1. D [解析] 物权的客体一般为物。物权的客体是特定物、有体物、独立物、独立于人身之外的物,作为物权客体的物必须是独立物和有体物,而不可能是行为。A、C两项错误。人的身体不可成为物权的客体。B项错误。

2. D [解析] 物权是绝对权、支配权,A项正确、D项错误;物权具有追及效力和优先效力,B、C两项正确。

3. ABE [解析] 物权是支配权、绝对权,债权是请求权、相对权。A、B两项正确。物权的种类和基本内容由法律规定,不允许当事人自由创设物权种类;当事人只要不违反法律的禁止性规定和公共道德,就可以根据其意思设定债权,还可依法自己决定债的内容和具体形式。C项错误。物权具有优先效力与追及效力,债权原则上不具有追及效力。D项错误。同一标的物上存在着两个或两个以上内容或性质相同的物权时,成立在先的物权优先于成立在后的物权。E项正确。

4. A [解析] 物权是绝对权,即物权的义务主体为权利人以外的不特定的一切人。物权的权利主体是特定的,其他任何人都负有不得非法干涉和侵害权利人所享有的物权的义务。

5. A [解析] 预告登记后,债权消灭或者自能够进行不动产登记之日起3个月内未申请登记的,预告登记失效。

6. D [解析] 本题根据关键字"消灭"即可选择注销登记。

7. ACDE [解析] 物权法定原则是指物权的种类、内容、效力、得丧变更及其保护的方法均源自法律的直接规定,当事人不得自由地创设,包括物权种类法定化、物权内容法定化、物权效力法定化、物权的得丧变更法定化、物权保护方法法定化。

8. B [解析] 物权法的基本原则主要包括物权法定原则、一物一权原则和物权公示原则。

9. ACD [解析] 纳入不动产统一登记的范围包括:①集体土地所有权;②房屋等建筑物、构筑物所有权;③森林、林木所有权;④耕地、林地、草地等土地承包经营权;⑤建设用地使用权;⑥宅基地使用权;⑦海域使用权;⑧地役权;⑨抵押权;⑩法律规定需要登记的其他不动产权利。

10. BCDE [解析] 从物权包括所有的担保物权(抵押权、质权、留置权)和用益物权中的地役权。

11. AD [解析] 按照物权的权利人行使权利的范围不同,物权可分为自物权和他物权。自物权是权利人对自己所有的标的物依法进行全面支配的物权。他物权是权利人在他人所有的标的物上享有的被限定于某一特定方面或某一特定期间的物权。

12. ABCE [解析] 用益物权和担保物权的区别在于:①设立目的不同;②权利的性质不同;③标的物不同;④标的物价值形态变化后对权利的影响不同。

● 考点再现

Q_{12} 用益物权和担保物权的区别：

区别	用益物权	担保物权
设立目的	实现物的使用价值	以物的交换价值担保债权的实现
权利的性质	多为独立性的主权利	是从权利，以债权的存在为前提
标的物	主要为不动产	为不动产或动产
标的价值形态的变化	会对权利人的使用收益权产生影响，甚至导致权利的消灭	并不影响担保物权以变化后的物为标的而继续存在，即担保物权具有物上代位性

13. B [解析] 所有权的特征包括独占性、全面性、单一性、存续性和弹力性。其中独占性是指所有人对其财产享有的所有权，可依法排斥他人的非法干涉，不允许其他任何人加以妨碍或侵害。"一物不容二主"强调了所有权的独占性。

14. D [解析] 所有权包括占有权、使用权、收益权和处分权四项权能。处分权是所有权内容的核心，是拥有所有权的根本标志。

15. ABDE [解析] 所有权的法律特征包括独占性、全面性、单一性、存续性和弹力性。

16. A [解析] 乙拾得电脑放在家里属于非法占有遗失物，被丙盗走，不适用于善意取得，电脑的所有权依然属于甲所有。

17. D [解析] 所有权绝对消灭是因所有权客体的原因而消灭，如标的物毁损或灭失导致原物权的终止。本题中 D 项属于标的物毁损，属于所有权的绝对消灭。

18. B [解析] 禁止或限制流通物不适用善意取得制度，例如，枪支弹药、黄金、麻醉品等。货币和不记名证券适用善意取得制度。

19. ACD [解析] 一物之上既有所有权人，又有用益物权人的，因该物产生的天然孳息由用益物权人取得。当事人另有约定的，按照约定。A 项错误。法定孳息按约定取得；没有约定或约定不明确的，按交易习惯取得。B、E 两项正确，C 项错误。法定孳息是因法律关系所获得的收益，如存款取得的利息、出租人根据租赁合同收取的租金。D 项错误。

Day 45

1. D [解析]《物权法》规定，处分按份共有的不动产或者动产以及对共有的不动产或者动产作重大修缮的，应当经占份额三分之二以上的按份共有人同意，但共有人之间另有约定的除外。本题中共有人事先对房屋抵押行为未做约定，甲占 70% 的房屋份额，超过了房屋份额的 2/3，所以甲的抵押行为无须经过乙、丙、丁的同意。

2. D [解析] 处分按份共有的不动产或者动产以及对共有的不动产或者动产作重大修缮的，应当经占份额三分之二以上的按份共有人同意，但共有人之间另有约定的除外。

考点再现

Q_{1-2} 按份共有和共同共有的区别：

区别	按份共有	共同共有
成立的原因不同	不需以共同关系为前提	以共同关系为前提
享有的权利不同	共有人对应有部分享有所有权	共有人的权利及于共有物的全部
对共有物的管理不同	占份额2/3以上共有人同意	全体共有人同意
对第三人行使权利不同	基于共有人的应有部分	全体共有人同意
分割共有物的限制不同	除不能分割或有约定的外，可随时请求分割	共有关系存续期间，不得请求分割

3. ACE [解析] 业主将住宅改变为经营性用房的，除遵守法律、法规以及管理规约外，应当经有利害关系的业主同意，B项错误；对于共有部分，《物权法》规定，业主不得以放弃权利为由不履行义务，D项错误。

4. ABDE [解析] 宅基地使用权人因为对宅基地的占有和使用而取得宅基地的使用权，C项错误。

5. AD [解析] 用益物权的特征如下：①用益物权是具有独立性的他物权（A项错误）；②用益物权是限制物权（B项正确）；③用益物权具有使用的目的（C项正确）；④用益物权的标的物主要是不动产，多以不动产尤其是土地作为使用收益的对象（D项错误、E项正确）。

6. C [解析] 地役权是利用他人不动产来提高自己不动产效益的权利。本题中甲通过支付费用利用乙的土地提高自己农田的效益，甲因此取得了地役权。

7. D [解析] 土地承包经营权是指由公民或集体组织在国家所有或集体所有的土地上从事生产活动，依照承包合同的规定而享有的占有、使用和收益的权利。承包经营合同是确认土地承包经营权的主要依据。

8. ABC [解析] 用益物权包括土地承包经营权、建设用地使用权、宅基地使用权、海域使用权、居住权、地役权、国家集体自然资源使用权、典权、探矿权、采矿权、取水权、渔业养殖捕捞权等。

9. ABCD [解析] 居住权是用益物权的一种，指对他人所有的住房及其附属设施占有使用的权利。设立居住权，可以根据遗嘱或者遗赠，也可以按照合同约定。居住权自登记时设立。居住权不得转让、继承。

10. A [解析] 担保物权具有物上代位性，即担保标的物变化为其他的价值形态时，担保物权所具有的支配效力及于变形物或者代替物。担保物因毁损灭失所获得的赔偿金成为担保物的代替物，担保物权人可就该代替物行使担保物权。

11. ABCE [解析] 担保物权的特征包括：①担保物权具有价值权性；②担保物权具有法定性；③担保物权具有从属性；④担保物权具有不可分性；⑤担保物权具有物上代位性。

12. C [解析] 根据规定，以建筑物和其他土地附着物，建设用地使用权，以及以招标、拍卖、公开协商等方式取得的荒地等土地承包经营权，或者以正在建造的建筑物抵押的，抵押权自登记时设立。

13. C [解析] 质押的标的包括动产和权利，不动产不可以质押。

14. ABCD [解析] 债务人或者第三人有权处分的下列财产可以作为抵押权的标的：①建筑物和其他土地附着物；②建设用地使用权；③以招标、拍卖、公开协商等方式取得荒地等土地承包经营权；④生产设备、原材料、半成品、产品；⑤正在建造的建筑物、船舶、航空器；⑥交通运输工具；⑦法律、行政法规未禁止抵押的其他财产。

15. C [解析] 以建筑物和其他土地附着物，建设用地使用权，以招标、拍卖、公开协商等方式取得的荒地等土地承包经营权，或者以正在建造的建筑物抵押的，必须办理抵押登记才能产生法律效力，其他抵押财产不需要办理抵押登记。C项错误。

16. CE [解析] 根据《中华人民共和国物权法》规定，下列权利可以质押：①汇票、支票、本票；②债券、存款单；③仓单、提单；④可以转让的基金份额、股权；⑤可以转让的注册商标专用权、专利权、著作权等知识产权中的财产权；⑥应收账款；⑦法律、行政法规规定可以出质的其他财产权利。

17. ACDE [解析] 质权的标的主要为动产或权利，不包括不动产，B项错误。

本章学习检查表

知识点名称	初次学习		第一次复习		第二次复习	
	做对题目数/总题目数	学习日期	做对题目数/总题目数	复习日期	做对题目数/总题目数	复习日期
物权的概念和特征						
物权法的基本原则						
物权的种类						
所有权的概念和法律特征						
所有权的取得与消灭						
共有						
业主的建筑物区分所有权						
用益物权的概念和法律特征						
几种具体的用益物权						
担保物权的概念和法律特征						
几种主要的担保物权						

填写建议：

"做对题目数/总题目数"记录针对该知识点自己做题的情况，比如该知识点总题目数为10题，做对了其中7题，记录为7/10。

"学习日期"记录自己学习该知识点时的日期，建议把下一次复习的日期也写上。

备忘录：

第三十五章 合同法律制度

学习指导

本章知识点主要出自合同概述，合同的效力，合同的订立、履行和终止，合同的担保和保全，合同的转让、变更和解除，违约责任。其中合同的履行是高频考点，近5年出题在4次左右。本章考试中涉及知识点较多，需要重点掌握，历年考查分值在7分左右。

本章内容较多，考查较细，可结合生活中的实例选出对应的知识点进行理解学习。

时间	考点
Day 46	➢合同的特征 ➢合同的分类 ➢效力存在瑕疵的合同 ➢合同的订立、履行及终止
Day 47	➢合同的担保 ➢合同的保全 ➢合同的转让 ➢合同的变更 ➢合同的解除 ➢违约责任的概念及构成要件 ➢承担违约责任的方式 ➢违约的免责事由

Day 46

▽ **考点**：合同的特征

1. [多项选择题] 下列协议中，适用《民法典·合同编》的有（　　）。

    A. 戊与乙签订的收养协议

    B. 乙与丙签订的监护责任协议

    C. 甲与戊企业签订的企业承包协议

    D. 甲与乙签订的房屋买卖协议

    E. 丙与其所在的集体经济组织签订的联产承包协议

2. [单项选择题] 关于合同的法律特征的表述，错误的是（　　）。

    A. 合同当事人的法律地位平等

    B. 合同是一种合意行为，是在自愿的基础上平等协商的结果

    C. 合同是双方或多方的民事法律行为

    D. 民事合同实际就是民事财产关系中的债权债务关系和有关身份关系的协议

▽ 考点：合同的分类

3. [多项选择题] 合同可分为诺成合同和实践合同。下列合同中，属于实践合同的有（　　）。
A. 借用合同
B. 保管合同
C. 租赁合同
D. 买卖合同
E. 定金合同

4. [多项选择题] 下列合同中，属于诺成合同的有（　　）。
A. 保管合同
B. 委托合同
C. 借用合同
D. 赠与合同
E. 买卖合同

▽ 考点：效力存在瑕疵的合同

5. [单项选择题] 张三与考上重点中学的12岁外甥小明约定，将一部全新的华为手机赠与小明，下列关于张三与小明之间赠与合同效力的表述中，符合合同法律制度规定的是（　　）。
A. 合同效力待定，因为张三可以随时撤销赠与
B. 合同无效，因为小明为限制民事行为能力人
C. 合同有效，因为限制民事行为能力人小明可以签订纯获利益的合同
D. 合同效力待定，小明的法定代理人有权在1个月内追认

6. [单项选择题] 13周岁的学生在文具店花30元钱购买了一支钢笔，商店附赠给其价值3元钱的墨水一瓶。关于该学生购买钢笔及获赠墨水行为的表述，正确的是（　　）。
A. 购买钢笔和获赠墨水的行为均有效
B. 购买钢笔和获赠墨水的行为均无效
C. 购买钢笔的行为无效，但获赠墨水的行为有效
D. 购买钢笔的行为有效，但获赠墨水的行为无效

7. [单项选择题] 下列合同中，属于无效合同的是（　　）。
A. 小李将自己100元购买的高仿宋朝瓷器以古董卖给小王，价款100 000元
B. 7岁的小兵将其名牌手表赠送给同班同学小明
C. 10岁的小明与电脑店老板签订购买价值1万元电脑的买卖合同
D. 甲公司的辞职员工老张持甲公司的空白合同订购了一批手机

8. [多项选择题] 下列关于可撤销合同的说法，错误的有（　　）。
A. 被撤销的合同自始没有法律约束力
B. 重大误解的当事人自知道或者应当知道撤销事由之日起1年内没有行使撤销权的，撤销权消灭
C. 当事人受胁迫，自胁迫行为终止之日起1年内没有行使撤销权，撤销权消灭
D. 可撤销的合同在合同撤销前就是无效的
E. 当事人自民事法律行为发生之日起3年内没有行使撤销权的，撤销权消灭

▽ 考点：合同的订立、履行及终止

9. ［单项选择题］甲商场向乙企业发出采购100台冰箱的邀约，乙企业于5月5日寄出承诺信件，5月8日信件寄至甲商场。适逢其总经理外出，5月9日总经理知悉了该信内容，遂于5月10日电传告知乙企业收到承诺。该承诺的生效时间是（　　）。

A. 5月9日
B. 5月5日
C. 5月10日
D. 5月8日

10. ［单项选择题］甲公司向乙公司发出以3 000元每台的单价购买100台电脑的要约，乙公司回复"同意出售100台电脑，但单价为每台3 100元"，此行为属于（　　）。

A. 新要约
B. 部分无效承诺
C. 要约邀请
D. 有效承诺

11. ［单项选择题］乙公司向甲公司发出要约，随后立即又发出一份"要约作废"的函件。甲公司的董事长助理收到乙公司"要约作废"的函件后，忘了交给已经看到了要约函件的董事长。第三天甲公司董事长发函给乙公司，提出只要将交货日期推迟两个星期，其他条件都可以接受。后甲、乙公司未能缔约，双方缔约未成功的法律原因是（　　）。

A. 乙公司的要约已被撤销
B. 乙公司的要约已被撤回
C. 甲公司对要约作了实质性改变
D. 甲公司承诺超过了有效期间

12. ［多项选择题］关于要约的说法，错误的有（　　）。

A. 要约到达受要约人时生效
B. 要约是以订立合同为目的的意思表示
C. 要约的内容必须具体确定
D. 要约可以撤回但不能撤销
E. 受要约人必须是特定的

13. ［单项选择题］甲与乙在合同中并未明确约定履行合同的先后顺序，后甲拒不履行义务，但要求乙履行其义务，根据《民法典》，乙此时可主张（　　）。

A. 同时履行抗辩权
B. 先履行抗辩权
C. 法定解除权
D. 不安抗辩权

14. ［单项选择题］甲公司与乙公司签订买卖合同，约定由甲公司在签约后一个月内支付货款，乙公司在甲支付货款后再交付货物。甲公司支付货款前3天，发现乙公司因一批货物存在严重不良隐患被曝光，因此甲公司可以实施（　　）。

A. 同时履行抗辩权
B. 不安抗辩权
C. 先履行抗辩权
D. 先诉抗辩权

15. ［单项选择题］秦某与李某签订一份货物买卖合同，秦某为卖方，住在甲市；李某为买方，住在乙市。双方对履行地点没有约定，且不能通过交易习惯、合同性质确定，双方也未能达成补充协议。关于该合同履行地点的说法，正确的是（　　）。

A. 交付货币应在甲市，交付货物应在乙市
B. 交付货物应在甲市，交付货币应在乙市
C. 交付货币和货物均在甲市

D. 交付货币和货物均在乙市

16. [多项选择题] 合同履行的基本原则包括（　　）。
    A. 合理性原则
    B. 全面履行原则
    C. 合法性原则
    D. 绿色原则
    E. 诚实守信原则

17. [单项选择题] 甲向乙借了 300 元，同时甲又为乙修好了笔记本电脑，修理费恰好是 300 元。则甲、乙之间的债权债务可以（　　）。
    A. 提存
    B. 抵销
    C. 混同
    D. 免除

18. [单项选择题] 关于免除的说法，错误的是（　　）。
    A. 免除可导致合同关系消灭
    B. 免除须取得债务人同意
    C. 免除可以是部分免除，也可以是全部免除
    D. 免除是债权人放弃债权的行为

19. [单项选择题] 合同终止最正常、最主要的形式是（　　）。
    A. 提存
    B. 抵销
    C. 混同
    D. 合同履行

✎ 学习笔记

Day 47

▼ 考点：合同的担保

1. [多项选择题] 甲公司与乙公司签订了一份汽车买卖合同，合同标的总价款为 1 000 万元。关于定金的收取，甲公司提出了几个不同数额的收取方案，根据《中华人民共和国担保法》，下列甲公司提出的定金数额中，符合法律规定的有（　　）。
   A. 310 万元　　　　B. 120 万元　　　　C. 450 万元　　　　D. 180 万元
   E. 200 万元

2. [单项选择题] 根据《民法典》，保证合同当事人对保证方式没有约定或者约定不明确时，保证人（　　）承担保证责任。
   A. 不用　　　　B. 按照连带保证　　　　C. 按照一般保证　　　　D. 自愿

3. [多项选择题] 甲、乙两企业欲为双方订立的合同设立担保，可以选用（　　）的法定担保形式。
   A. 抵押　　　　B. 质押　　　　C. 扣押　　　　D. 提存
   E. 保证

▼ 考点：合同的保全

4. [单项选择题] 关于债权人代位权的说法，正确的是（　　）。
   A. 债权人代位权的行使必须通过诉讼程序，而且代位权范围以其债权为限
   B. 债权人必须以债务人的名义行使代位权
   C. 债权人代位权的行使必须取得债务人的同意
   D. 代位权行使的费用必须由债权人自己承担

5. [单项选择题] 关于债权人的撤销权的说法，错误的是（　　）。
   A. 债权人的撤销权由债权人以债务人的名义通过诉讼行使
   B. 债权人行使撤销权的必要费用由债务人负担
   C. 法院认定撤销权成立的，债务人处分财产的行为自始无效
   D. 债务人处分财产的行为危害到了债权的实现

▼ 考点：合同的转让

6. [单项选择题] 关于合同转让的说法，正确的是（　　）。
   A. 债权转让应取得债务人的同意才有效
   B. 债权转让和债务转移均应取得合同相对方的同意才有效
   C. 债务转移应取得债权人的同意才有效
   D. 债权转让和债务转移只要通知了合同相对方就发生效力

7. [单项选择题] 甲、乙公司签订了一份货物买卖合同，后来乙公司和丙公司协商一致，将乙公司的部分供货义务转移给丙公司，则乙公司（　　）。
   A. 应通知甲公司
   B. 无需通知任何公司
   C. 应通知丙公司，由丙公司通知甲公司
   D. 应当经甲公司同意

▼ 考点：合同的变更

8. [多项选择题] 关于合同变更的法律要件的说法，正确的有（　　）。
   A. 合同变更的对象是已经依法成立的合同

B. 合同的变更包括合同内容和主体的变更

C. 合同变更的具体内容可以由合同当事人自由协商确定，法律不加以限制

D. 合同的变更必须由法律的规定直接发生法律效力，不能由当事人协商确定而发生法律效力

E. 当事人对合同变更的内容约定不明确的，推定为未变更

▼ 考点：合同的解除

9. [单项选择题] 下列选项中，不属于劳动合同选择性条款的是（　　）。

 A. 福利待遇　　　　　　B. 劳动报酬　　　　　　C. 补充保险　　　　　　D. 试用期

10. [单项选择题] 关于合同解除权的说法，错误的是（　　）。

 A. 基于解除权，解除合同需要经过对方当事人的同意

 B. 解除权是一种形成权

 C. 约定解除和协议解除的法律性质不同

 D. 解除权的形式是一种单方法律行为

▼ 考点：违约责任的概念及构成要件

11. [单项选择题] 甲与乙签订了一份电脑买卖合同，甲为卖方，乙为买方。合同约定：甲将电脑发货给丙，因为乙与丙也签订了一份电脑买卖合同，乙为卖方，丙为买方。现因为甲发给丙的电脑存在质量问题，引发纠纷。丙应向（　　）追究违约责任。

 A. 乙　　　　　　　　　　　　　　　B. 甲或乙

 C. 甲　　　　　　　　　　　　　　　D. 甲和乙

12. [单项选择题] 甲公司与乙公司签订了一份供货合同约定，乙公司向甲公司提供一批机器设备，由乙公司指定其子公司丙公司直接向甲公司的子公司丁公司供货，但是丙公司未能在合同约定的期限内向丁公司提供货物。关于此供货合同违约责任的说法，正确的是（　　）。

 A. 丙公司应当向甲公司承担违约责任　　　　B. 乙公司应当向丁公司承担违约责任

 C. 乙公司应当向甲公司承担违约责任　　　　D. 丙公司应当向乙公司承担违约责任

▼ 考点：承担违约责任的方式

13. [单项选择题] 根据《中华人民共和国合同法》，违约责任的承担方式不包括（　　）。

 A. 继续履行　　　　　　　　　　　　B. 支付违约金

 C. 赔礼道歉　　　　　　　　　　　　D. 违约损害赔偿

▼ 考点：违约的免责事由

14. [多项选择题] 关于违约免责事由的说法，正确的有（　　）。

 A. 不可抗力是指不能预见、不能避免和不能克服的客观情况，且不包括第三人的行为

 B. 如果当事人违约在先，之后即使发生不可抗力，也可以免除其全部违约责任

 C. 如果受害人对损失扩大存在过错，违约方可以不赔偿该扩大部分的损失

 D. 合同中所有的免责条款在法律上都是有效的，体现了合同自由原则

 E. 因故意或重大过失造成对方财产损失的免责条款无效

✎ 学习笔记

参考答案及解析

Day 46

1. CDE [解析]《民法典·合同编》上的合同所涉及的权利、义务都是民事性质的,非民事性质的行政关系中的权利、义务不属于民事合同的内容。同时,有关身份关系的协议,如婚姻、收养、监护等,也不由《民法典·合同编》调整。

2. D [解析] 非民事性质的行政关系中的权利、义务不属民事合同的内容。同时,有关身份关系的协议,如婚姻、收养、监护等,也不由合同法调整,民事合同的内容实际就是民事财产关系中的债权债务关系,D项错误。

3. ABE [解析] 实践合同是指除了需要当事人双方意思表示一致,还需要一方当事人实际交付标的物才能成立的合同,如保管合同、借用合同、定金合同。

4. BDE [解析] 借用合同、保管合同、定金合同属于实践合同。

5. C [解析] 限制民事行为能力人订立的合同,经法定代理人追认后,该合同有效,但纯获利益的合同或者与其年龄、智力、精神健康状况相适应而订立的合同,不必经法定代理人追认。本题中小明虽然属于限制民事行为能力人,但订立的赠与合同属于纯获利益的合同。

6. A [解析] 限制民事行为能力人订立的合同,经法定代理人追认后,该合同有效,但纯获利益的合同或者与其年龄、智力、精神健康状况相适应而订立的合同,不必经法定代理人追认。本题中13周岁的学生属于限制民事行为能力人,其购买文具的行为有效,其获赠的墨水属于纯获利益的行为,也是有效的。A项正确。

7. B [解析] 7岁的小兵属于无民事行为能力人,其订立的合同是无效合同,B项正确。A项属于可撤销的合同;C、D两项属于效力待定的合同。

8. BDE [解析] 撤销权消灭的情形包括:①当事人自知道或者应当知道撤销事由之日起1年内、重大误解的当事人自知道或者应当知道撤销事由之日起3个月内没有行使撤销权(B项错误);②当事人受胁迫,自胁迫行为终止之日起1年内没有行使撤销权;③当事人知道撤销事由后明确表示或者以自己的行为表明放弃撤销权;④当事人自民事法律行为发生之日起5年内没有行使撤销权的,撤销权消灭(E项错误)。合同在被撤销之前均为有效合同,D项错误。

9. D [解析] 承诺通知到达要约人,承诺生效。故该承诺生效时间为5月8日。

10. A [解析] 根据规定,受要约人对要约内容做出实质性变更的为新要约。本题中乙公司将价格改为3 100元,即对要约内容做出了实质性的变更,属于新要约。

11. A [解析] 在要约到达受要约人后、受要约人作出承诺之前,要约人有权撤销要约,题中乙公司的撤销要约的通知是在甲公司收到要约后、作出承诺前做出的,产生撤销要约的效力。

12. DE [解析] 要约到达受要约人时生效。要约人在发出要约后,如果认为该要约的内容与自己的利益不符,在不给相对人造成损害的前提下,可以撤回已经发出的要约。撤回要约的通知应当在要约到达受要约人之前或者要约同时到达受要约人。如果撤回的通知后于要约到达受要约人的，不发生撤回的效力。在要约生效后，受要约人尚未发出承诺通知之前，要约人可以要求撤销该要约。D项错误。在有些情况下，受要约人也可以是不特定的，如商店中标明价格的商品销售等。E项错误。

● 考点再现

$Q_{9\text{-}12}$ 要约和承诺的区别：

区别	要约	承诺
生效要件	(1) 必须是特定人的意思表示 (2) 是以订立合同为目的的意思表示 (3) 是向要约人希望与其缔结合同的相对人发出的意思表示 (4) 内容必须具体确定	(1) 只能由受要约人向要约人作出 (2) 必须在有效期限内作出 (3) 内容必须与要约的内容一致。这是承诺最实质性的要件
生效时间	要约到达受要约人时生效	承诺通知到达要约人时生效
撤回、撤销	撤回要约的通知应当在要约到达受要约人之前或者与要约同时到达受要约人 在要约生效后，受要约人尚未发出承诺通知之前，要约人可以要求撤销该要约	受要约人发出承诺后，承诺生效前，可以撤回所发出的承诺，取消其效力

13. A ［解析］同时履行抗辩权强调"没有先后履行顺序，应当同时履行"，一方在对方履行之前有权拒绝其履行要求。A项正确。

14. B ［解析］不安抗辩权是指在双务合同中有先给付义务的当事人在有证据证明后给付人具有丧失或者可能丧失履行债务能力的情况时，可以中止自己先给付义务的履行。本题中，甲为先履行义务一方，乙公司为后履行义务一方，甲公司可以行使不安抗辩权。本题符合"有证据""中止自己先给付义务的履行"的条件，故属于不安抗辩权的行使。A项，同时履行抗辩权是当事人互负债务，没有先后履行顺序的，不符合题意。C项，先履行抗辩权是后履行一方有权拒绝其履行要求，不符合题意。D项不属于教材涉及范围，属于干扰项。

15. C ［解析］根据规定，如果合同履行地点不明确，双方未达成补充协议的，交付货币的，应在接受货币一方所在地履行，本题中，李某为买方，交付货币应在卖方秦某所在地甲市；交付货物的，应在履行义务一方所在地，本题中，秦某为卖方，有义务交付货物，故交付货物应在甲市。综上，本题中交付货币和货物均在甲市，C项正确。

16. BDE ［解析］本题注意"履行"两个字。合同履行原则包括全面履行原则、诚实守信原则和绿色原则。

17. B ［解析］抵销是当事人双方互负同种类的给付义务时，将两项义务相互冲抵，使其在对等额内消灭。

18. B ［解析］本题选择错误的，可以采用排除法。免除，指债权人放弃债权，从而消灭合同关系及其他债的关系。B项错误。

19. D ［解析］合同终止的方式包括合同履行、抵销、提存、免除、混同。其中合同履行是合同终止最正常、最主要的形式。

Day 47

1. BDE [解析] 定金合同从实际交付定金之日起生效。定金的数额由当事人约定，但不得超过主合同标的额的百分之二十。本题中合同总标的为 1 000 万元，定金的数额应不超过 200 万元，B、D、E 三项正确。

2. C [解析] 保证合同当事人对保证方式没有约定或者约定不明确时，保证人按照一般保证承担保证责任。

3. ABE [解析] 合同担保方式包括保证、抵押、质押、留置和定金五种。

4. A [解析] 代位权是指当债务人怠于行使其债权对债权人造成损害时，债权人为保全其债权，以自己的名义行使债务人权利的权利。行使代位权须向法院提起诉讼，由此产生的费用由债务人承担。

5. A [解析] 债权人的撤销权以债权人的名义通过诉讼行使，A 项错误。

6. C [解析] 根据规定，债权转让时，应通知债务人；债务转让时，应经债权人同意。A、B、D 三项错误。

7. D [解析] 债务的转移应经过债权人的同意，D 项正确。

8. ACE [解析] 合同的变更是合同内容的变更，不包括合同主体的变更。合同主体的变更属于合同转让的范畴。B 项错误。合同的变更可以根据法律的规定直接发生法律效力，也可由当事人协商确定而发生法律效力。D 项错误。

9. B [解析] 选择性条款中用人单位与劳动者可以约定试用期、培训、保守秘密、补充保险和福利待遇等其他事项。

10. A [解析] 解除权是指合同当事人可以依据法律规定或合同约定的条件解除合同的权利。解除权是一种形成权，即只要解除权人将解除合同的单方意思表示通知对方即可产生解除合同的效力，而不必经对方的同意。所以，基于解除权解除合同属于合同的单方解除，A 项错误。约定解除是单方行为，协议解除是双方通过协议解除合同，二者法律性质不同。

11. A [解析] 违约责任只在合同关系当事人之间产生，对于合同以外的第三人并不发生违约责任。乙、丙之间订立的合同，应由没有按合同约定交付电脑的乙向丙承担违约责任。

12. C [解析] 违约责任只在合同关系当事人之间产生，对于合同以外的第三人并不发生违约责任。不论是在债务人向第三人履行债务的场合，还是在第三人向债权人履行债务的场合，均由债务人向债权人承担违约责任。本题中供货合同的当事人就是甲公司和乙公司，乙公司违约应向甲公司承担违约责任。

13. C [解析] 承担违约责任的方式包括继续履行、支付违约金和违约损害赔偿，不包括赔礼道歉。

14. ACE [解析] 不可抗力是客观事件，不包括第三人的行为，A 项正确。违约在先者即使之后发生不可抗力，也不能免除责任，B 项错误。受害人对损失扩大有过错的，违约方可免除损失扩大部分的责任，C 项正确。免责条款有法律限制，并非所有免责条款都有效，D 项错误。E 项属于《民法典》规定的免责条款的无效情形之一。

本章学习检查表

知识点名称	初次学习		第一次复习		第二次复习	
	做对题目数/总题目数	学习日期	做对题目数/总题目数	复习日期	做对题目数/总题目数	复习日期
合同的特征						
合同的分类						
效力存在瑕疵的合同						
合同的订立、履行及终止						
合同的担保						
合同的保全						
合同的转让						
合同的变更						
合同的解除						
违约责任的概念及构成要件						
承担违约责任的方式						
违约的免责事由						

填写建议：

"做对题目数/总题目数"记录针对该知识点自己做题的情况，比如该知识点总题目数为10题，做对了其中7题，记录为7/10。

"学习日期"记录自己学习该知识点时的日期，建议把下一次复习的日期也写上。

备忘录：

第三十六章 公司法律制度

 学习指导

本章内容依据《公司法》的修订进行调整。要求理解公司的特征和分类,掌握公司和公司法的概念,公司登记和企业信用信息公示制度,公司设立的条件和程序,公司组织机构和股东权利的内容,董事、监事和高级管理人员的任职资格和义务,股份公司股份发行和转让的规定,辨别公司合并、分立、增资、减资、解散、清算的相关规定。公司的设立登记和组织机构以及公司章程制度是本章考查的重点,近5年出题在5次左右。增资、减资为新增考点,需要重点关注。本章较为重要,历年考查分值在4分左右。

时间	考点
Day 48	▶公司的特征和类型 ▶公司的设立登记 ▶公司的变更登记和注销登记 ▶企业信用信息公示 ▶有限责任公司和股份有限公司的设立 ▶股东会 ▶董事会、监事会和经理 ▶上市公司、国有出资公司组织机构的特别规定 ▶股东资格和股东权利 ▶董事、监事和高级管理人员的任职资格和法定义务 ▶股份有限公司的股份发行和转让 ▶公司的合并与分立 ▶公司的增资与减资 ▶公司的解散与清算

▶▶ Day 48

▽ **考点**:公司的特征和类型

1. [多项选择题] 关于公司特征的说法,正确的有(   )。
   A. 公司是营利法人
   B. 公司有独立的财产
   C. 大部分公司具备法人资格,小部分公司不具有法人资格
   D. 公司的财产与股东的个人财产相分离,法律地位独立于股东、管理人员和职工
   E. 公司须依法设立

✓ 考点：公司的设立登记

2. [单项选择题] 下列关于公司设立登记的说法，错误的是（　　）。
A. 设立证券公司需经国务院证券监督管理机构批准
B. 申请设立公司时，登记机关必须在3个工作日内完成登记
C. 申请设立公司时，申请材料应当通过实名认证系统进行验证
D. 申请设立公司时，提交虚假材料可能会导致撤销公司设立登记

3. [多项选择题] 根据《公司法》的规定，下列不得担任公司法定代表人的有（　　）。
A. 无民事行为能力或限制民事行为能力的人
B. 因贪污、贿赂被判刑，执行期满未逾5年的人
C. 个人因所负数额较大债务到期未清偿被人民法院列为失信被执行人的人
D. 担任破产清算的公司董事，对该公司破产负有个人责任，自破产清算完结之日起未逾3年的人
E. 因违法被吊销营业执照的公司员工

✓ 考点：公司的变更登记和注销登记

4. [单项选择题] 根据《市场主体登记管理条例》，市场主体歇业的期限最长不得超过（　　）年。
A. 1　　　　　　　B. 2　　　　　　　C. 3　　　　　　　D. 5

✓ 考点：企业信用信息公示

5. [多项选择题] 根据《企业信息公示暂行条例》的规定，企业信息主要来源于（　　）。
A. 政府部门　　　　B. 企业　　　　C. 第三方支付机构　　D. 商业银行
E. 新闻媒体

6. [多项选择题] 根据《企业信息公示暂行条例》的规定，下列说法正确的有（　　）。
A. 公民、法人或者其他组织可以直接查询企业的所有公示信息
B. 企业出资额、出资方式、从业人数、股权变更、投资设立企业、企业通信地址、企业网站等信息应当向社会公示
C. 市场监督管理部门企业信息应当自产生之日起30个工作日内予以公示
D. 企业可选择向社会公示所有者权益合计、营业总收入、主营业务收入
E. 政府部门和企业分别对其公示信息的真实性、及时性负责

✓ 考点：有限责任公司和股份有限公司的设立

7. [单项选择题] 下列关于有限责任公司设立的条件的说法，错误的是（　　）。
A. 注册资本为在公司登记机关登记的全体股东认缴的出资额
B. 股东可以用土地使用权作价出资
C. 劳务和商誉不能作为出资形式
D. 股东人数为1人以上200人以下

8. [单项选择题] 设立股份有限公司时，发起人认购的股份不得少于公司章程规定的公司设立时应发行股份总数的（　　）。
A. 25%　　　　　　B. 35%　　　　　　C. 50%　　　　　　D. 75%

✔ 考点：股东会

9. [多项选择题] 下列股份有限公司股东会讨论的事项决议中，应当经出席会议的股东所持表决权的 2/3 以上通过的有（   ）。
   A. 变更公司的住所 B. 解聘公司高级管理人员
   C. 公司合并、分立、解散 D. 修改公司章程
   E. 增加或者减少注册资本

10. [单项选择题] 关于股东会的召集和主持的说法，正确的是（   ）。
    A. 有限责任公司召开股东会会议，应当于会议召开 30 日前通知全体股东
    B. 有限责任公司股东会会议由出资最多的股东召集和主持
    C. 股份有限公司的股东会定期会议应当每年召开一次
    D. 股份有限公司临时股东会应当于会议召开 30 日前通知各股东

✔ 考点：董事会、监事会和经理

11. [单项选择题] 根据公司法律制度，关于有限责任公司董事会职权的说法，正确的是（   ）。
    A. 董事会有权对公司合并作出决议 B. 董事会有权审议批准监事会的报告
    C. 董事会有权修改公司章程 D. 董事会有权制订公司的利润分配方案

12. [单项选择题] 关于股份有限公司监事会的说法，正确的是（   ）。
    A. 股份有限公司可以设 1—2 名监事，不设监事会
    B. 监事会应当包括股东代表和适当比例的公司职工代表
    C. 董事不可以兼任监事，高级管理人员可以兼任监事
    D. 监事会中股东代表的比例不低于 1/3

✔ 考点：上市公司、国有出资公司组织机构的特别规定

13. [单项选择题] 关于上市公司董事会中的审计委员会，下列说法错误的是（   ）。
    A. 审计委员会成员应当为在上市公司担任高级管理人员的董事
    B. 审计委员会成员中独立董事应当过半数
    C. 审计委员会召集人应由独立董事中会计专业人士担任
    D. 上市公司董事会对聘任、解聘财务负责人作出决议前应当经审计委员会全体成员过半数通过

14. [单项选择题] 国有独资公司的董事会成员中，外部董事应当占比（   ）。
    A. 不少于 1/3 B. 不少于 1/2 C. 不少于 2/3 D. 不少于 1/10

✔ 考点：股东资格和股东权利

15. [多项选择题] 根据《中华人民共和国公司法》，公司股东享有的权利有（   ）。
    A. 选举权和被选举权 B. 剩余财产优先分配权
    C. 知情权 D. 表决权
    E. 股息红利分配请求权

✔ 考点：董事、监事和高级管理人员的任职资格和法定义务

16. [多项选择题] 下列人员中，不得担任公司的董事、监事、高级管理人员的有（   ）。
    A. 限制民事行为能力人

B. 个人因所负数额较大债务到期未清偿被人民法院列为失信被执行人的人

C. 因犯罪被剥夺政治权利，执行期满未逾 5 年的人

D. 被宣告缓刑，自缓刑考验期满之日起未逾 5 年的人

E. 自国家行政机关辞职的人

✓ 考点：股份有限公司的股份发行和转让

17. [多项选择题] 根据公司法律制度的规定，下列情形中，属于股份有限公司可以收购本公司股份且应当在 6 个月内转让或者注销的有（   ）。

    A. 减少公司注册资本

    B. 与持有本公司股份的其他公司合并

    C. 将股份用于员工持股计划或者股权激励

    D. 股东因对股东大会作出的公司合并、分立决议持异议，要求公司收购其股份

    E. 将股份用于转换上市公司发行的可转换为股票的公司债券

✓ 考点：公司的合并与分立

18. [单项选择题] 根据公司法律制度的规定，公司合并时，应在法定期限内通知债权人，该法定期限为（   ）。

    A. 公司作出合并决议之日起 10 日内   B. 合并各方签订合并协议之日起 10 日内

    C. 合并各方主管部门批准之日起 10 日内   D. 公司办理工商登记后 10 日内

✓ 考点：公司的增资与减资

19. [单项选择题] 下列关于公司减少注册资本的程序和规定的说法，错误的是（   ）。

    A. 公司减少注册资本，应当自股东会作出减少注册资本决议之日起 10 日内在报纸上公告

    B. 公司减少注册资本，应当按照股东出资或者持有股份的比例相应减少出资额或者股份

    C. 公司为弥补亏损而减少注册资本的，不得向股东分配利润

    D. 公司减少注册资本后，在法定公积金和任意公积金累计额达到公司注册资本 50% 前，不得分配利润

✓ 考点：公司的解散与清算

20. [多项选择题] 根据《公司法》的规定，公司解散的情形有（   ）。

    A. 公司章程规定的营业期限届满   B. 公司被责令停业整改

    C. 公司连续 3 年亏损   D. 因公司合并需要解散

    E. 公司经营管理发生严重困难，持有公司全部股东表决权 5% 以上的股东请求人民法院解散公司

21. [多项选择题] 公司解散清算组在清算期间行使的职权有（   ）。

    A. 清理公司财产，分别编制资产负债表和财产清单   B. 通知或者公告债权人

    C. 清缴所欠税款   D. 代表公司开展新业务

    E. 清理债权、债务

✏️ 学习笔记

参考答案及解析

Day 48

1. ABDE [解析] 根据规定，公司必须具备法人资格，C 项错误。

2. B [解析] 登记机关应当对申请材料进行形式审查。对申请材料齐全、符合法定形式的予以确认并当场登记。不能当场登记的，应当在 3 个工作日内予以登记；情形复杂的，经登记机关负责人批准，可以再延长 3 个工作日。B 项说法太绝对，表述错误。

3. ABCD [解析] 根据《公司法》的规定：担任因违法被吊销营业执照、责令关闭的公司、企业的法定代表人，并负有个人责任的，自该公司、企业被吊销营业执照、责令关闭之日起未逾 3 年的，不得担任公司法定代表人。E 项，"因违法被吊销营业执照的公司员工"并不一定负有个人责任，只有负有个人责任的法定代表人才会被限制。

4. C [解析]《市场主体登记管理条例》规定，因自然灾害、事故灾难、公共卫生事件、社会安全事件等原因造成经营困难的，市场主体可以自主决定在一定时期内歇业，法律、行政法规另有规定的除外。市场主体歇业的期限最长不得超过 3 年。

5. AB [解析] 企业信息主要来源于政府部门和企业，政府部门和企业分别对其公示信息的真实性、及时性负责。

6. ADE [解析] 由企业选择是否向社会公示的信息包括企业从业人数、资产总额、负债总额、对外提供保证担保、所有者权益合计、营业总收入、主营业务收入、利润总额、净利润、纳税总额信息，B 项错误。市场监督管理部门企业信息应当自产生之日起 20 个工作日内予以公示，C 项错误。

7. D [解析] 有限责任公司由 1 个以上 50 个以下股东出资设立，D 项错误。

8. B [解析] 以募集设立方式设立股份有限公司的，发起人认购的股份不得少于公司章程规定的公司设立时应发行股份总数的 35%。

9. CDE [解析] 股份有限公司股东会作出修改公司章程、增加或减少注册资本的决议，以及公司合并、分立、解散或者变更公司形式的决议，应当经出席会议的股东所持表决权的 2/3 以上通过。

10. C [解析] 有限责任公司召开股东会会议，应当于会议召开 15 日前通知全体股东，A 项错误。有限责任公司股东会首次会议由出资最多的股东召集和主持，有限责任公司设立董事会的，后续股东会会议由董事会召集，B 项错误。股份有限公司临时股东会应当于会议召开 15 日前通知各股东，D 项错误。

11. D [解析] 董事会的职权中主要涉及 "1 召集、1 执行、3 决定、4 制订"。本题中，A、B、C 三项均属于股东会的职权。

12. B [解析] 有限责任公司、股份有限公司监事会成员为 3 人以上，包括股东代表和适当比例的公司职工代表，其中职工代表的比例不得低于 1/3，具体比例由公司章程规定。董事、高级管理人员不得兼任监事。

13. A [解析] 上市公司应当在董事会中设置审计委员会，审计委员会成员应当为不在上市公司担任高级管理人员的董事，其中独立董事应当过半数，并由独立董事中会计专业人士担任召集人。

14. B [解析] 国有独资公司的董事会依法行使职权，董事会成员中，应当过半数为外部董事，并应当有公司职工代表，即外部董事占比不少于1/2。

15. ACDE [解析] 股东权利包括：①表决权；②选举权与被选权；③知情权；④股息红利分配请求权；⑤股权转让权；⑥股权（股份）回购请求权；⑦股东诉讼权（直接诉讼和代位诉讼）。

16. ABC [解析]《公司法》规定，不得担任公司的董事、监事、高级管理人员的情形包括：①无民事行为能力或者限制民事行为能力；②因贪污、贿赂、侵占财产、挪用财产或者破坏社会主义市场经济秩序，被判处刑罚，或者因犯罪被剥夺政治权利，执行期满未逾5年，被宣告缓刑的，自缓刑考验期满之日起未逾2年；③担任破产清算的公司、企业的董事或者厂长、经理，对该公司、企业的破产负有个人责任的，自该公司、企业破产清算完结之日起未逾3年；④担任因违法被吊销营业执照、责令关闭的公司、企业的法定代表人，并负有个人责任的，自该公司、企业被吊销营业执照、责令关闭之日起未逾3年；⑤个人因所负数额较大债务到期未清偿被人民法院列为失信被执行人。

17. BD [解析] A项回购的股份应当在10日内注销。C、E两项回购的股份应当在3年内注销。

18. A [解析] 公司应当自作出合并（分立）决议之日起10日内通知债权人，并于30日内在报纸上或者国家企业信用信息公示系统公告。

19. A [解析] 公司应当自股东会作出减少注册资本决议之日起10日内通知债权人，并于30日内在报纸上或者国家企业信用信息公示系统公告。

20. AD [解析] 公司解散的情形包括：①公司章程规定的营业期限届满或者公司章程规定的其他解散事由出现；②股东会决议解散；③因公司合并或者分立需要解散；④依法被吊销营业执照、责令关闭或者被撤销；⑤公司经营管理发生严重困难，继续存续会使股东利益受到重大损失，通过其他途径不能解决的，持有公司10%以上表决权的股东请求人民法院解散公司的，人民法院依法予以解散。

21. ABCE [解析] 清算期间，公司存续，但不得开展与清算无关的经营活动，D项属于与清算无关的经营活动，因此不属于清算组的职权。

本章学习检查表

知识点名称	初次学习		第一次复习		第二次复习	
	做对题目数/总题目数	学习日期	做对题目数/总题目数	复习日期	做对题目数/总题目数	复习日期
公司的特征和类型						
公司的设立登记						
公司的变更登记和注销登记						
企业信用信息公示						
有限责任公司和股份有限公司的设立						
股东会						
董事会、监事会和经理						
上市公司、国有出资公司组织机构的特别规定						
股东资格和股东权利						
董事、监事和高级管理人员的任职资格和法定义务						
股份有限公司的股份发行和转让						
公司的合并与分立						
公司的增资与减资						
公司的解散与清算						

填写建议：

"做对题目数/总题目数"记录针对该知识点自己做题的情况，比如该知识点总题目数为10题，做对了其中7题，记录为7/10。

"学习日期"记录自己学习该知识点时的日期，建议把下一次复习的日期也写上。

备忘录：

第三十七章 其他法律制度

📝 **学习指导**

本章知识点主要出自工业产权法律制度、劳动合同法律制度、消费者权益保护法律制度、反垄断法律制度、反不正当竞争法律制度以及产品质量法律制度。其中劳动合同的解除、经营者的义务、不正当竞争行为的种类以及违反产品质量法的法律责任是本章考查的重点,需要重点掌握。本章尤其重要,历年考查分值在 6 分左右。

本章是法律部分最后一个章节,也是教材的最后一章,要求掌握专利权及合同法的内容,消费者权益保护法知识点中重点掌握消费者的权利和经营者的义务。

时间	考点
Day 49	➢ 工业产权特征 ➢ 专利权 ➢ 商标权 ➢ 劳动合同的类型 ➢ 劳动合同的订立 ➢ 劳动合同的解除 ➢ 劳动合同的终止 ➢ 消费者的权利 ➢ 经营者的义务 ➢ 争议的解决途径 ➢ 违反消费者权益保护法的法律责任
Day 50	➢ 反垄断法的概念、立法目的与适用范围 ➢ 反垄断机构设置 ➢ 垄断行为的种类 ➢ 反不正当竞争法概述 ➢ 产品质量法的基本概念 ➢ 产品质量的监督管理 ➢ 生产者及销售者的产品质量义务 ➢ 违反产品质量法的法律责任

▶▶▶ Day 49

考点:工业产权特征

1. [多项选择题] 工业产权具有的特征包括(   )。
   A. 法定性   B. 专有性   C. 全球性   D. 地域性
   E. 时间性

▽ 考点：专利权

2. [多项选择题]《中华人民共和国专利法》不予保护的对象有（　　）。

A. 智力活动的规则和方法

B. 疾病的诊断和治疗方法

C. 动物和植物品种的生产方法

D. 利用遗传资源并依赖该遗传资源完成的发明创造

E. 科学发现

3. [多项选择题] 下列行为中，不视为侵犯专利权的行为的有（　　）。

A. 为提供行政审批所需要的信息，制造、使用、进口专利药品或者专利医疗器械的

B. 为生产经营目的使用发明专利权人的专利方法或者使用、许诺销售、销售、进口依照该专利方法直接获得的产品的

C. 临时通过中国领陆、领水、领空的外国运输工具，依照其所属国同中国签订的协议或者共同参加的国际条约，或者依照互惠条例使用有关专利的

D. 专为科学研究和实验而使用有关专利的

E. 专利产品由专利权人售出后，使用、许诺销售、销售、进口该产品的

▽ 考点：商标权

4. [单项选择题] 下列商标类型中，属于非传统商标的是（　　）。

A. 立体商标　　　　　　　　　　B. 文字商标

C. 图形商标　　　　　　　　　　D. 声音商标

▽ 考点：劳动合同的类型

5. [多项选择题] 根据《中华人民共和国劳动合同法》，应签订无固定期限劳动合同的法定情形包括（　　）。

A. 劳动者在该用人单位累计工作满10年

B. 劳动者在该用人单位连续工作满10年

C. 用人单位初次实行劳动合同制度或者国有企业改制重新订立劳动合同时，劳动者在该用人单位连续工作满10年且距法定退休年龄不足10年的

D. 连续订立两次固定期限劳动合同，而且单位对劳动者依法不能享有法定解除权，续订劳动合同的

E. 劳动者在该用人单位连续工作满10年，劳动者提出订立固定期限劳动合同

▽ 考点：劳动合同的订立

6. [单项选择题] 劳动合同包括必要条款和选择性条款，下列劳动合同事项中，属于选择性条款的是（　　）。

A. 劳动报酬

B. 试用期条款

C. 劳动合同期限

D. 工作时间

7. [多项选择题] 劳动合同的订立应当遵循（   ）。
   A. 合法原则
   B. 公平原则
   C. 平等自愿原则
   D. 诚信原则
   E. 公序良俗原则

▼ 考点：劳动合同的解除

8. [多项选择题] 下列人员中，属于用人单位在经济性裁员时应当优先留用的劳动者有（   ）。
   A. 与本单位订立无固定期限劳动合同的劳动者
   B. 本单位的技术骨干
   C. 与本单位订立较长期限的固定期限劳动合同的劳动者
   D. 家庭无其他就业人员，有需要扶养的老人或者未成年人的劳动者
   E. 本单位学历较高的劳动者

9. [单项选择题] 根据《劳动合同法》，下列情形中，用人单位不得与劳动者解除劳动合同的是（   ）。
   A. 劳动者在试用期间被证明不符合录用条件的
   B. 劳动者被依法追究刑事责任的
   C. 劳动者因工负伤并被确认丧失劳动能力的
   D. 因劳动者过错致使劳动合同无效的

10. [单项选择题] 以下情形不属于用人单位单方面解除劳动合同的是（   ）。
   A. 过错性解除
   B. 非过错性解除
   C. 经济性裁员
   D. 预告解除

▼ 考点：劳动合同的终止

11. [单项选择题] 甲公司与自然人乙的劳动合同被确定无效，但乙已经付出劳动。关于乙的劳动报酬的说法，正确的是（   ）。
   A. 甲公司应按照所在地最低工资标准支付劳动报酬
   B. 甲公司应参照本公司相同岗位劳动者的劳动报酬支付劳动报酬
   C. 甲公司已支付的劳动报酬不得请求返还，尚未支付的劳动报酬无须支付
   D. 甲公司应支付劳动合同约定的劳动报酬的一半

▼ 考点：消费者的权利

12. [单项选择题] 消费者最基本的权利是（   ）。
   A. 安全保障权
   B. 知悉真情权
   C. 自主选择权
   D. 依法求偿权

▼ 考点：经营者的义务

13. [单项选择题] 根据《中华人民共和国消费者权益保护法》，经营者在消费者明确表示拒绝的情况下不得向其发送商业性信息，这属于经营者的（   ）的义务。
   A. 不得侵犯消费者人格权
   B. 消费者安全保障
   C. 保护消费者自主选择权
   D. 消费者信息保护

14. [多项选择题] 经营者采用网络、电视、电话、邮购等方式销售商品，消费者有权自收到商品之日起七日内退货，且无需说明理由，但下列商品除外（　　）。
   A. 消费者定作的
   B. 鲜活易腐的
   C. 在线下载或者消费者拆封的音像制品、计算机软件等数字化商品
   D. 交付的报纸、期刊
   E. 交付的高档家具

15. [多项选择题] 下列关于经营者的质量担保义务的说法，正确的有（　　）。
   A. 经营者应当保证在正常使用商品或者接受服务的情况下其提供的商品或者服务应当具有的质量、性能、用途和有效期限
   B. 经营者以广告、产品说明、实物样品或者其他方式表明商品或者服务的质量状况的，应当保证其提供的商品或者服务的实际质量与表明的质量状况相符
   C. 消费者在购买该商品或者接受该服务前已经知道其存在瑕疵，且存在该瑕疵不违反法律强制性规定的，经营者不承担质量担保义务
   D. 机动车、计算机、日常用品等，消费者自接受商品或者服务之日起6个月内发现瑕疵，发生争议，由经营者承担有关瑕疵的举证责任
   E. 经营者未经消费者同意或者请求，或者消费者明确表示拒绝，不得向其发送商业性信息

▼ 考点：争议的解决途径

16. [多项选择题] 消费者权益争议的解决途径包括（　　）。
   A. 与经营者协商和解
   B. 提请消费者协会调解
   C. 向有关行政部门投诉
   D. 向税务机关举报
   E. 向人民法院提起诉讼

▼ 考点：违反消费者权益保护法的法律责任

17. [单项选择题]《中华人民共和国消费者权益保护法》规定，对于欺诈行为的惩罚性赔偿的幅度为商品或服务价款的（　　）倍。
   A. 1
   B. 3
   C. 5
   D. 10

✎ 学习笔记

Day 50

▼ 考点：反垄断法的概念、立法目的与适用范围

1. [多项选择题] 下列各项中，适用《中华人民共和国反垄断法》的有（   ）。

A. 中华人民共和国境内经济活动中的垄断行为

B. 中华人民共和国境外的垄断行为，对境内市场竞争产生排除、限制影响的

C. 经营者滥用知识产权，排除、限制竞争的行为

D. 农业生产者在农产品生产经营活动中实施的联合行为

E. 农村经济组织在农产品销售活动中实施的协同行为

▼ 考点：反垄断机构设置

2. [单项选择题] 根据反垄断法律制度的规定，下列各项中，不属于反垄断执法机构调查涉嫌垄断行为时可以采取的措施是（   ）。

A. 进入被调查的经营者的营业场所或者其他有关场所进行检查

B. 复制被调查的有关单位的会计账簿和电子数据

C. 查封、扣押相关证据

D. 冻结经营者的银行账户

▼ 考点：垄断行为的种类

3. [单项选择题] 我国反垄断法规定，禁止经营者与交易相对人达成的垄断协议是（   ）。

A. 固定向第三人转售商品的价格

B. 限制商品的生产数量或者销售数量

C. 分割销售市场或者原材料采购市场

D. 限制购买新技术、新设备或者限制开发新技术、新产品

4. [多项选择题] 根据《中华人民共和国反垄断法》，滥用行政权力排除、限制竞争的行为是一种垄断行为。有可能实施这种行为的主体包括（   ）。

A. 行政机关　　　B. 行业协会　　　C. 商会　　　D. 企业集团

E. 法律、法规授权的具有管理公共事务职能的组织

5. [多项选择题] 根据《中华人民共和国反垄断法》，下列行为中，不构成垄断行为的有（   ）。

A. 乙大型超市因冷藏设备故障不能继续储存，以低于市场的价格销售水果

B. 甲村村民为使花生在销售过程中卖得高价，实施了联合固定价格的行为

C. 丁酒厂在产品出厂时限定向第三人售卖的价格

D. 丙设备厂对其获得的专利技术实施了独占使用的行为

E. 为保障外贸合作中的正当利益，国内5家企业统一产品出口时的价格

6. [多项选择题] 根据《中华人民共和国反垄断法》，经营者滥用市场支配地位的行为包括（   ）。

A. 以不公平的高价销售商品

B. 以低于成本的价格销售商品且无正当理由

C. 搭售商品且无正当理由

D. 实施经营者集中

E. 拒绝与交易相对人进行交易

▽考点：反不正当竞争法概述

7. [单项选择题] 某企业新上市的一种方便面，其名称和包装装潢与某知名品牌方便面十分相似，极易混淆，该企业此种行为属于（　　）。

A. 虚假宣传行为 　　　　　　　　　　　B. 诋毁商誉行为

C. 侵犯商业秘密行为 　　　　　　　　　D. 混淆行为

8. [多项选择题] 根据《中华人民共和国反不正当竞争法》，下列行为中，属于不正当竞争行为的有（　　）。

A. 乙厂在其饮料包装上使用"雷碧"的名称，而"雪碧"是知名饮料

B. 丙企业将牛奶的生产日期推迟了5天，标志在产品外包装上

C. 丁商场采取抽奖式的销售策略，最高奖项为价值1000元购物券

D. 甲企业为清偿其债务，低于市场价格销售产品

E. 戊企业规定，销售一台空调给中间人4%的佣金，如实入账

9. [多项选择题] 下列行为中，构成不正当竞争行为的有（　　）。

A. 与知名商品的名称、包装、装潢相混淆

B. 经营者集中

C. 没有正当理由，拒绝与交易相对人进行交易

D. 虚假商业宣传行为

E. 诋毁商誉行为

▽考点：产品质量法的基本概念

10. [多项选择题] 下列物品中，属于《中华人民共和国产品质量法》（以下简称《产品质量法》）所称的产品有（　　）。

A. 建筑材料 　　B. 家用电器 　　C. 汽车配件 　　D. 天然的物品

E. 建设工程

11. [单项选择题] 《产品质量法》所称的产品是指经过加工、制作，用于销售的产品，但（　　）不适用该法规定。

A. 建筑材料 　　　　　　　　　　　　　B. 建设工程

C. 服装 　　　　　　　　　　　　　　　D. 小汽车

▽考点：产品质量的监督管理

12. [单项选择题] 根据《产品质量法》的规定，质量监督管理制度不包括（　　）。

A. 产品质量检验制度

B. 产品质量抽查制度

C. 质量状况信息发布制度

D. 企业质量体系认证制度及产品质量认证制度

▼ **考点**：生产者及销售者的产品质量义务

13. [单项选择题] 根据产品质量法律制度，下列关于产品责任的说法，错误的是（   ）。

A. 生产者和销售者采用相同的归责原则

B. 生产者是一种严格责任，销售者是一种过错责任

C. 未将产品投入流通是生产者法定免责的情形之一

D. 产品责任专指因产品存在缺陷引起的民事赔偿责任

14. [单项选择题] 因产品存在缺陷造成人身、他人财产损害的，生产者应当承担赔偿责任。下列情况下，生产者应当承担赔偿责任的是（   ）。

A. 未将产品投入流通的

B. 产品投入流通时，引起损害的缺陷尚不存在的

C. 消费者知情的

D. 将产品投入流通时的科学技术水平尚不能发现缺陷的存在的

15. [多项选择题] 根据《产品质量法》，下列项目属于销售者产品质量义务的有（   ）。

A. 进货验收义务

B. 保持产品质量的义务

C. 销售者不得更改、覆盖、涂抹产品标识

D. 销售者不得伪造或者冒用认证标志

E. 限制使用的产品应当在显著位置清晰标明生产日期和安全使用期或者失效日期

▼ **考点**：违反产品质量法的法律责任

16. [单项选择题] 因产品存在缺陷造成受害人人身伤害的，侵害人应当赔偿受害者的费用中，不属于产品责任的赔偿范围的是（   ）。

A. 受害人医疗费

B. 受害人在治疗期间发生的投资收益损失

C. 受害人治疗期间的护理费

D. 受害人的残疾赔偿金

17. [单项选择题] 关于产品责任的说法，正确的是（   ）。

A. 产品的生产者适用过错责任原则归责

B. 产品的销售者适用严格责任归责

C. 因产品缺陷造成损害要求赔偿的诉讼时效期间为 3 年

D. 产品责任是指产品质量不符合产品质量法规定而引起的民事赔偿责任

✏️ 学习笔记

参考答案及解析

Day 49

1. BDE [解析] 工业产权的特征包括专有性、地域性和时间性。

2. ABE [解析] C项,对于动物和植物品种的生产方法可以依法授予专利权;对违反法律、行政法规的规定获取或者利用遗传资源,并依赖该遗传资源完成的发明创造不受专利法保护,D项中并没有强调"违法",因此可以授予专利。

3. ACDE [解析] 专利侵权行为是指在专利权有效期内,未经专利权人许可,为了生产经营目的,侵害专利权人的实施权和标记权的行为。B项错误。

4. D [解析] 声音商标是指可以让相关消费者区别商品或服务来源的声音作为商标要素的标志。声音商标属于非传统商标。

5. BCD [解析] 有下列情形之一,劳动者提出或者同意续订、订立劳动合同的,除劳动者提出订立固定期限劳动合同外,应当订立无固定期限劳动合同:①劳动者在该用人单位连续工作满10年的;②用人单位初次实行劳动合同制度或者国有企业改制重新订立劳动合同时,劳动者在该用人单位连续工作满10年且距法定退休年龄不足10年的;③连续订立二次固定期限劳动合同,而且单位对劳动者不能依据《中华人民共和国劳动合同法》享有法定解除权,续订劳动合同的。

6. B [解析] 选择性条款包括用人单位与劳动者可以约定试用期、培训、保守秘密、补充保险和福利待遇等其他事项。

7. ABCD [解析] 劳动合同的订立应当遵循如下原则:①合法原则;②公平原则;③平等自愿原则;④诚信原则。

8. ACD [解析] 裁减人员时应当优先留用下列劳动者:①与本单位订立较长期限的固定期限劳动合同的;②与本单位订立无固定期限劳动合同的;③家庭无其他就业人员,有需要抚养的老人或者未成年人的。

9. C [解析] A、B、D三项均属于过错性解除的情况。C项,劳动者因工负伤并被确认丧失劳动能力的,用人单位不得对劳动者采取经济性裁员和非过错性解除。

10. D [解析] 用人单位单方面解除劳动者的情形包括过错性解除、非过错性解除和经济性裁员。劳动者单方面解除劳动合同的情形包括预告解除和即时解除。

11. B [解析] 劳动合同被确认无效,劳动者已付出劳动的,用人单位应当向劳动者支付劳动报酬。劳动报酬的数额,参照本单位相同或者相近岗位劳动者的劳动报酬确定。

12. A [解析] 消费者权益保护法中规定消费者享有9项权利,即安全保障权、知悉真情权、自主选择权、公平交易权、依法求偿权、依法结社权、求教获知权、维护尊严权、监督批评权。其中最基本的权利是安全保障权。

13. D [解析] 消费者信息保护义务包括:①经营者收集、使用消费者个人信息,应当遵循合法、正当、必要的原则,明示收集、使用信息的目的、方式和范围,并经消费者同意,不得违反法律、法规规定和双方约定收集、使用信息;②经营者及其工作人员对收集的消费者个人信息必须严格保密,不得泄露、出售或者非法向他人提供;③经营者应当采取技术措施等必要措施，确保消费者信息安全，在发生或者可能发生信息泄露、丢失的情况时，应当立即采取补救措施；④经营者未经消费者同意或者请求，或者消费者明确表示拒绝的，不得向其发送商业性信息。本题根据题干和选项共同的关键词"信息"即可做出选择。

14. ABCD [解析] 经营者采用网络、电视、电话、邮购等方式销售商品，消费者有权自收到商品之日起七日内退货，且无需说明理由，但下列商品除外：①消费者定作的商品；②鲜活易腐品；③在线下载或消费者拆封的音像制品、计算机软件等数字化商品；④交付的报纸、期刊。

15. ABC [解析] 机动车、计算机、电视机、电冰箱、空调器、洗衣机等耐用商品或者装饰装修等服务，消费者自接受商品或者服务之日起 6 个月内发现瑕疵，发生争议的，由经营者承担有关瑕疵的举证责任，D 项错误。本题中 E 项不符合题意，其描述属于消费者信息保护义务。

16. ABCE [解析] 消费者与经营者争议解决的途径包括：①与经营者协商和解；②请求消费者协会或依法成立的其他调解组织调解；③向有关行政部门投诉；④根据与经营者达成的仲裁协议提请仲裁机构仲裁；⑤向人民法院提起诉讼。

17. B [解析] 对欺诈行为的惩罚性规定：对经营者的欺诈行为，消费者不仅可以获得补偿性的赔付，还可要求增加赔偿额，增加赔偿的金额为消费者购买商品的价款或者接受服务的费用的 3 倍。

Day 50

1. ABC [解析] 反垄断法的适用范围包括：①中华人民共和国境内经济活动中的垄断行为，适用本法。②中华人民共和国境外的垄断行为，对境内市场竞争产生排除、限制影响的，适用本法。③经营者依照有关知识产权的法律、行政法规规定行使知识产权的行为，不适用本法；但是，经营者滥用知识产权，排除、限制竞争的行为，适用本法。④农业生产者及农村经济组织在农产品生产、加工、销售、运输、储存等经营活动中实施的联合或者协同行为，不适用本法。

2. D [解析] 反垄断执法机构可以查询经营者的银行账户，但无权冻结经营者的银行账户。

3. A [解析] 禁止经营者与交易相对人达成的垄断协议：①固定向第三人转售商品的价格；②限定向第三人转售商品的最低价格；③国务院反垄断执法机构认定的其他垄断协议。

• 考点再现 •

Q_3 垄断协议的具体内容：

项目	具体内容
禁止具有竞争关系的经营者达成的垄断协议（横向）	（1）固定或者变更商品价格 （2）限制商品的生产数量或者销售数量 （3）分割销售市场或者原材料采购市场 （4）限制购买新技术、新设备或者限制开发新技术、新产品 （5）联合抵制交易 （6）国务院反垄断执法机构认定的其他垄断协议

项目	具体内容
禁止经营者与交易相对人达成的垄断协议（纵向）	(1) 固定向第三人转售商品的价格 (2) 限定向第三人转售商品的最低价格 (3) 国务院反垄断执法机构认定的其他垄断协议 【提示】 ①纵向垄断协议的"安全港规则" ②其他规定 a. 轴辐协议禁止 b. 禁止行业协会组织本行业的经营者从事垄断行为
垄断协议豁免	(1) 为改进技术、研究开发新产品的 (2) 为提高产品质量、降低成本、增进效率，统一产品规格、标准或者实行专业化分工的 (3) 为提高中小经营者经营效率，增强中小经营者竞争力的 (4) 为实现节约能源、保护环境、救灾救助等社会公共利益的 (5) 因经济不景气，为缓解销售量严重下降或者生产明显过剩的 (6) 为保障对外贸易和对外经济合作中的正当利益的 (7) 法律和国务院规定的其他情形

4. AE [解析] 行政垄断是指行政机关和法律、法规授权的具有管理公共事务职能的组织滥用行政权力，排除、限制竞争的行为。

5. ABD [解析] 不适用《中华人民共和国反垄断法》的情况：①经营者依照有关知识产权的法律、行政法规规定行使知识产权的行为（D项正确）；②农业生产者及农村经济组织在农产品生产、加工、销售、运输、储存等经营活动中实施的联合或者协同行为（B项正确）。A项属于正常销售行为，不属于垄断行为。C项属于垄断行为。E项属于垄断协议豁免的行为，依然属于垄断行为。

6. ABC [解析] 经营者滥用市场支配地位的行为包括：①以不公平的高价销售商品或者不公平的低价购买商品；②没有正当理由，以低于成本的价格销售商品；③没有正当理由，拒绝与交易相对人进行交易；④没有正当理由，限定交易相对人只能与其进行交易或者只能与其指定的经营者进行交易；⑤没有正当理由搭售商品，或者在交易时附加其他不合理的交易条件；⑥没有正当理由，对条件相同的交易相对人在交易价格等交易条件上实行差别待遇；⑦国务院反垄断执法机构认定的其他滥用市场支配地位的行为。

7. D [解析] 混淆行为是指经营者实施的，引人误认为是他人商品或者与他人存在特定联系的行为。本题中的情形属于擅自使用与他人有一定影响的商品名称、包装、装潢等相同或者近似的标识，是混淆行为。

8. AB [解析] A项属于不正当竞争行为的混淆行为。B项属于不正当竞争行为的虚假宣传行为。C项没超过 50 000 元，不属于不正当竞争行为。D项，甲企业为清偿其债务，低于市场价格销售产品不属于不正当竞争。经营者在交易活动中，可以以明示方式向交易相对方支付折扣，或者向中间人支付佣金，E项不属于不正当竞争。

9. ADE [解析] A项属于不正当竞争行为中的混淆行为。B、C两项均属于垄断行为，其中，C项属于垄断行为中滥用市场支配地位。D、E两项属于不正当竞争行为。

10. ABC [解析]《产品质量法》所称的产品强调的是"用于销售"，本题中天然的物品、建设工程均不用于销售，因此不属于《产品质量法》所称产品的范畴。

11. B [解析] 建设工程不适用《产品质量法》规定；但是，建设工程使用的建筑材料、建筑构配件和设备，属于经过加工、制作，用于销售的产品范围的，适用《产品质量法》规定。

12. A [解析] 产品质量监督管理制度包括：①产品质量抽查制度；②质量状况信息发布制度；③企业质量体系认证制度及产品质量认证制度。

13. A [解析] 法律区分生产者和销售者，采取不同的归责原则：①生产者的严格责任；②销售者的过错责任。A项错误。

14. C [解析] 因产品存在缺陷造成人身、他人财产损害的，生产者应当承担赔偿责任。但也存在法定的免责情形：①未将产品投入流通的；②产品投入流通时，引起损害的缺陷尚不存在的；③将产品投入流通时的科学技术水平尚不能发现缺陷的存在的。

15. ABCD [解析] 销售者的产品质量义务：①进货验收义务；②保持产品质量的义务；③有关产品标识的义务（不得更改、覆盖、涂抹产品标识）；④遵守有关禁止性规范（不得伪造产地、不得伪造或冒用认证标志等）。

16. B [解析] 因产品存在缺陷造成受害人人身伤害的，侵害人应当赔偿医疗费、治疗期间的护理费、因误工减少的收入等费用；造成残疾的，还应当支付残疾者生活自助费、生活补助费、残疾赔偿金以及由其扶养的人所必需的生活费等费用。

17. C [解析] 生产者适用严格责任归责，A项错误。销售者适用过错责任归责，B项错误。因产品缺陷造成损害要求赔偿的诉讼时效期间为3年，C项正确。产品责任是指产品存在缺陷而引起的民事赔偿责任，D项错误。

本章学习检查表

知识点名称	初次学习		第一次复习		第二次复习	
	做对题目数/总题目数	学习日期	做对题目数/总题目数	复习日期	做对题目数/总题目数	复习日期
工业产权特征						
专利权						
商标权						
劳动合同的类型						
劳动合同的订立						
劳动合同的解除						
劳动合同的终止						
消费者的权利						
经营者的义务						
争议的解决途径						
违反消费者权益保护法的法律责任						
反垄断法的概念、立法目的与适用范围						
反垄断机构设置						
垄断行为的种类						
反不正当竞争法概述						
产品质量法的基本概念						
产品质量的监督管理						
生产者及销售者的产品质量义务						
违反产品质量法的法律责任						

填写建议：

"做对题目数/总题目数"记录针对该知识点自己做题的情况，比如该知识点总题目数为10题，做对了其中7题，记录为7/10。

"学习日期"记录自己学习该知识点时的日期，建议把下一次复习的日期也写上。

本部分强化测试

扫码做题

备忘录：

思维导图

Day 51

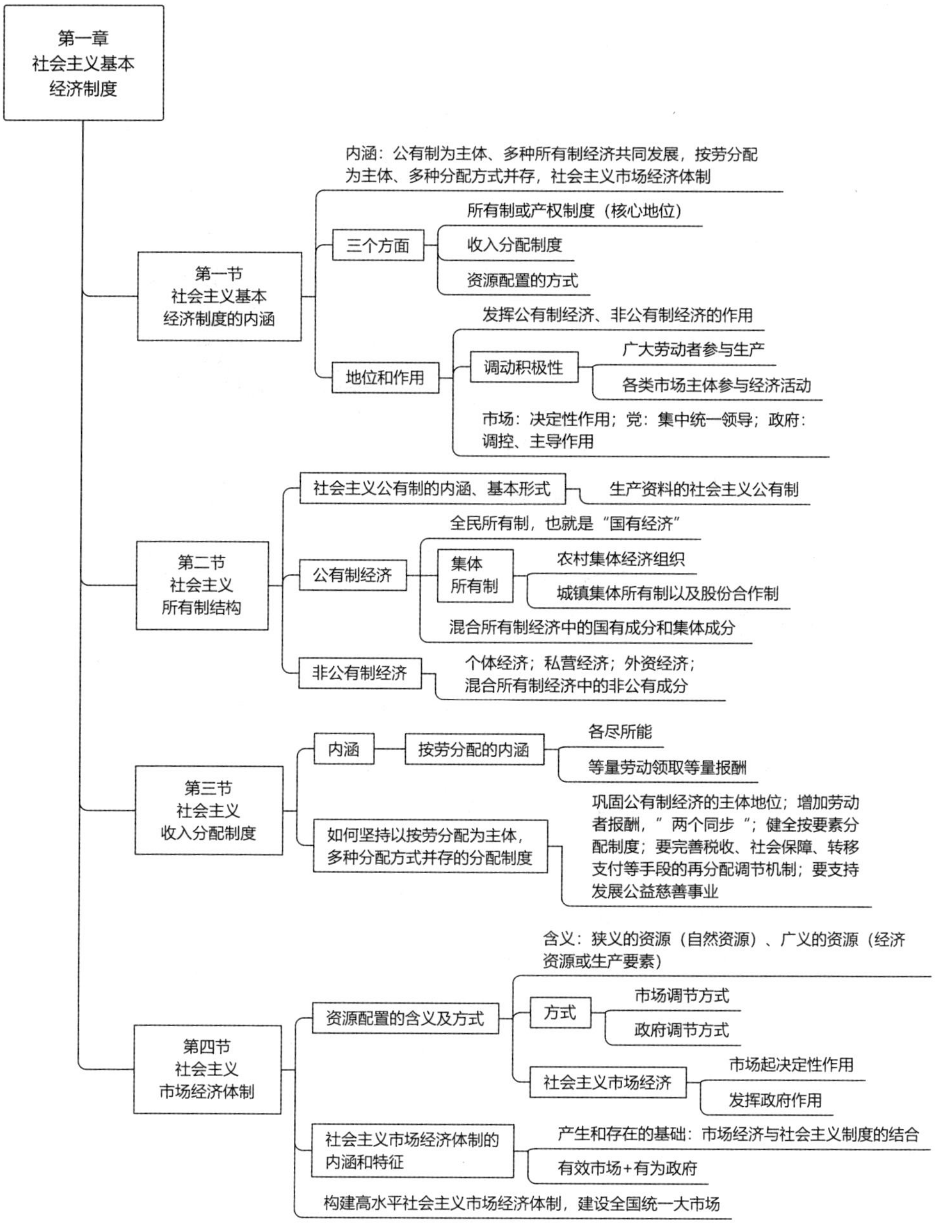

```
第一章 社会主义基本经济制度
├─ 第一节 社会主义基本经济制度的内涵
│   ├─ 内涵：公有制为主体、多种所有制经济共同发展，按劳分配为主体、多种分配方式并存，社会主义市场经济体制
│   ├─ 三个方面
│   │   ├─ 所有制或产权制度（核心地位）
│   │   ├─ 收入分配制度
│   │   └─ 资源配置的方式
│   └─ 地位和作用
│       ├─ 发挥公有制经济、非公有制经济的作用
│       ├─ 调动积极性
│       │   ├─ 广大劳动者参与生产
│       │   └─ 各类市场主体参与经济活动
│       └─ 市场：决定性作用；党：集中统一领导；政府：调控、主导作用
├─ 第二节 社会主义所有制结构
│   ├─ 公有制经济
│   │   ├─ 社会主义公有制的内涵、基本形式——生产资料的社会主义公有制
│   │   ├─ 全民所有制，也就是"国有经济"
│   │   ├─ 集体所有制
│   │   │   ├─ 农村集体经济组织
│   │   │   └─ 城镇集体所有制以及股份合作制
│   │   └─ 混合所有制经济中的国有成分和集体成分
│   └─ 非公有制经济——个体经济；私营经济；外资经济；混合所有制经济中的非公有成分
├─ 第三节 社会主义收入分配制度
│   ├─ 内涵——按劳分配的内涵
│   │   ├─ 各尽所能
│   │   └─ 等量劳动领取等量报酬
│   └─ 如何坚持以按劳分配为主体，多种分配方式并存的分配制度：巩固公有制经济的主体地位；增加劳动者报酬，"两个同步"；健全按要素分配制度；要完善税收、社会保障、转移支付等手段的再分配调节机制；要支持发展公益慈善事业
└─ 第四节 社会主义市场经济体制
    ├─ 资源配置的含义及方式
    │   ├─ 含义：狭义的资源（自然资源）、广义的资源（经济资源或生产要素）
    │   ├─ 方式
    │   │   ├─ 市场调节方式
    │   │   └─ 政府调节方式
    │   └─ 社会主义市场经济
    │       ├─ 市场起决定性作用
    │       └─ 发挥政府作用
    ├─ 社会主义市场经济体制的内涵和特征
    │   ├─ 产生和存在的基础：市场经济与社会主义制度的结合
    │   └─ 有效市场+有为政府
    └─ 构建高水平社会主义市场经济体制，建设全国统一大市场
```

> **温馨贴士**

　　本章可考性较强，是学习的重点，需记忆的内容较多，尤其要注意概念的区分记忆，如公有制经济和非公有制经济的区分、社会主义收入分配制度的内涵、社会主义市场经济体制的内涵和特征，需加强背诵和记忆。

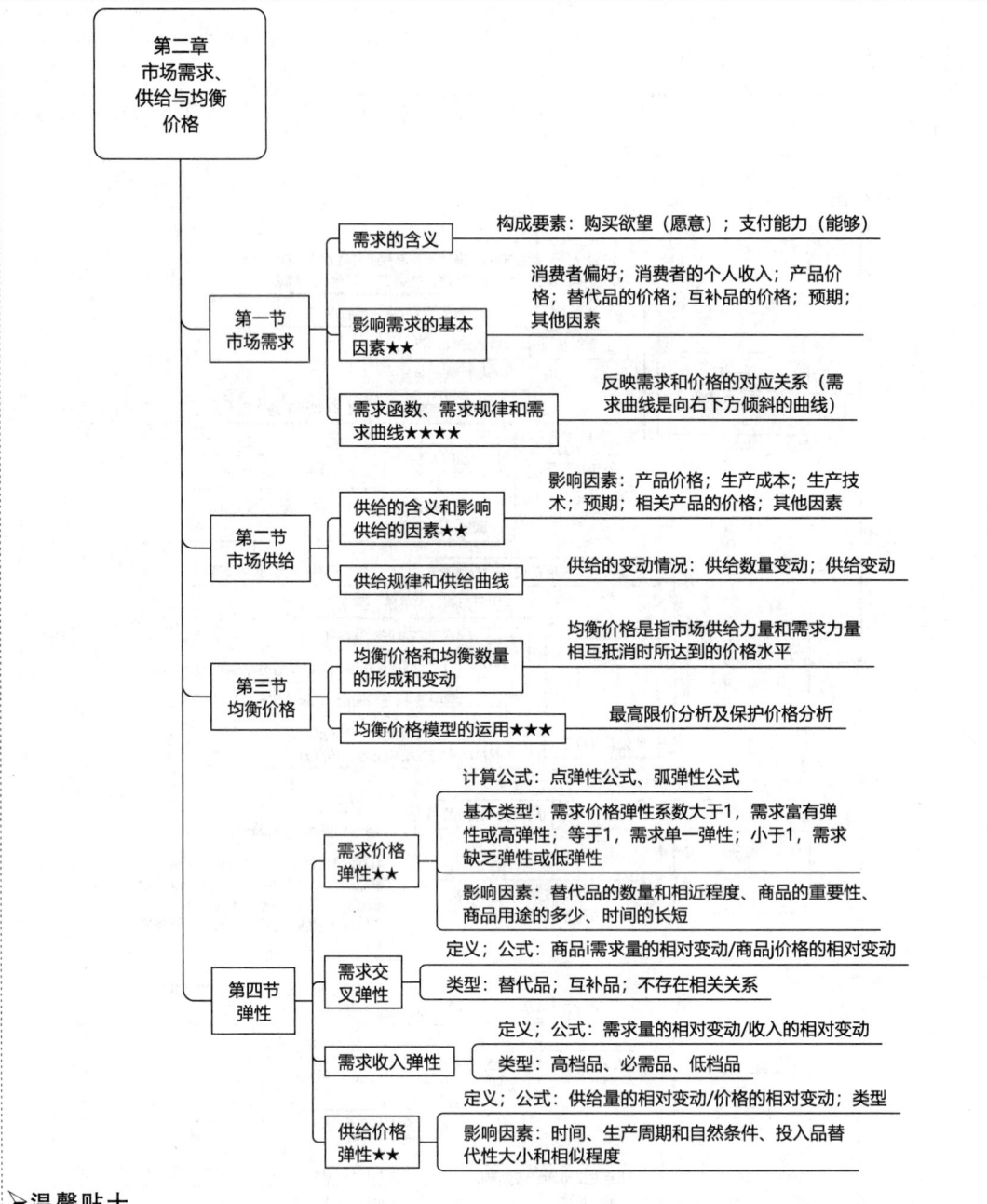

> 温馨贴士

第一节需要着重掌握需求函数、需求规律和需求曲线的内容，结合题目练习加强记忆。第二节需要分清供给曲线和需求曲线的形状区别。第四节需要记忆各个弹性的公式，考试会出计算题，应着重了解四种弹性系数的计算及类型。

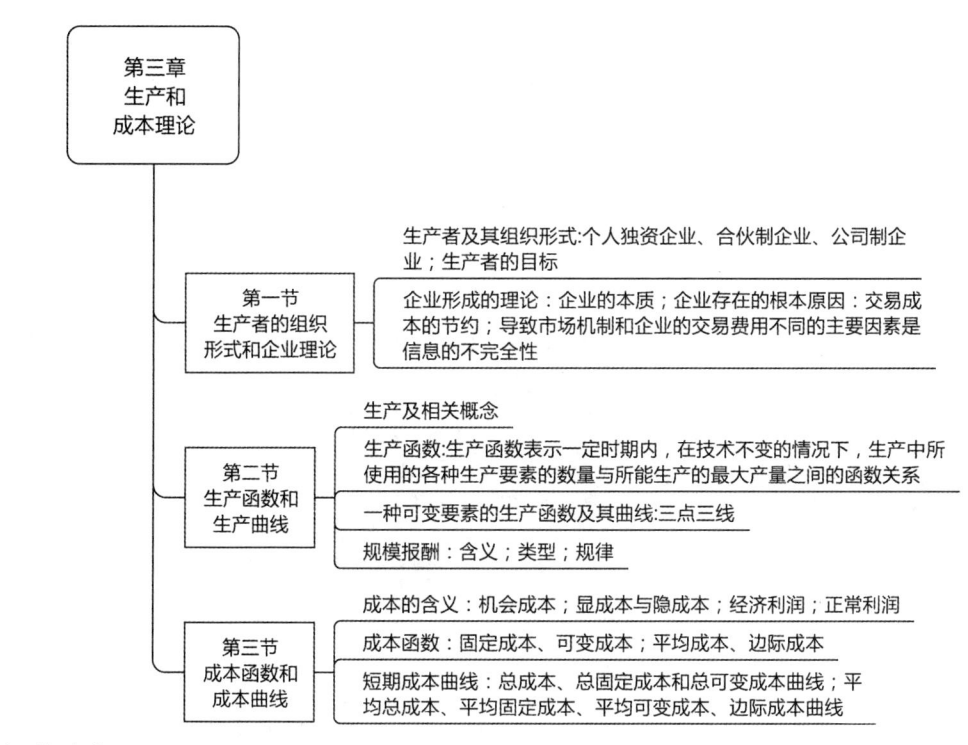

> **温馨贴士**

第二节需要着重掌握生产函数图形及其位置关系。第三节需要掌握各个曲线的形状、位置关系及变动规律。

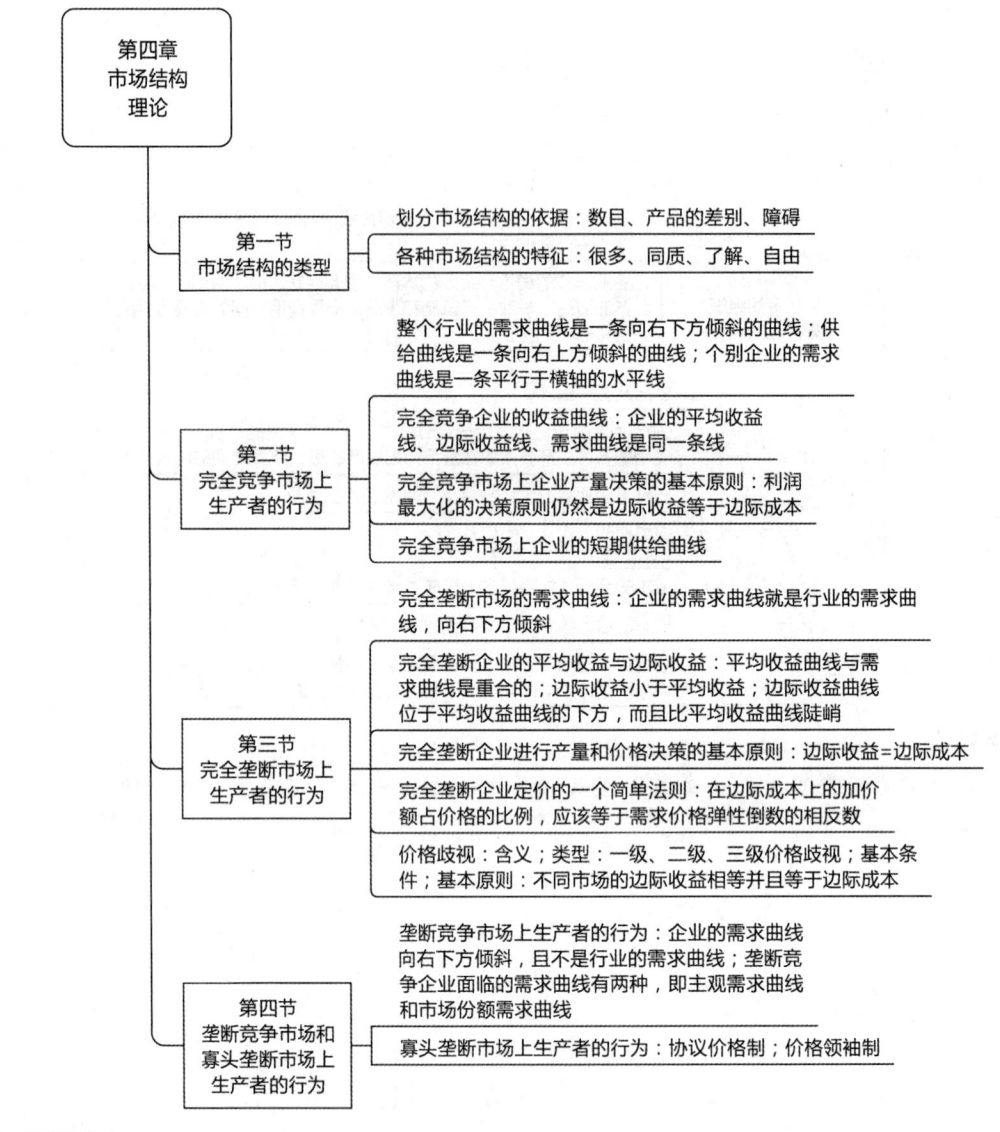

> **温馨贴士**

第一节需要多读多看,根据总结的口诀进行记忆。第二节需要掌握各个市场的特征,明确各个市场的异同,此部分较为抽象,容易混淆,要通过多记忆、多做题进行巩固。

思维导图

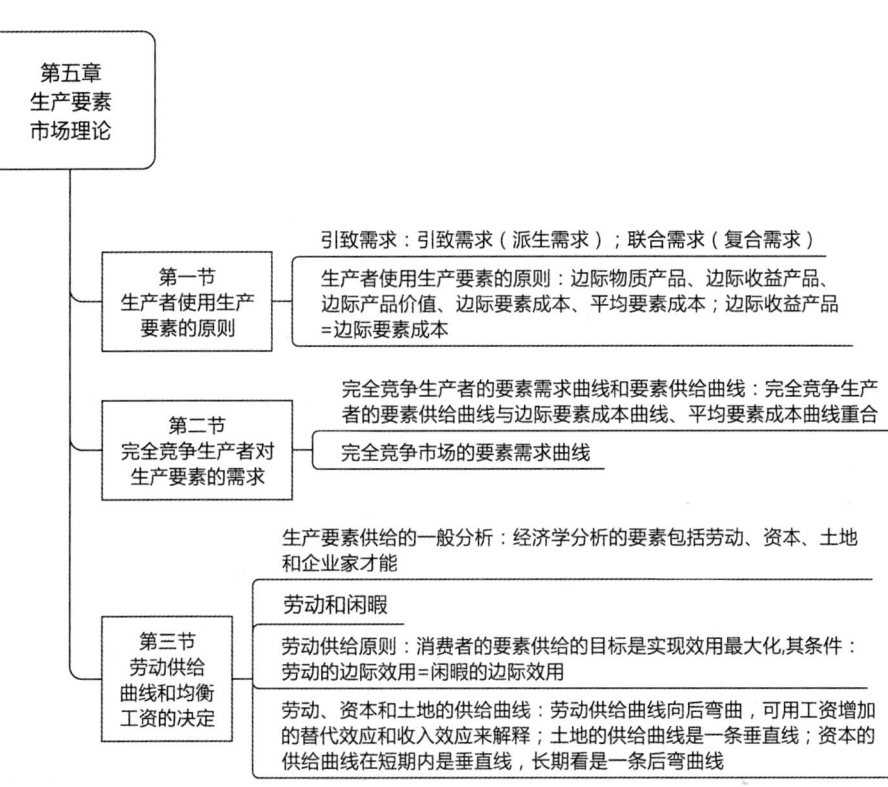

> **温馨贴士**

本章节内容较少,理论性知识结合教材记忆即可。本章节各曲线形状需要分清。

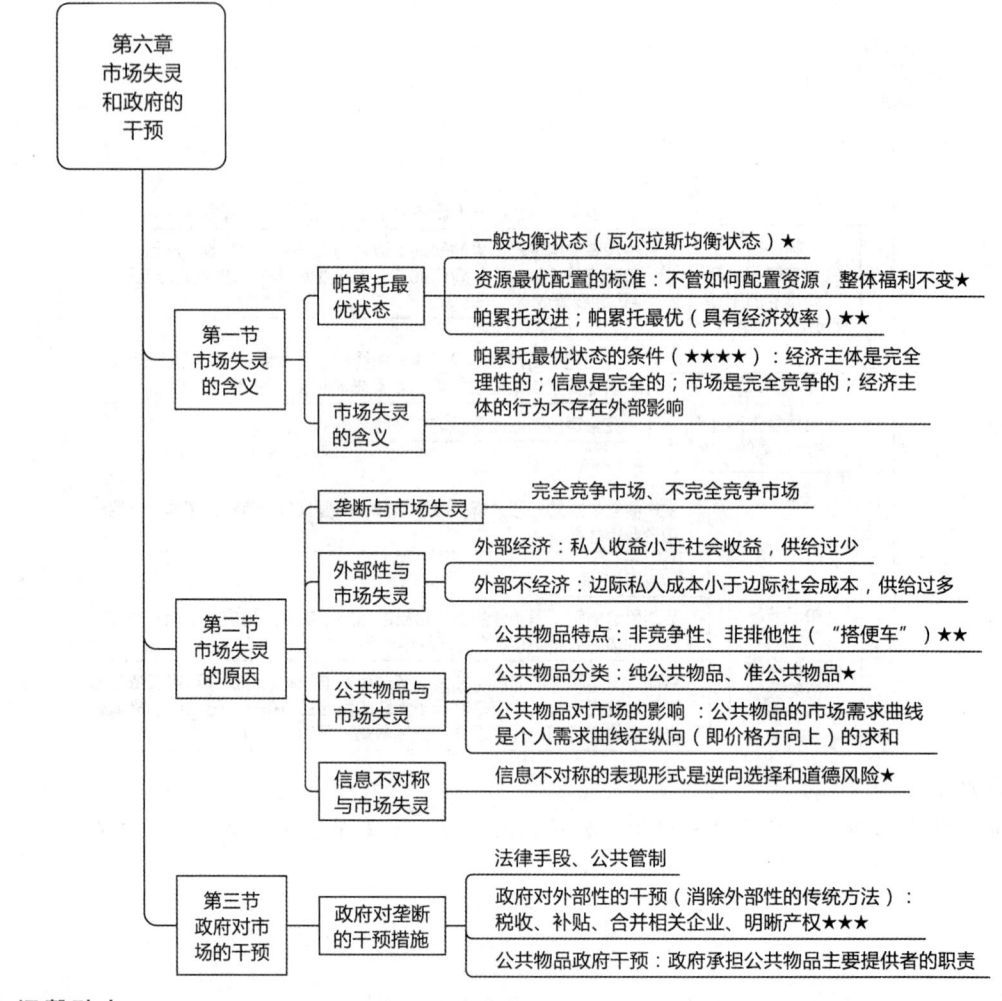

> 温馨贴士

第二、三节内容可对应进行记忆,通过相应市场失灵的原因对应政府对其干预政策来进行记忆,如:垄断与市场失灵——政府对垄断的干预措施。

思维导图

第七章 国民收入核算和简单的宏观经济模型（1）

第一节 国民收入核算

国内生产总值的含义
- 国内生产总值（GDP）是按市场价格计算的一个国家（或地区）在一定时期内生产活动的最终成果
- 国内生产总值有三种形态，即价值形态、收入形态和产品形态★
- 国民总收入=国内生产总值+来自国外的净要素收入★

国内生产总值的计算方法
- 收入法：国内生产总值=劳动者报酬+固定资产折旧+生产税净额+营业盈余
- 支出法三部分的计算公式：国内生产总值=最终消费+资本形成总额+净出口★
- 支出法四部分的计算公式（如果对居民和政府的支出再分开核算），国内生产总值GDP=消费C+固定投资支出I+政府购买G+净出口$(X-M)$★★★

第二节 宏观经济均衡的基本模型

- 两部门经济中的储蓄—投资恒等式：消费者（居民）、企业，即$I=S$★
- 三部门经济中的储蓄—投资恒等式：消费者（居民）、企业、政府部门，即$I=S+(T-G)$★★
- 四部门经济中的储蓄—投资恒等式：消费者（居民）、企业、政府部门、国外部门，即$I=S+(T-G)+(M-X)$★★★

第三节 消费、储蓄和投资

消费理论
- 凯恩斯消费理论（三个假设，简称"两减一收"）：
  （1）边际消费倾向递减规律
  （2）收入是决定消费的最重要因素
  （3）平均消费倾向会随着收入的增加而减少
- 莫迪利安尼的生命周期理论：消费取决于家庭所处的生命周期阶段★
- 弗里德曼的持久收入理论：消费是持久收入的稳定函数★

储蓄函数
- 消费函数和储蓄函数互为补数，消费+储蓄=收入
- 平均消费倾向+平均储蓄倾向=1
- 边际消费倾向β+边际储蓄倾向$S=1$★★

- 投资函数：$I=I(r)=e-dr$
- 投资乘数：投资乘数$k=1/(1-\beta)=1/S$
- 简单的国民收入决定;总收入即为均衡国民收入

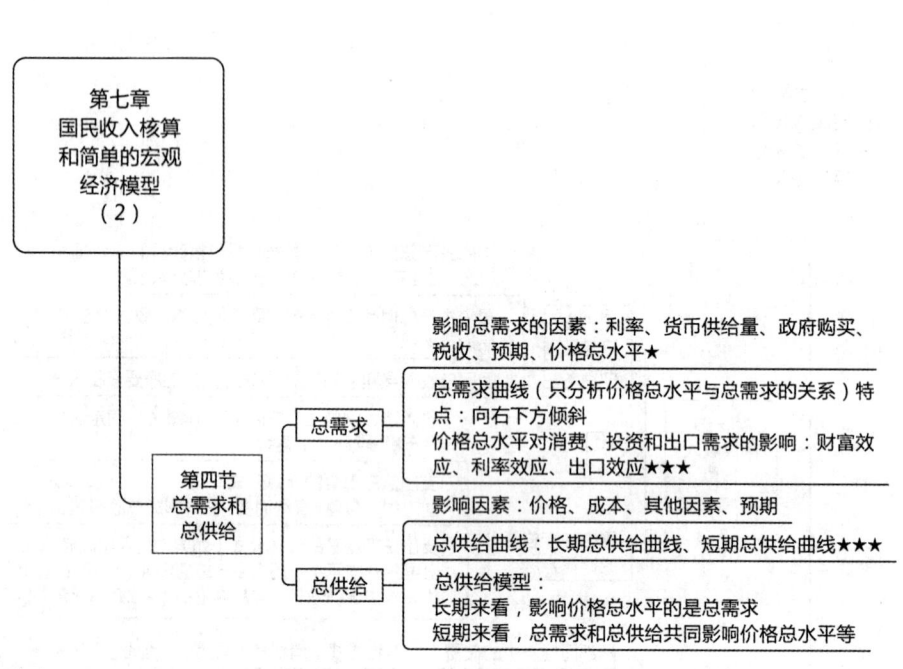

> **温馨贴士**

第一节需要分清国民生产总值和国内生产总值的概念，分清国民生产总值不同计算方法的公式。第二节需要记住不同部门对应的具体内容及公式。第三节公式结合教材理解记忆即可，多做练习巩固知识，理论性知识需要多读、背诵和记忆，全面掌握。

思维导图

- **第八章 经济增长和经济发展理论**
  - **第一节 经济增长**
    - 经济增长的含义及其与经济发展的区别
      - 计算GDP时可以用现价计算，也可以用不变价格计算★
    - 决定经济增长的基本因素：劳动的投入数量、资本的投入数量、劳动生产率、资本的效率★
    - 经济增长因素分解
      - 两因素分解；三因素分解
      - 经济增长率=技术进步率+（劳动份额×劳动增长率）+（资本份额×资本增长率）★
  - **第二节 经济周期和经济波动**
    - 经济周期和经济波动的类型
      - 按照周期波动时间长短：长周期、中周期、短周期★★
      - 按照经济总量绝对下降或相对下降的不同情况：古典型周期、增长型周期★
    - 经济周期的阶段划分和阶段特征：扩张阶段（复苏和繁荣）、紧缩或衰退阶段
    - 导致经济波动的主要因素：投资率的变动、消费需求的波动、技术进步的状况、预期的变化、国际经济因素的冲击、大规模疫情等因素的冲击★★
    - 我国的经济波动：我国的经济周期属于增长型周期波动★
    - 分析和预测经济波动的指标体系★★★★
      - 一致指标/同步指标（国内生产总值、规模以上工业增加值、工业用电量、铁路货运量）
      - 先行指标/领先指标（采购经理指数、消费者信心指数、新开工项目计划总投资）
      - 滞后指标（企业利润、失业率、居民消费价格指数）
  - **第三节 经济发展**
    - 经济发展的基本理论
      - 经济发展的核心是人民生活水平的持续提高
      - 可持续发展是经济发展的重要内容、核心思想
    - 新发展理念★★★
    - 新发展阶段和新发展格局★★
    - 高质量发展的内涵与特征
    - 中国式现代化

> **温馨贴士**
>
> 本章多为理论性知识，需要背诵和记忆的知识点很多，学习的时候一定要注意"滚动复习，全面记忆"。

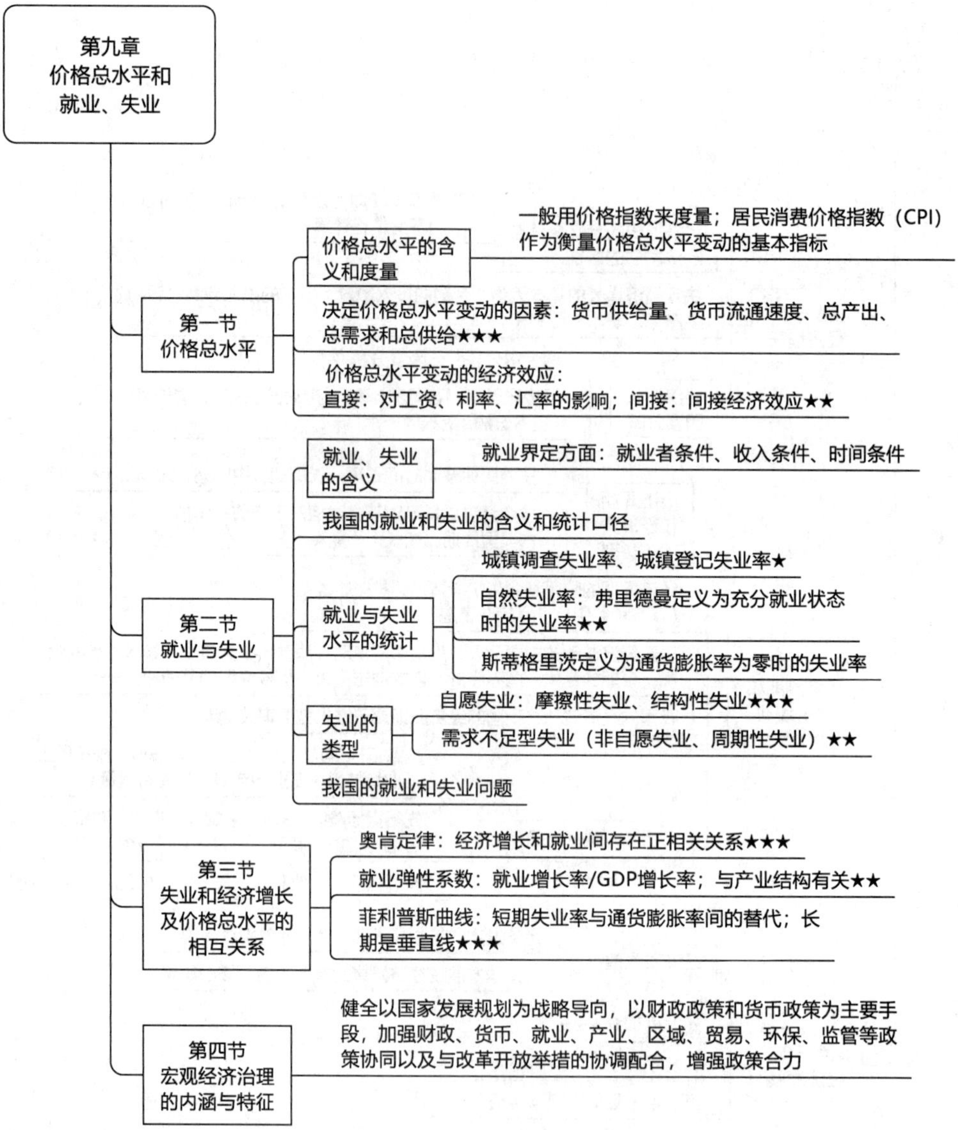

第九章 价格总水平和就业、失业

第一节 价格总水平

- **价格总水平的含义和度量**：一般用价格指数来度量；居民消费价格指数（CPI）作为衡量价格总水平变动的基本指标
- **决定价格总水平变动的因素**：货币供给量、货币流通速度、总产出、总需求和总供给★★★
- **价格总水平变动的经济效应**：直接：对工资、利率、汇率的影响；间接：间接经济效应★★

第二节 就业与失业

- **就业、失业的含义**
  - 就业界定方面：就业者条件、收入条件、时间条件
  - 我国的就业和失业的含义和统计口径
- **就业与失业水平的统计**
  - 城镇调查失业率、城镇登记失业率★
  - 自然失业率：弗里德曼定义为充分就业状态时的失业率★★
  - 斯蒂格里茨定义为通货膨胀率为零时的失业率
- **失业的类型**
  - 自愿失业：摩擦性失业、结构性失业★★★
  - 需求不足型失业（非自愿失业、周期性失业）★★
- 我国的就业和失业问题

第三节 失业和经济增长及价格总水平的相互关系

- 奥肯定律：经济增长和就业间存在正相关关系★★★
- 就业弹性系数：就业增长率/GDP增长率；与产业结构有关★★
- 菲利普斯曲线：短期失业率与通货膨胀率间的替代；长期是垂直线★★★

第四节 宏观经济治理的内涵与特征

健全以国家发展规划为战略导向，以财政政策和货币政策为主要手段，加强财政、货币、就业、产业、区域、贸易、环保、监管等政策协同以及与改革开放举措的协调配合，增强政策合力

> **温馨贴士**
>
> 本章内容多为理论性知识，应结合实际理解记忆，结合教材多进行题目练习巩固知识。

思维导图

- 第十章 国际贸易理论和政策
  - 第一节 国际贸易理论
    - 国际贸易理论的演变
      - 亚当·斯密的绝对优势理论★★
      - 大卫·李嘉图的比较优势理论★
      - 赫尔歇尔和俄林的要素禀赋理论★★
      - 当代贸易理论：克鲁格曼的规模经济贸易理论★
    - 影响国际贸易的因素
      - 影响出口贸易的因素：自然资源的丰裕程度、生产能力和技术水平的高低、汇率水平、国际市场需求水平和需求结构★★
      - 影响进口贸易的因素：一国的经济总量和总产出水平、汇率水平、国际市场商品的供给情况和价格水平的高低★★
  - 第二节 国际贸易政策
    - 政府对国际贸易干预的目的
      - 对进口贸易的干预：
        （1）非关税限制：进口配额制、自愿出口限制、歧视性公共采购、技术标准和卫生检疫标准
        （2）关税限制★★★
      - 对出口贸易的限制（★★★★）：出口补贴分为直接、间接（出口退税、出口信贷）
    - 倾销的界定和反倾销措施分析
      - 低于正常价值的价格
      - 确定产品正常价值的标准：原产国标准、第三国标准、按同类产品在原产国的生产成本，加合理销售费、管理费、一般费用和利润确定
      - 倾销类型：掠夺性倾销、持续性倾销、隐蔽性倾销、偶然性倾销★
      - 倾销的影响：对进口国、对出口国、对第三国
      - 反倾销：反倾销税★★★
  - 第三节 建设更高水平对外开放新体制
    - 在构建双循环新发展格局中实现更高水平的对外开放
      - 制度和规则建设
      - 重视国家经济安全
      - 五个方面（保持进出口稳定增长，提高产品质量和服务水平，积极扩大进口，重视外资引进质量，积极支持我国企业"走出去"）

> 温馨贴士

本章政府对进出口贸易的干预是本章非常重要的知识点，也是易考点，应通过对比记忆，多做题理解；倾销与反倾销也是很重要的知识点。

Day 52

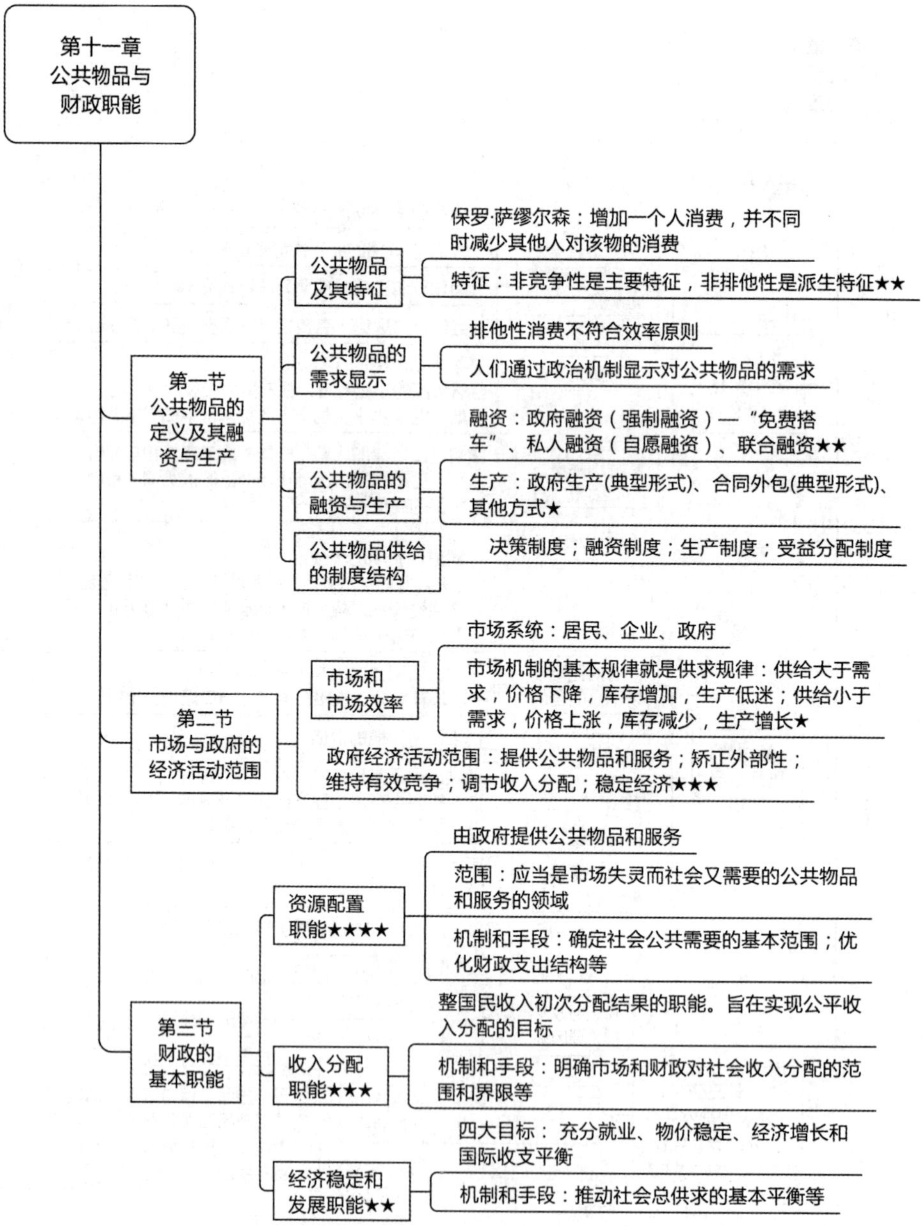

```
第十一章 公共物品与财政职能
├─ 第一节 公共物品的定义及其融资与生产
│  ├─ 公共物品及其特征
│  │  ├─ 保罗·萨缪尔森：增加一个人消费，并不同时减少其他人对该物的消费
│  │  └─ 特征：非竞争性是主要特征，非排他性是派生特征★★
│  ├─ 公共物品的需求显示
│  │  ├─ 排他性消费不符合效率原则
│  │  └─ 人们通过政治机制显示对公共物品的需求
│  ├─ 公共物品的融资与生产
│  │  ├─ 融资：政府融资（强制融资）——"免费搭车"、私人融资（自愿融资）、联合融资★★
│  │  └─ 生产：政府生产(典型形式)、合同外包(典型形式)、其他方式★
│  └─ 公共物品供给的制度结构：决策制度；融资制度；生产制度；受益分配制度
├─ 第二节 市场与政府的经济活动范围
│  └─ 市场和市场效率
│     ├─ 市场系统：居民、企业、政府
│     ├─ 市场机制的基本规律就是供求规律：供给大于需求，价格下降，库存增加，生产低迷；供给小于需求，价格上涨，库存减少，生产增长★
│     └─ 政府经济活动范围：提供公共物品和服务；矫正外部性；维持有效竞争；调节收入分配；稳定经济★★★
└─ 第三节 财政的基本职能
   ├─ 资源配置职能★★★★
   │  ├─ 由政府提供公共物品和服务
   │  ├─ 范围：应当是市场失灵而社会又需要的公共物品和服务的领域
   │  └─ 机制和手段：确定社会公共需要的基本范围；优化财政支出结构等
   ├─ 收入分配职能★★★
   │  ├─ 整国民收入初次分配结果的职能。旨在实现公平收入分配的目标
   │  └─ 机制和手段：明确市场和财政对社会收入分配的范围和界限等
   └─ 经济稳定和发展职能★★
      ├─ 四大目标：充分就业、物价稳定、经济增长和国际收支平衡
      └─ 机制和手段：推动社会总供求的基本平衡等
```

> **温馨贴士**
>
> 第一、二节主要考查公共物品的特征及其融资与生产；供给制度以及市场的供求规律。第三节内容不难，多为理论性知识，需要背诵和记忆；公共财政的三大职能是本章最重要的内容，需要重点掌握。

第十二章 财政支出（1）

第一节 财政支出及其分类

- 如何理解财政支出数据
  - 财政支出规模（花了多少钱）
  - 财政支出结构（做了多少事）
  - 财政支出的经济性质（具体是怎么花的）
- 财政支出分类方法
  - 适用于编制政府预算的统计分类：支出功能分类、支出经济分类★★★
  - 根据交易的经济性质进行分类：购买性支出、转移性支出★★
- 中国的政府支出分类改革
  - 中国支出功能分类：设类、款、项三级★

第二节 财政支出规模及其增长趋势

- 衡量财政支出规模的指标
  - 财政支出绝对规模：总量是不断增长的
  - 财政支出相对规模：当年财政支出占当年国内生产总值的比重，反映中央政府对地方政府的控制程度
- 财政支出规模变化的指标
  - 财政支出增长率：当年财政支出比上年同期财政支出增长的百分比
  - 财政支出增长的弹性系数：财政支出增长率与国内生产总值增长率之比
  - 财政支出增长的边际倾向：财政支出增长额与国内生产总值增长额之间的关系
- 财政支出规模增长的理论解释
  - 瓦格纳法则——政府活动扩张法则
  - 皮考克和魏斯曼——梯度渐进增长理论
  - 马斯格雷夫——经济发展阶段增长理论
  - 鲍莫尔——非均衡增长理论
  - 公共选择学派的解释
- 影响财政支出规模的主要因素
  - 经济发展因素
  - 政治因素（政治局面稳定、体制结构和行政效率、政府活动范围）
  - 经济体制和经济制度因素
  - 社会因素

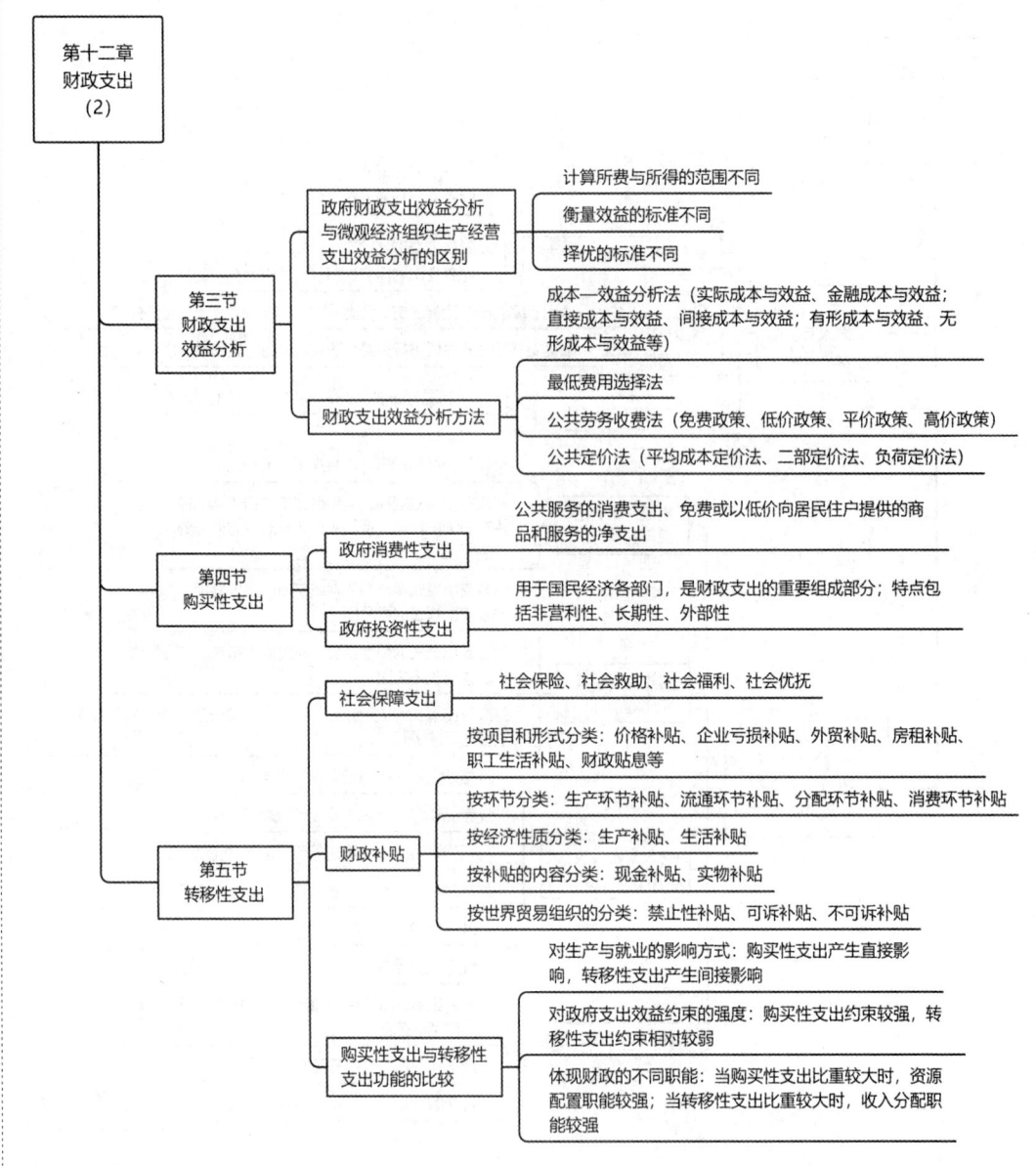

> **温馨贴士**

本章第一节考点集中，历年考试中多有涉及，学习时注意区分相关概念。第三、四、五节理论性知识较多，要注意对书本知识的熟悉掌握，加强背诵和记忆。

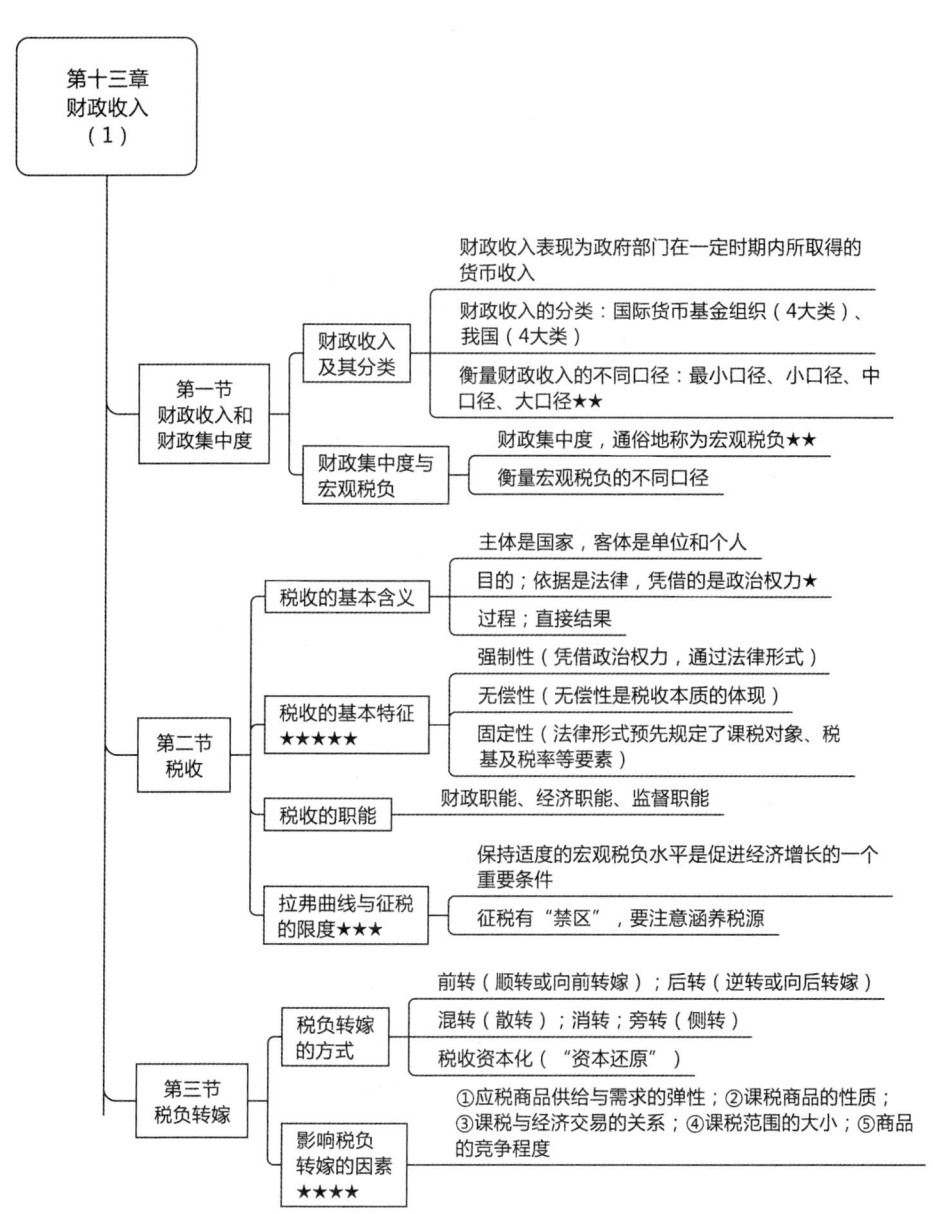

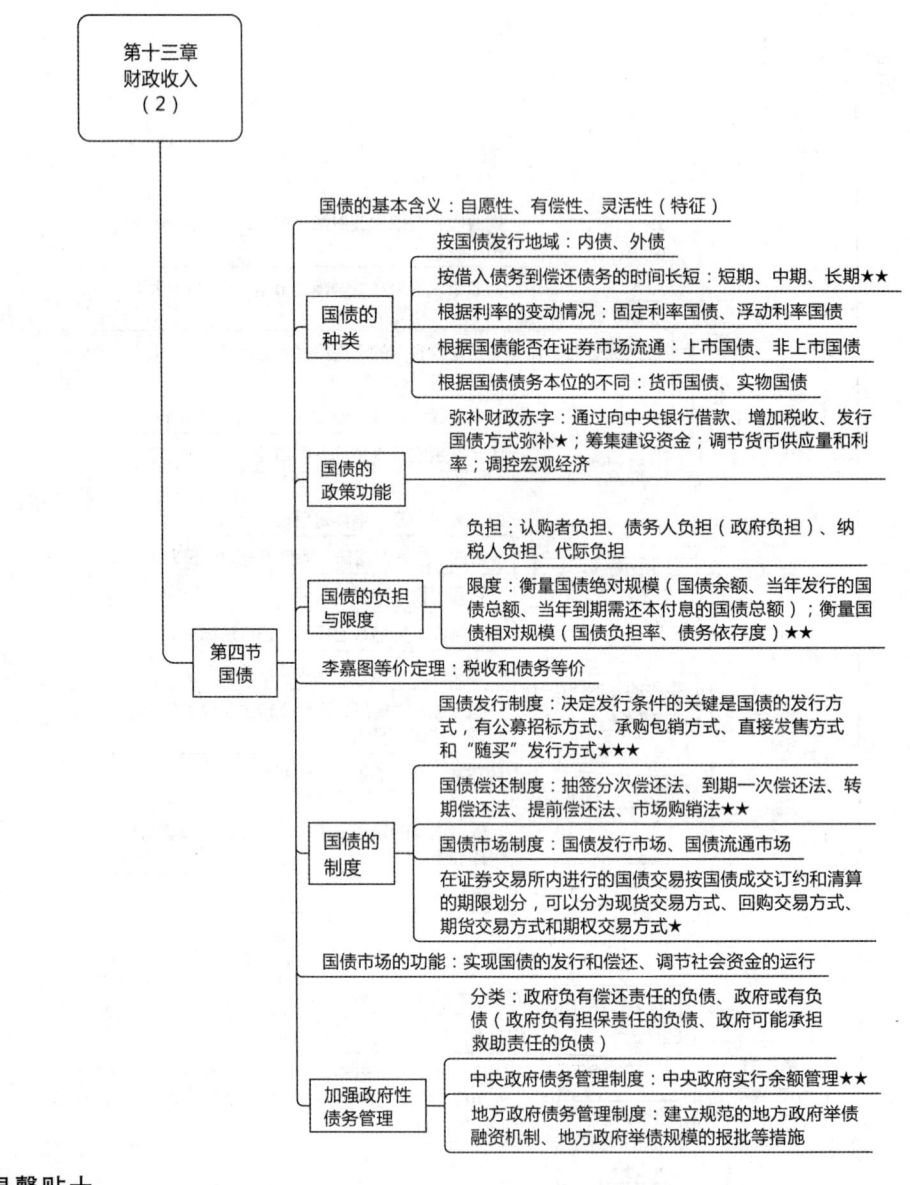

> **温馨贴士**

第一、二、三节内容较易掌握,多为理论性知识,应多背诵和记忆,税收的特征、职能及拉弗曲线需要重点掌握,税负转嫁受哪些因素的影响可与弹性结合在一起进行学习。第四节多为细节性的内容,知识较偏,较难理解。

思维导图

第十四章 税收制度（1）

第一节 税制要素与税收分类

税制要素
- 税制要素：纳税人、课税对象、税率、纳税环节、纳税期限、减税和免税、违章处理、纳税地点
- 纳税人即纳税主体，相关概念：负人、扣缴义务人
- 课税对象相关概念：税源、税目（代表征税的广度）、计税依据
- 税率：计算应征税额的标准，税收制度的中心环节，税率的高低，体现征税的深度
- 税率分类（比例税率、定额税率、累进税率）

税收分类
- 按课税对象的不同：所得税、货物和劳务税、财产税、资源税、行为目的税
- 按计量课税对象的标准不同：从价税和从量税
- 按税收与价格的关系：价内税和价外税
- 按税负能否转嫁：直接税和间接税
- 按税收管理权限和使用权限：中央税、地方税、中央和地方共享税

我国现行税收法律制度
- 我国现行税收法律制度是由法律、法规和规章组成的一个统一的法律体系
- 货物和劳务税类，包括增值税、消费税和关税，主要在生产、流通或者服务业中发挥调节作用
- 所得税类，包括企业所得税、个人所得税，主要是在国民收入形成后，对生产经营者的利润和个人的纯收入发挥调节作用
- 财产税类，包括房产税、契税、车船税，主要对某些财产和行为发挥调节作用
- 资源税类，包括资源税、城镇土地使用税、耕地占用税、土地增值税，主要对因开发和利用自然资源差异而形成的级差收入发挥调节作用
- 行为目的税类，包括环境保护税、印花税、城市维护建设税、车辆购置税、烟叶税、船舶吨税，主要是为了达到特定目的，对特定对象和特定行为发挥调节作用

第二节 货物和劳务税类

增值税
- 特点：不重复征税，具有中性税收的特征；逐环节征税，逐环节扣税，最终消费者是全部税款的承担者；税基广阔，具有征收的普遍性和连续性
- 类型："消费型"增值税、"收入型"增值税、"生产型"增值税
- 征税范围和纳税人：覆盖第一产业、第二产业和第三产业；增值税纳税人分为一般纳税人、小规模纳税人
- 税率与征收率：一般纳税人（13%、9%、6%、0）小规模纳税人（3%、5%）
- 计税方法：一般纳税人（扣税法），应纳税额=销项税额-进项税额，销项税额=销售额×适用税率；小规模纳税人，应纳税额=销售额×征收率）；进口货物应纳税额=组成计税价格×税率
- 征收管理：纳税义务发生时间、纳税期限、纳税地点、发票管理

第十四章 税收制度（2）

第二节 货物和劳务税类

消费税

- 消费税主要以消费品为课税对象，属于间接税，税收随价格转嫁给消费者负担，消费者是税款的实际负担者
- 我国现行消费税的特点：征收范围具有选择性；征税环节一般具有单一性；平均税率水平比较高且税负差异大；计税方法具有灵活性
- 税目：烟、酒、高档化妆品、贵重首饰及珠宝玉石、鞭炮焰火、成品油、摩托车、小汽车、高尔夫球及球具、高档手表、游艇、木制一次性筷子、实木地板、电池和涂料共15类消费品
- 税率：比例税率和定额税率（啤酒、黄酒和成品油是定额税率，白酒、卷烟是定额税率与比例税率相结合的复合计税）
- 计税方法：从价定率计征，应纳税额=应税消费品销售额×比例税率；从量定额计征，应纳税额=应税消费品销售数量×定额税率；复合计税计征，应纳税额=应税消费品销售额×比例税率+应税消费品销售数量×定额税率
- 征收管理：纳税期限、纳税地点

关税

- 通常情况下，关境即国境，但由于自由港、自由贸易区或关税同盟的存在，关境与国境有时不完全一致
- 征税对象：准许进出境的货物和物品
- 纳税人：进口货物的收货人、出口货物的发货人、进出境物品的所有人
- 应纳税额计算：从价税关税税额=应税进（出）口货物数量×单位完税价格×税率；从量税关税税额=应税进（出）口货物数量×单位货物税额；复合关税税额=应税进（出）口货物数量×单位完税价格×税率+应税进（出）口货物数量×单位货物税额
- 征收管理：关税的缴纳、强制执行

第三节 所得税类

所得税的主要特点

税负相对比较公平；征税不重复且不易转嫁；税源可靠，收入具有弹性；发挥"内在稳定器"的作用

企业所得税

- 纳税人：个人独资企业，合伙企业不适用企业所得税
- 税率：25%、20%
- 应纳税额=应纳税所得额×适用税率-税收优惠规定减免或抵免税额
- 征收管理：按纳税年度计算，纳税年度自公历1月1日起至12月31日止

个人所得税

- 纳税人：分为居民个人和非居民个人
- 课税对象：9项
- 税率：综合所得为3%~45%的超额累进税率；经营所得为5%~35%的超额累进税率；利息、股息、红利所得，财产租赁所得，财产转让所得和偶然所得为20%的比例税率
- 个人所得税应纳税额=应纳税所得额×适用税率
- 税收优惠：免征、减征
- 征收管理：自行申报纳税；全员全额扣缴申报纳税

第四节 财产税类

财产税的特点

优点、缺点

思维导图

```
第十四章
税收制度
(3)
├── 第四节 财产税类
│   ├── 房产税
│   │   ├── 征税对象：房屋
│   │   ├── 纳税人：产权所有人、承典人、房产代管人或者使用人
│   │   ├── 征税范围：城市、县城建制镇和工矿区的房屋（独立于房屋之外的建筑物不属于房产税的征税范围）
│   │   ├── 税率：我国现行房产税采用比例税率（从价计征1.2%；从租计征12%）
│   │   ├── 计税依据：房产余值（从价）；房屋出租取得的租金收入（从租，租金收入不含增值税）
│   │   └── 征收管理：纳税义务发生时间、纳税地点、纳税期限
│   ├── 契税
│   │   ├── 纳税人：在中华人民共和国境内转移土地、房屋权属，承受的单位和个人
│   │   ├── 征税范围（5项）：国有土地使用权出让、土地使用权的转让、房屋买卖、房屋赠与、房屋互换
│   │   ├── 征税对象：在我国境内转移土地、房屋权属的行为
│   │   ├── 计税依据：不含增值税，具体计税依据视不同情况而决定（5种）
│   │   ├── 应纳税额=计税依据×税率
│   │   └── 征收管理：纳税义务发生时间、期限、地点、其他规定
│   └── 车船税
│       ├── 纳税人的概念；征税范围中车辆、船舶的定义
│       ├── 税目：6大类（乘用车、商用车、挂车、其他车辆、摩托车和船舶）
│       ├── 税率：定额税率
│       ├── 计税依据：计税单位包括"每辆""整备质量每吨""净吨位每吨""艇身长度每米"
│       ├── 应纳税额的计算（5种）
│       └── 征收管理：纳税期限、地点、申报
└── 第五节 深化税收征管改革
    ├── 深化税收征管改革的主要目标：到2022年，税务监管精准性上取得重要进展；到2023年，基本建成"无风险不打扰、有违法要追究、全过程强智控"的税务执法新体系；到2025年，深化税收征管制度改革取得显著成效
    └── 深化税收征管改革的主要内容
        ├── 全面推进税收征管数字化升级和智能化改造
        ├── 不断完善税务执法制度和机制
        ├── 大力推行优质高效智能税费服务
        ├── 精准实施税务监管
        ├── 持续深化拓展税收共治格局
        └── 强化税务组织保障
```

> **温馨贴士**

本章理论性知识较多，要注意对书本知识的熟悉掌握，加强练习和背诵和记忆。

第十五章 政府预算（1）

第一节 政府预算的职能与原则

- 政府预算的含义★★★
  - 从技术方面看：从形式上看，政府预算是政府的财政收支计划；从内容上看：政府预算是政府理财的主导环节和基本环节
  - 从政治方面看，政府预算是重大的政治行为
  - 从本质上看，政府预算是国家和政府意志的体现
- 政府预算的职能：反映、监督、控制
- 政府预算的原则：完整性、统一性、可靠性、合法性、公开性、年度性★★
- 政府预算的分类★★★
  - 按预算编制形式：单式、复式
  - 按预算编制依据的内容和方法：增量（基数）预算、零基预算
  - 按预算作用时间长短分类：年度预算、多年预算
  - 按预算收支平衡状况分类：平衡、差额
  - 按预算项目是否直接反映经济效益分类：投入、绩效、规划项目预算
  - 按预算管理层级分类：中央、地方

第二节 我国政府预算管理职权划分

- 立法机关的预算管理职权★★★★
  - 各级人民代表大会的职权（审查、批准、改变或者撤销）
  - 各级人民代表大会常务委员会的职权（监督、审查批准、调整、决算）
- 各级人民政府的预算管理职权（由国务院规定、各级人民政府组织编制、组织、决定、组织编制、监督、改变和撤销）★★★

第三节 我国政府预算体系

- 一般公共预算、政府性基金预算（以收定支，专款专用，结余结转下年）、国有资本经营预算、社会保险基金预算★★★

第四节 我国政府预算编制和执行制度

- 预算编制制度：标准收入预算法（收入）、零基预算法（支出）
- 预算执行制度（建立国库集中收付制度和政府采购制度）

思维导图

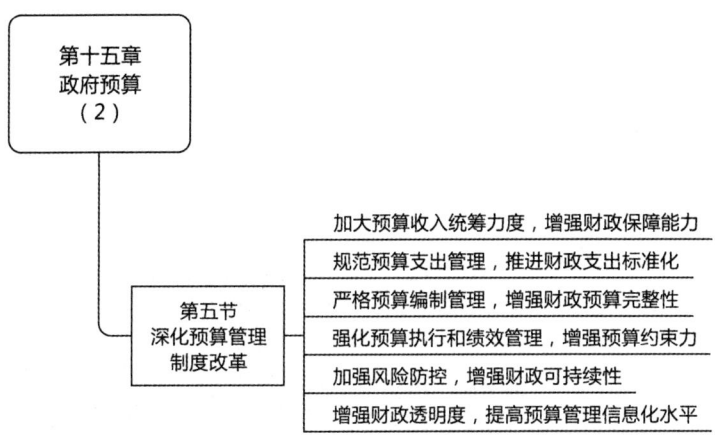

第十五章 政府预算（2）

第五节 深化预算管理制度改革
- 加大预算收入统筹力度，增强财政保障能力
- 规范预算支出管理，推进财政支出标准化
- 严格预算编制管理，增强财政预算完整性
- 强化预算执行和绩效管理，增强预算约束力
- 加强风险防控，增强财政可持续性
- 增强财政透明度，提高预算管理信息化水平

> **温馨贴士**
>
> 本章知识点较杂，内容较多，需通过题目多加练习来巩固本章的重点知识。

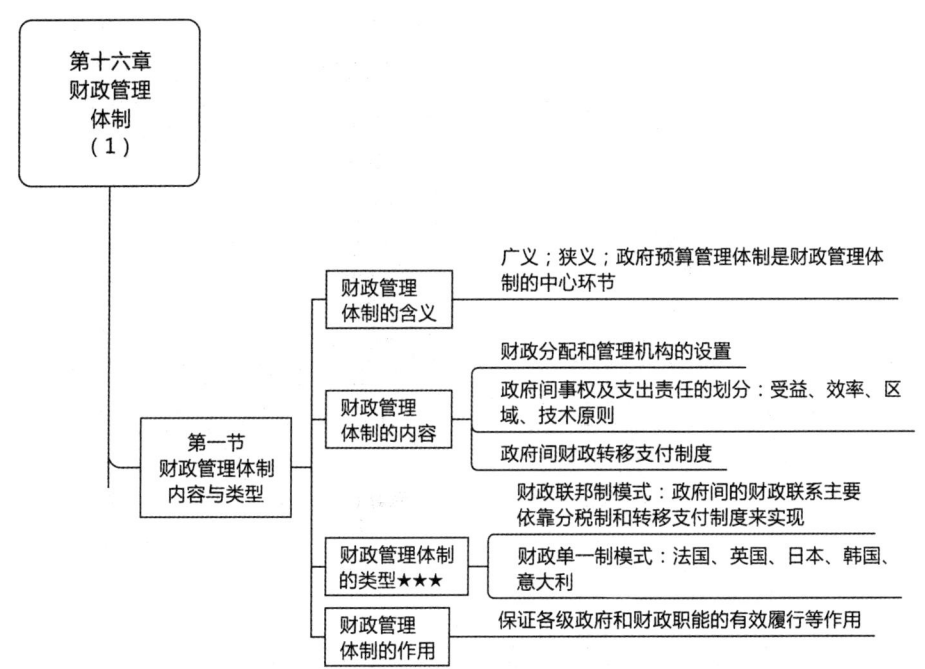

第十六章 财政管理体制（1）

第一节 财政管理体制内容与类型
- 财政管理体制的含义：广义；狭义；政府预算管理体制是财政管理体制的中心环节
- 财政管理体制的内容
  - 财政分配和管理机构的设置
  - 政府间事权及支出责任的划分：受益、效率、区域、技术原则
  - 政府间财政转移支付制度
- 财政管理体制的类型★★★
  - 财政联邦制模式：政府间的财政联系主要依靠分税制和转移支付制度来实现
  - 财政单一制模式：法国、英国、日本、韩国、意大利
- 财政管理体制的作用：保证各级政府和财政职能的有效履行等作用

· 289 ·

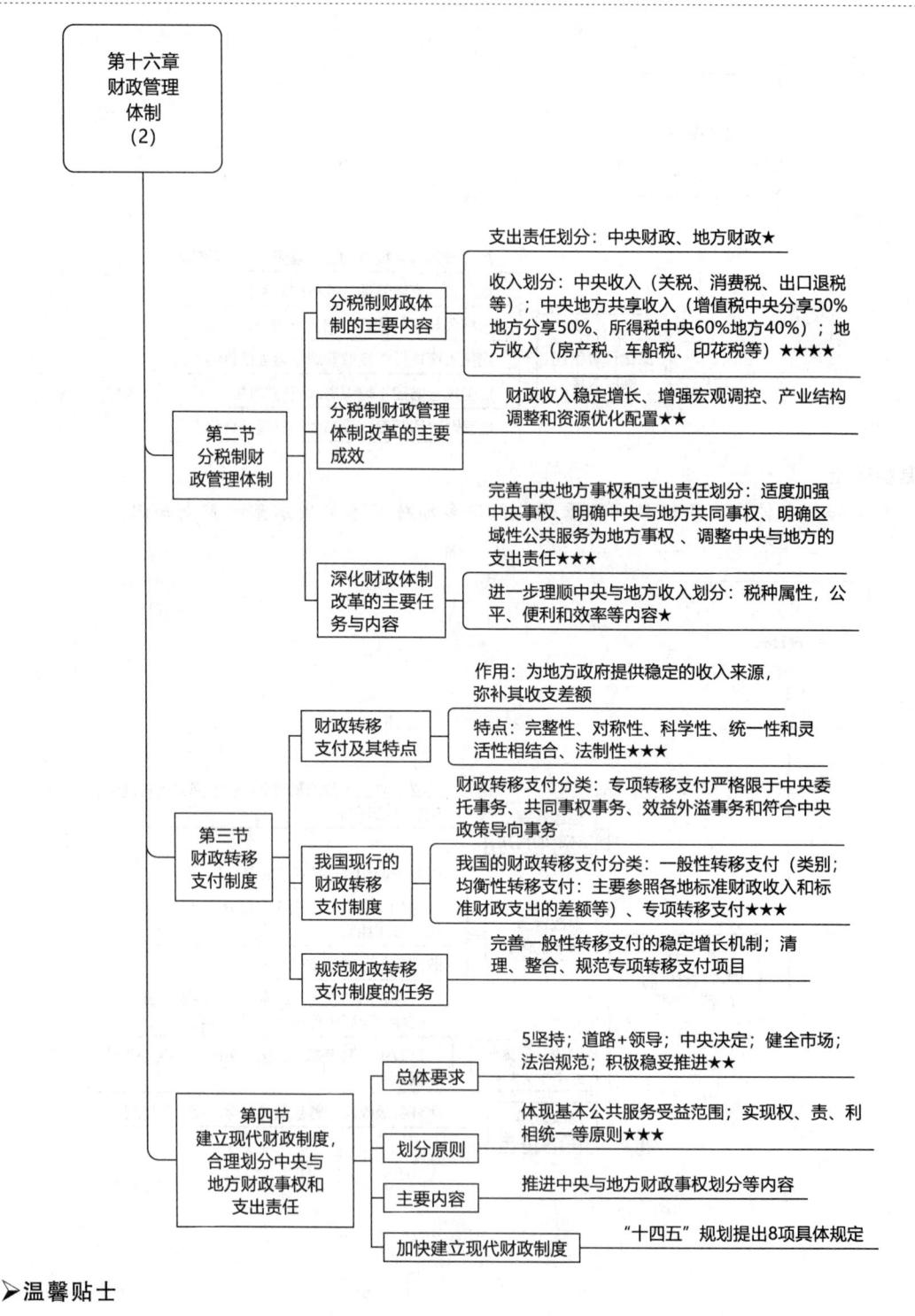

> 温馨贴士

本章内容知识点清晰明确，应多注意中央与地方收入的划分。

思维导图

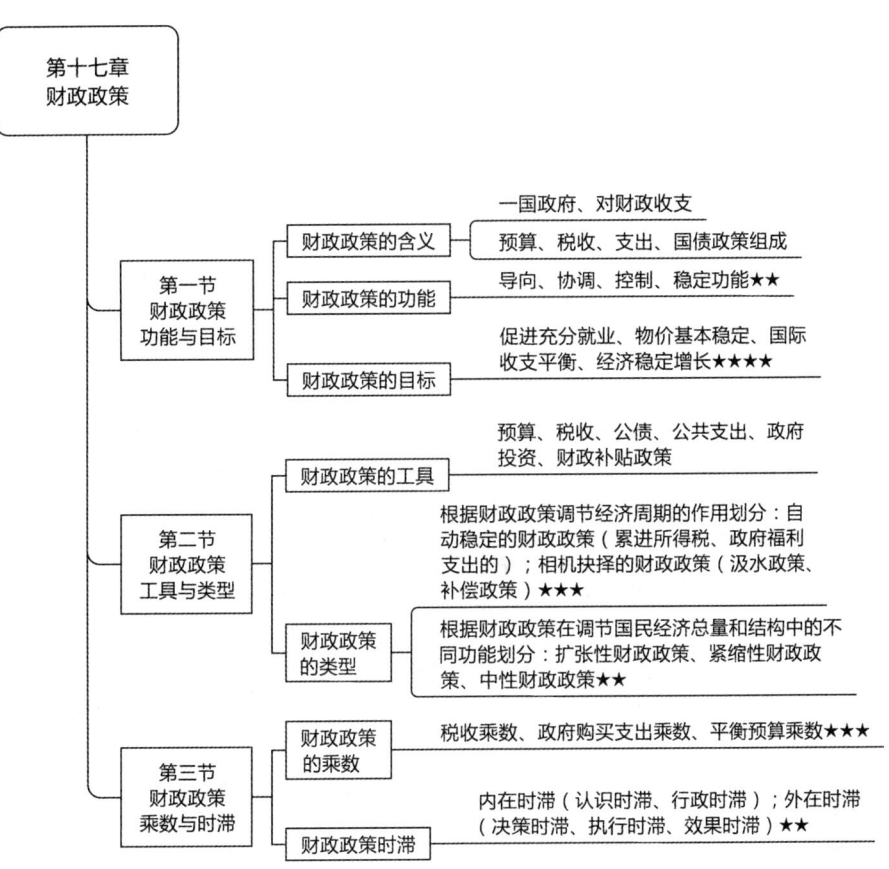

> **温馨贴士**
> 　　财政政策工具与类型、财政政策乘数是本章重要知识点,每年都会考查。

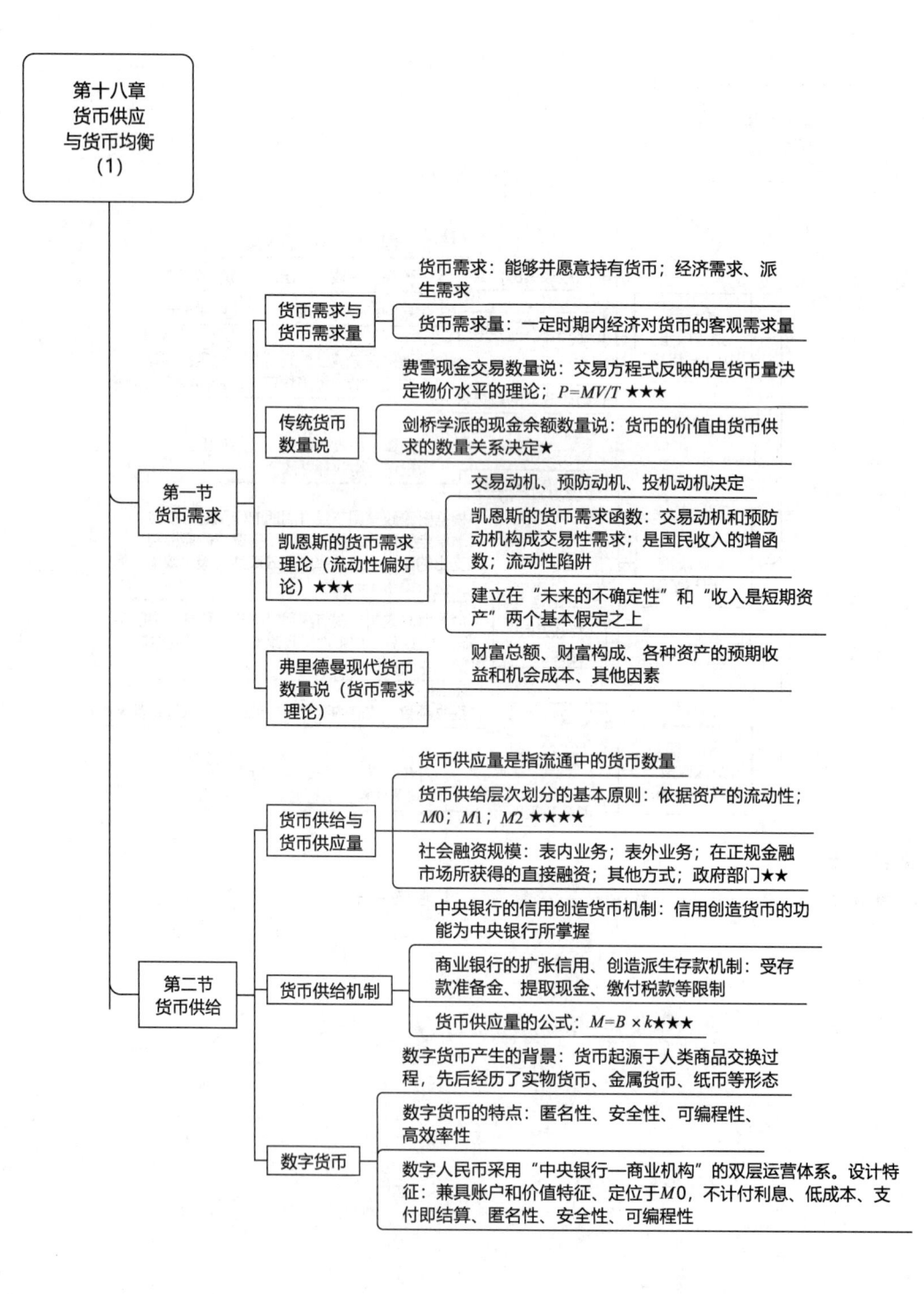

思维导图

```
第十八章
货币供应
与货币均衡
（2）
├─ 第三节 货币均衡
│   ├─ 货币均衡与失衡
│   │   ├─ 货币均衡的特征：大体一致；动态过程；反映了经济总体均衡★★★
│   │   └─ 货币失衡：总量性货币失衡、结构性货币失衡★★★
│   └─ 货币均衡水平决定
│       ├─ 货币数量与经济增长的关系
│       ├─ 货币数量与物价上涨的关系
│       └─ 流通领域中货币数量的增长应略高于国内生产总值的增长
└─ 第四节 通货膨胀
    ├─ 通货膨胀的含义：货币供给过度而引起的货币贬值，物价上涨的现象
    ├─ 通货膨胀的类型：需求拉上型通货膨胀；成本推进型通货膨胀；输入型通货膨胀；结构型通货膨胀；公开型通货膨胀；抑制型通货膨胀★★★
    ├─ 通货膨胀的原因★★
    │   ├─ 直接原因：过度的信贷供给
    │   └─ 主要原因：财政原因；信贷原因；其他原因
    └─ 通货膨胀的治理★★★★
        ├─ 紧缩的需求政策
        │   ├─ 紧缩性财政政策（"增收节支"少花钱）：①减少政府支出；②增加税收；③发行公债
        │   └─ 紧缩性货币政策（少给钱）：①提高法定存款准备金率；②提高再贴现率；③公开市场业务操作
        └─ 积极的供给政策：减税、削减社会福利开支、适当增加货币供给发展生产和精简规章制度
```

> **温馨贴士**
>
> 本章可考性高，多为理论性知识，考查的内容比较细致。

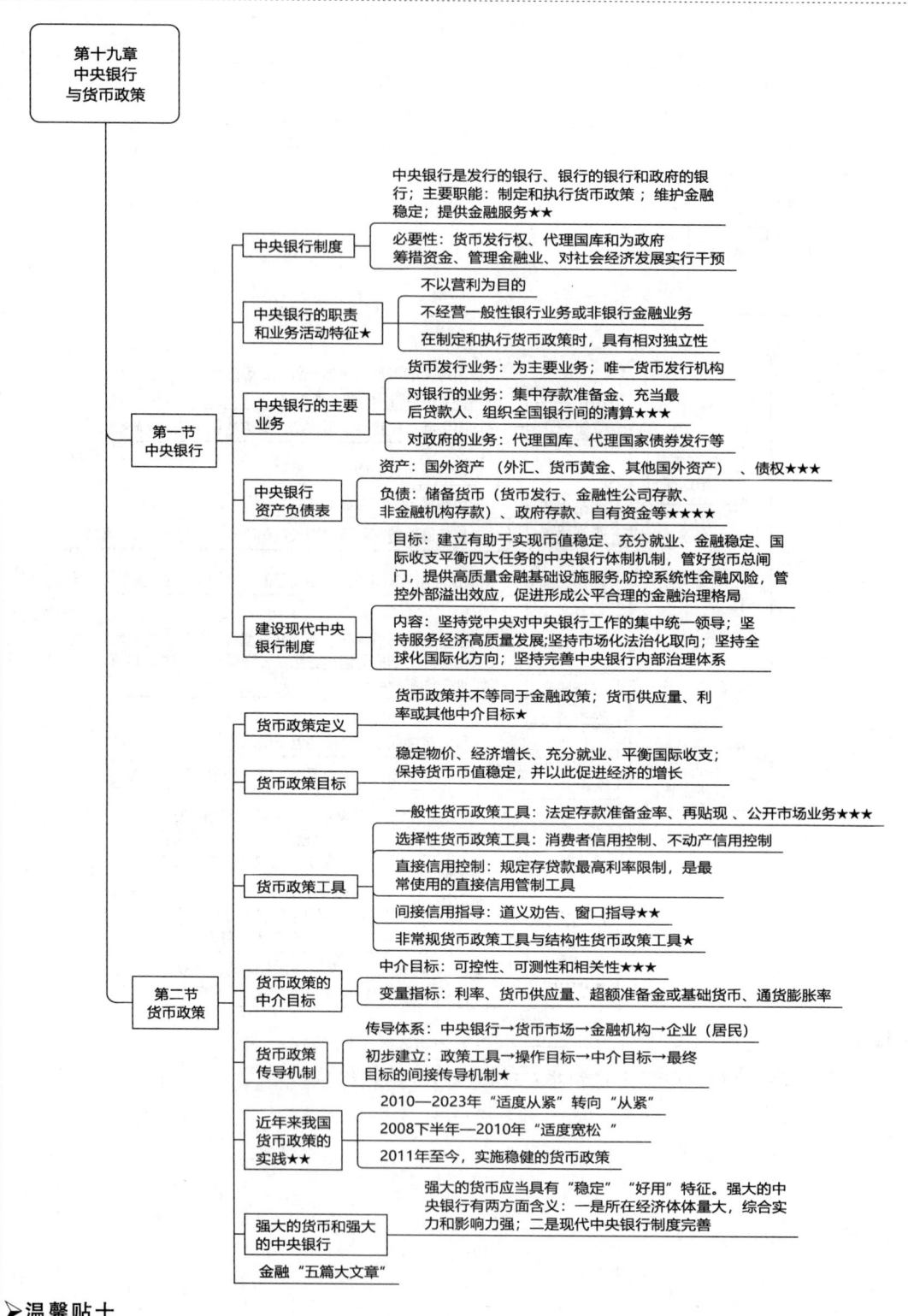

> 温馨贴士

本章内容难度较小,考查的内容比较细致。

思维导图

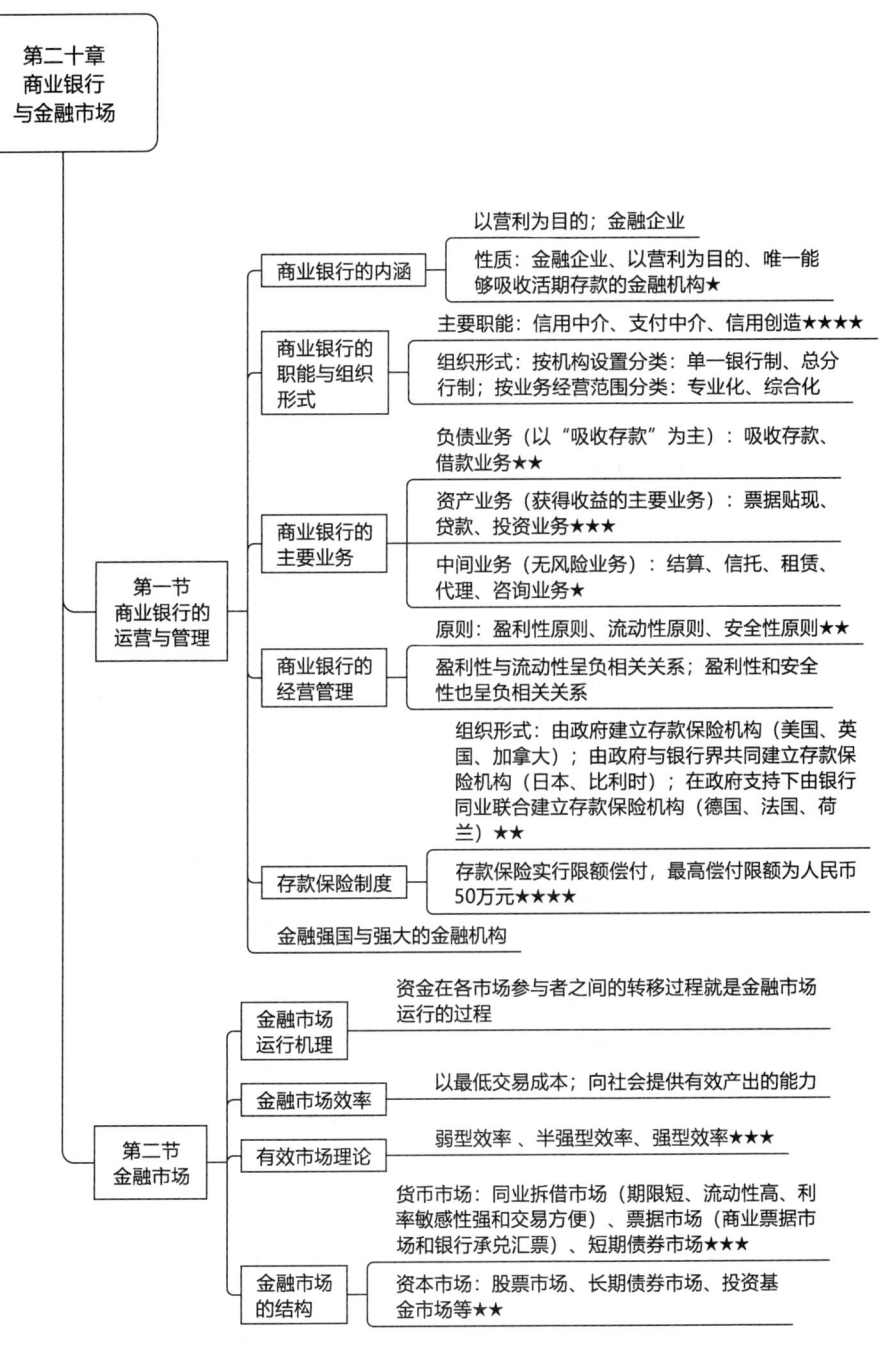

> **温馨贴士**

第一节多为理论性知识，商业银行的职能、主要业务和存款保险制度为考查重点，应重点掌握。第二节要求能够判断市场有效性的各种类型，以及金融市场的各个子市场的特点和组成。

Day 53

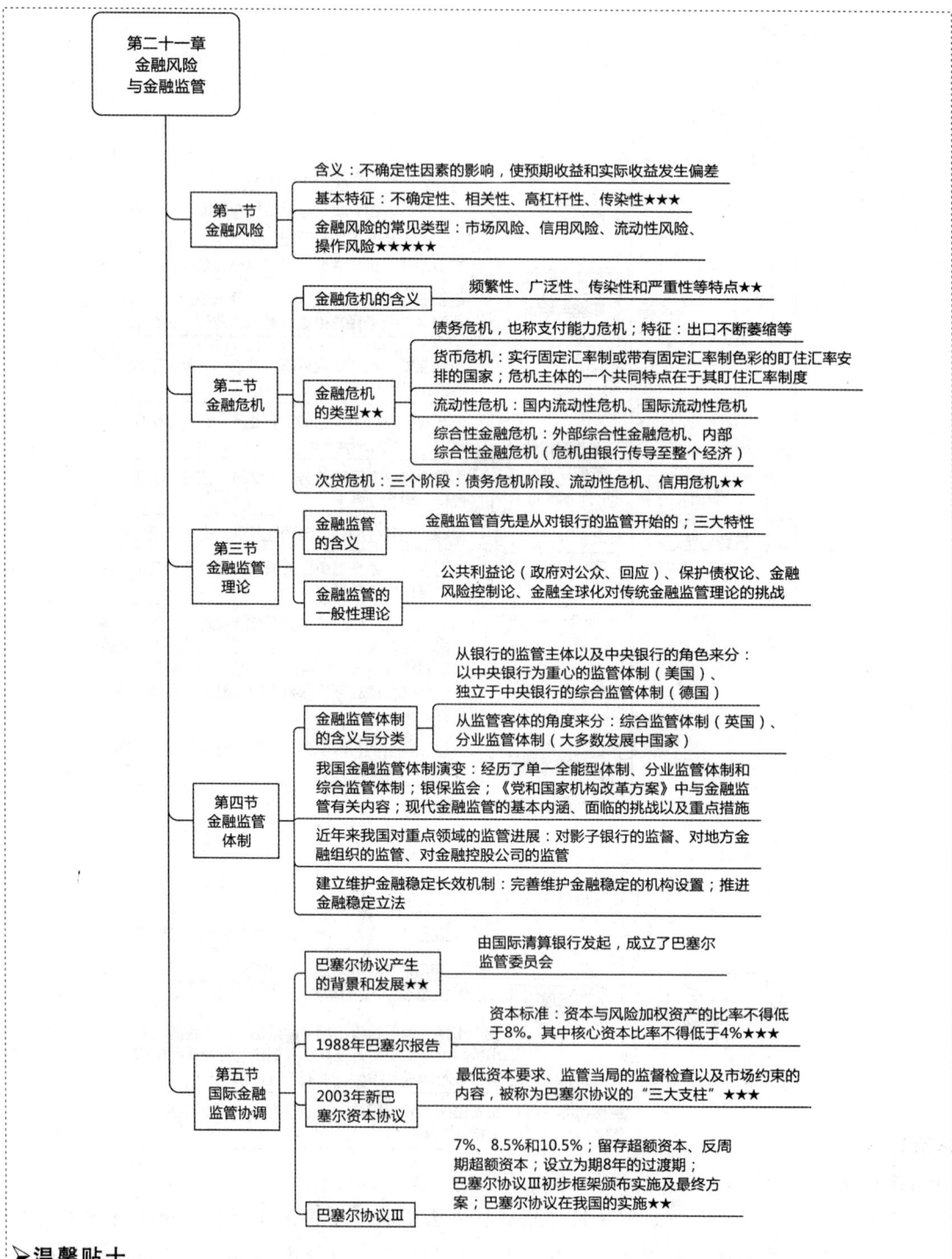

> 温馨贴士
>
> 本章内容不难,多为理论性知识,考查知识点偏细,需要进行背诵和记忆。

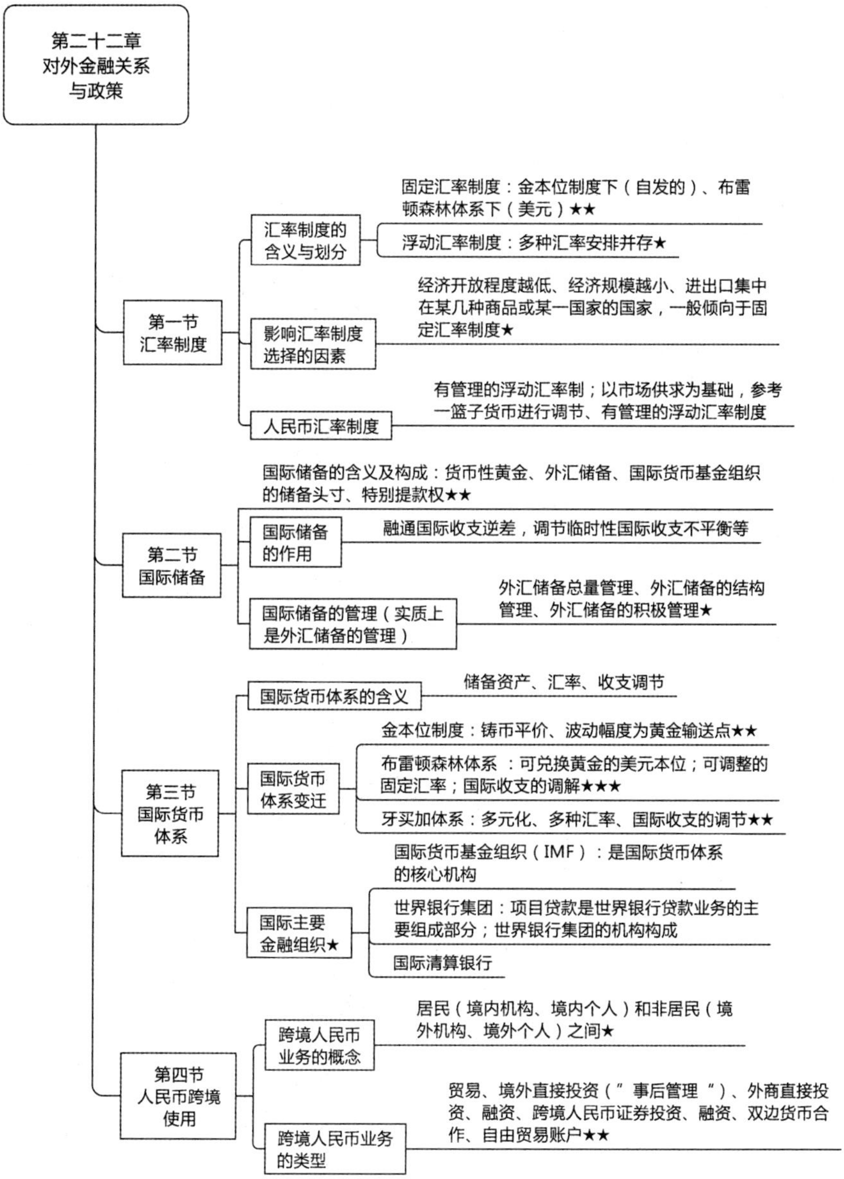

思维导图

- 第二十二章 对外金融关系与政策
  - **第一节 汇率制度**
    - 汇率制度的含义与划分
      - 固定汇率制度：金本位制度下（自发的）、布雷顿森林体系下（美元）★★
      - 浮动汇率制度：多种汇率安排并存★
    - 影响汇率制度选择的因素
      - 经济开放程度越低、经济规模越小、进出口集中在某几种商品或某一国家的国家，一般倾向于固定汇率制度★
    - 人民币汇率制度
      - 有管理的浮动汇率制；以市场供求为基础，参考一篮子货币进行调节、有管理的浮动汇率制度
  - **第二节 国际储备**
    - 国际储备的含义及构成：货币性黄金、外汇储备、国际货币基金组织的储备头寸、特别提款权★★
    - 国际储备的作用
      - 融通国际收支逆差，调节临时性国际收支不平衡等
    - 国际储备的管理（实质上是外汇储备的管理）
      - 外汇储备总量管理、外汇储备的结构管理、外汇储备的积极管理★
  - **第三节 国际货币体系**
    - 国际货币体系的含义
      - 储备资产、汇率、收支调节
    - 国际货币体系变迁
      - 金本位制度：铸币平价、波动幅度为黄金输送点★★
      - 布雷顿森林体系：可兑换黄金的美元本位；可调整的固定汇率；国际收支的调解★★★
      - 牙买加体系：多元化、多种汇率、国际收支的调节★★
    - 国际主要金融组织★
      - 国际货币基金组织（IMF）：是国际货币体系的核心机构
      - 世界银行集团：项目贷款是世界银行贷款业务的主要组成部分；世界银行集团的机构构成
      - 国际清算银行
  - **第四节 人民币跨境使用**
    - 跨境人民币业务的概念
      - 居民（境内机构、境内个人）和非居民（境外机构、境外个人）之间★
    - 跨境人民币业务的类型
      - 贸易、境外直接投资（"事后管理"）、外商直接投资、融资、跨境人民币证券投资、融资、双边货币合作、自由贸易账户★★

> **温馨贴士**

第一、二节为本章需要掌握的内容，是非常重要的知识点。

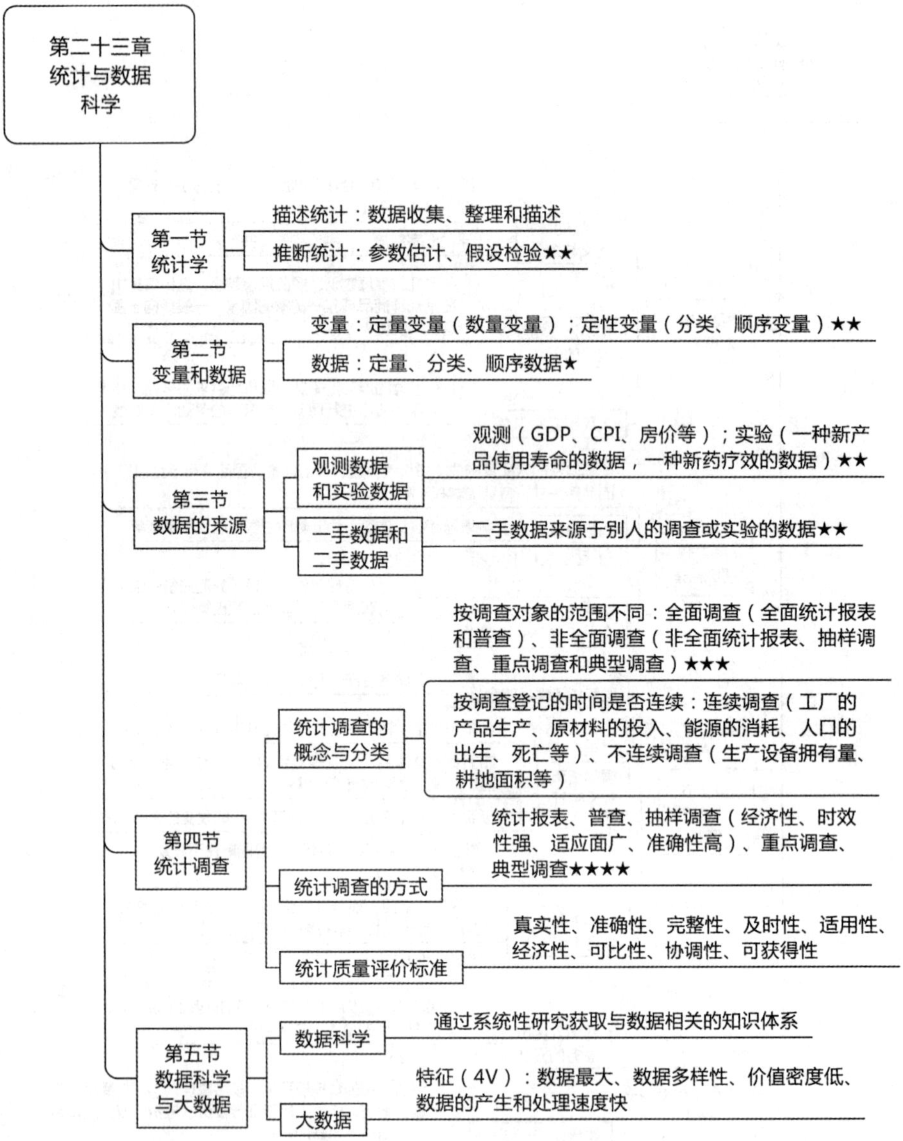

```
第二十三章
统计与数据
科学
├── 第一节 统计学
│   ├── 描述统计：数据收集、整理和描述
│   └── 推断统计：参数估计、假设检验★★
├── 第二节 变量和数据
│   ├── 变量：定量变量（数量变量）；定性变量（分类、顺序变量）★★
│   └── 数据：定量、分类、顺序数据★
├── 第三节 数据的来源
│   ├── 观测数据和实验数据——观测（GDP、CPI、房价等）；实验（一种新产品使用寿命的数据，一种新药疗效的数据）★★
│   └── 一手数据和二手数据——二手数据来源于别人的调查或实验的数据★★
├── 第四节 统计调查
│   ├── 统计调查的概念与分类
│   │   ├── 按调查对象的范围不同：全面调查（全面统计报表和普查）、非全面调查（非全面统计报表、抽样调查、重点调查和典型调查）★★★
│   │   └── 按调查登记的时间是否连续：连续调查（工厂的产品生产、原材料的投入、能源的消耗、人口的出生、死亡等）、不连续调查（生产设备拥有量、耕地面积等）
│   ├── 统计调查的方式——统计报表、普查、抽样调查（经济性、时效性强、适应面广、准确性高）、重点调查、典型调查★★★★
│   └── 统计质量评价标准——真实性、准确性、完整性、及时性、适用性、经济性、可比性、协调性、可获得性
└── 第五节 数据科学与大数据
    ├── 数据科学——通过系统性研究获取与数据相关的知识体系
    └── 大数据——特征（4V）：数据最大、数据多样性、价值密度低、数据的产生和处理速度快
```

> **温馨贴士**

本章内容较少，应重点掌握统计调查的方式及其对应的特点。

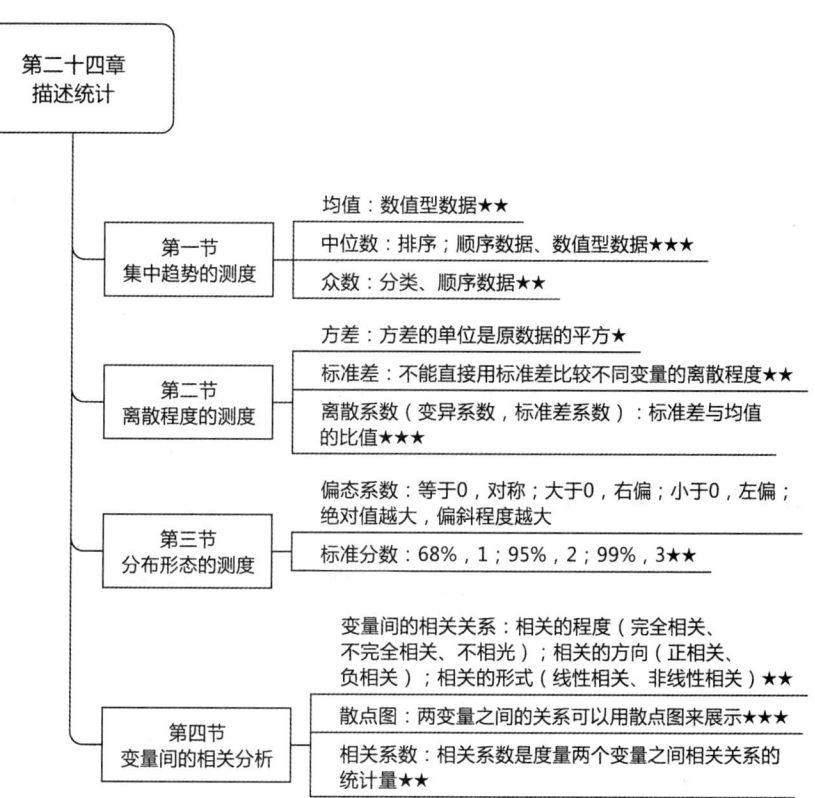

> 温馨贴士

本章应谨记各个数据的特点及其适用范围和计算方法,计算题很容易考查到;散点图要结合图形来记忆区分,相关系数的取值范围也需要掌握。

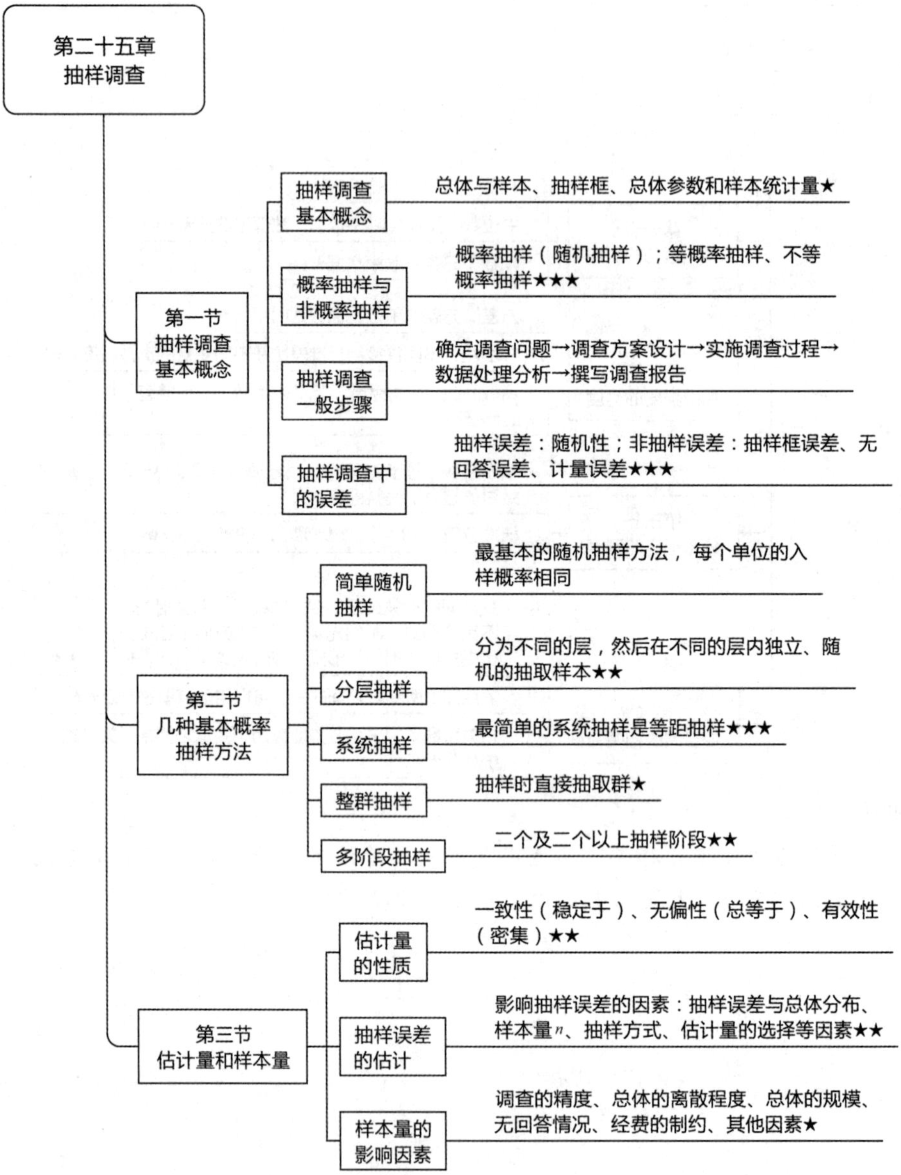

第二十五章 抽样调查

第一节 抽样调查基本概念

- **抽样调查基本概念**：总体与样本、抽样框、总体参数和样本统计量★
- **概率抽样与非概率抽样**：概率抽样（随机抽样）；等概率抽样、不等概率抽样★★★
- **抽样调查一般步骤**：确定调查问题→调查方案设计→实施调查过程→数据处理分析→撰写调查报告
- **抽样调查中的误差**：抽样误差：随机性；非抽样误差：抽样框误差、无回答误差、计量误差★★★

第二节 几种基本概率抽样方法

- **简单随机抽样**：最基本的随机抽样方法，每个单位的入样概率相同
- **分层抽样**：分为不同的层，然后在不同的层内独立、随机的抽取样本★★
- **系统抽样**：最简单的系统抽样是等距抽样★★★
- **整群抽样**：抽样时直接抽取群★
- **多阶段抽样**：二个及二个以上抽样阶段★★

第三节 估计量和样本量

- **估计量的性质**：一致性（稳定于）、无偏性（总等于）、有效性（密集）★★
- **抽样误差的估计**：影响抽样误差的因素：抽样误差与总体分布、样本量n、抽样方式、估计量的选择等因素★★
- **样本量的影响因素**：调查的精度、总体的离散程度、总体的规模、无回答情况、经费的制约、其他因素★

> **温馨贴士**
> 概率抽样方法不会直接考查，而是根据例子来选择，因此理解很重要。

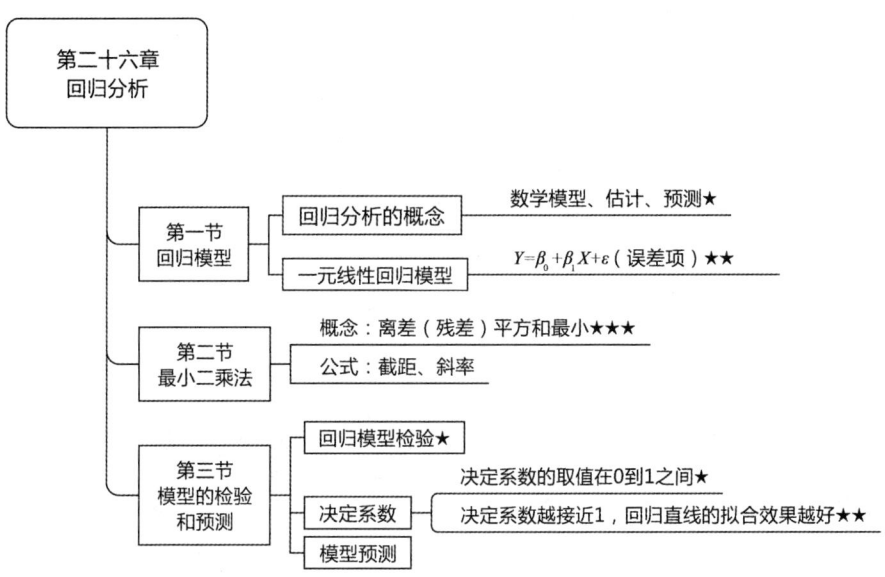

> **温馨贴士**

本章内容较少，可主要通过题目练习来掌握每个知识。

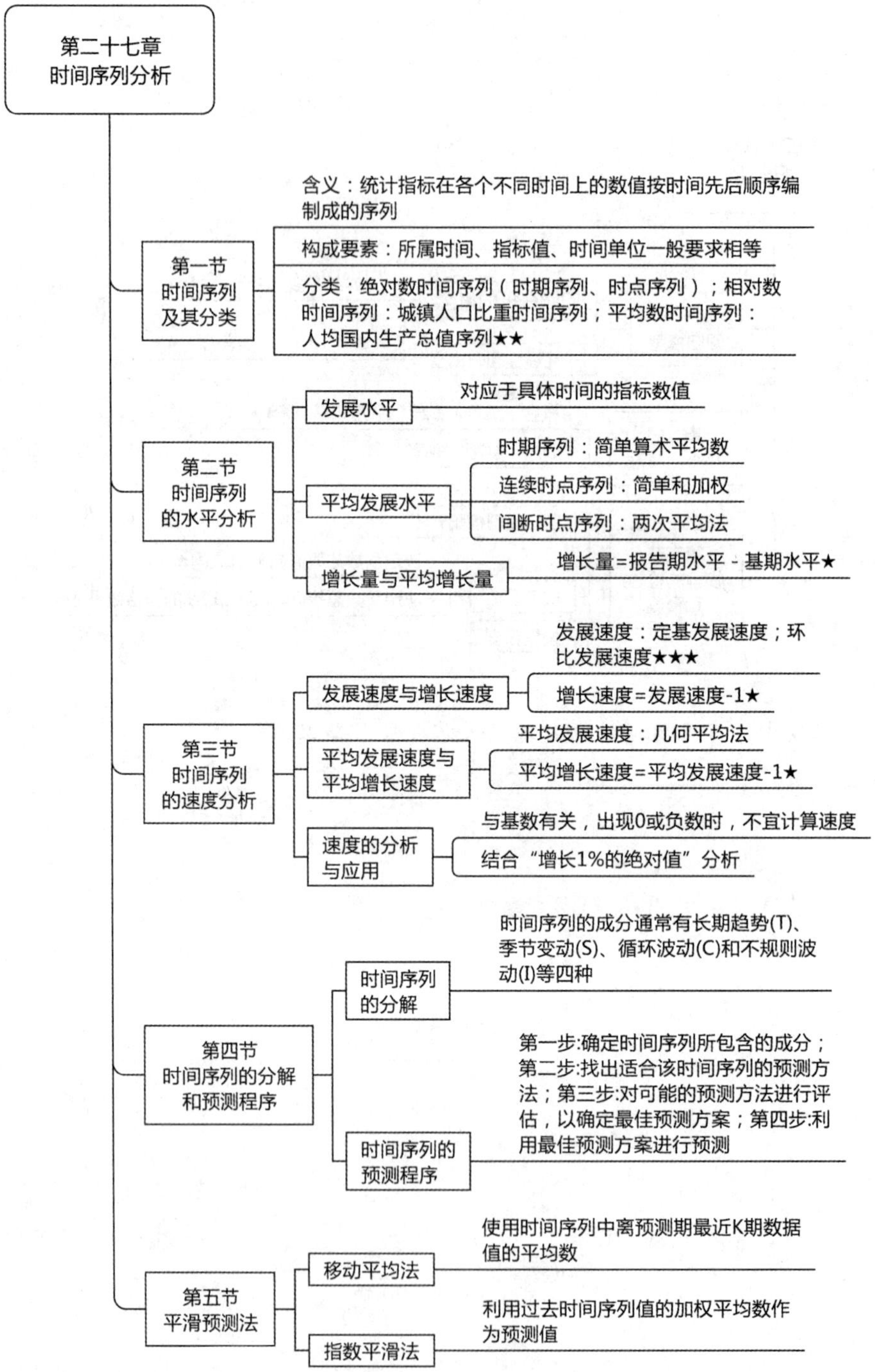

第二十七章 时间序列分析

第一节 时间序列及其分类
- 含义：统计指标在各个不同时间上的数值按时间先后顺序编制成的序列
- 构成要素：所属时间、指标值、时间单位一般要求相等
- 分类：绝对数时间序列（时期序列、时点序列）；相对数时间序列：城镇人口比重时间序列；平均数时间序列：人均国内生产总值序列★★

第二节 时间序列的水平分析
- 发展水平：对应于具体时间的指标数值
- 平均发展水平：
  - 时期序列：简单算术平均数
  - 连续时点序列：简单和加权
  - 间断时点序列：两次平均法
- 增长量与平均增长量：增长量=报告期水平-基期水平★

第三节 时间序列的速度分析
- 发展速度与增长速度：
  - 发展速度：定基发展速度；环比发展速度★★★
  - 增长速度=发展速度-1★
- 平均发展速度与平均增长速度：
  - 平均发展速度：几何平均法
  - 平均增长速度=平均发展速度-1★
- 速度的分析与应用：
  - 与基数有关，出现0或负数时，不宜计算速度
  - 结合"增长1%的绝对值"分析

第四节 时间序列的分解和预测程序
- 时间序列的分解：时间序列的成分通常有长期趋势(T)、季节变动(S)、循环波动(C)和不规则波动(I)等四种
- 时间序列的预测程序：第一步:确定时间序列所包含的成分；第二步:找出适合该时间序列的预测方法；第三步:对可能的预测方法进行评估，以确定最佳预测方案；第四步:利用最佳预测方案进行预测

第五节 平滑预测法
- 移动平均法：使用时间序列中离预测期最近K期数据值的平均数
- 指数平滑法：利用过去时间序列值的加权平均数作为预测值

> **温馨贴士**
>
> 本章很多内容都涉及计算，计算量较大，内容较难，应重点掌握知识点的基本概念。

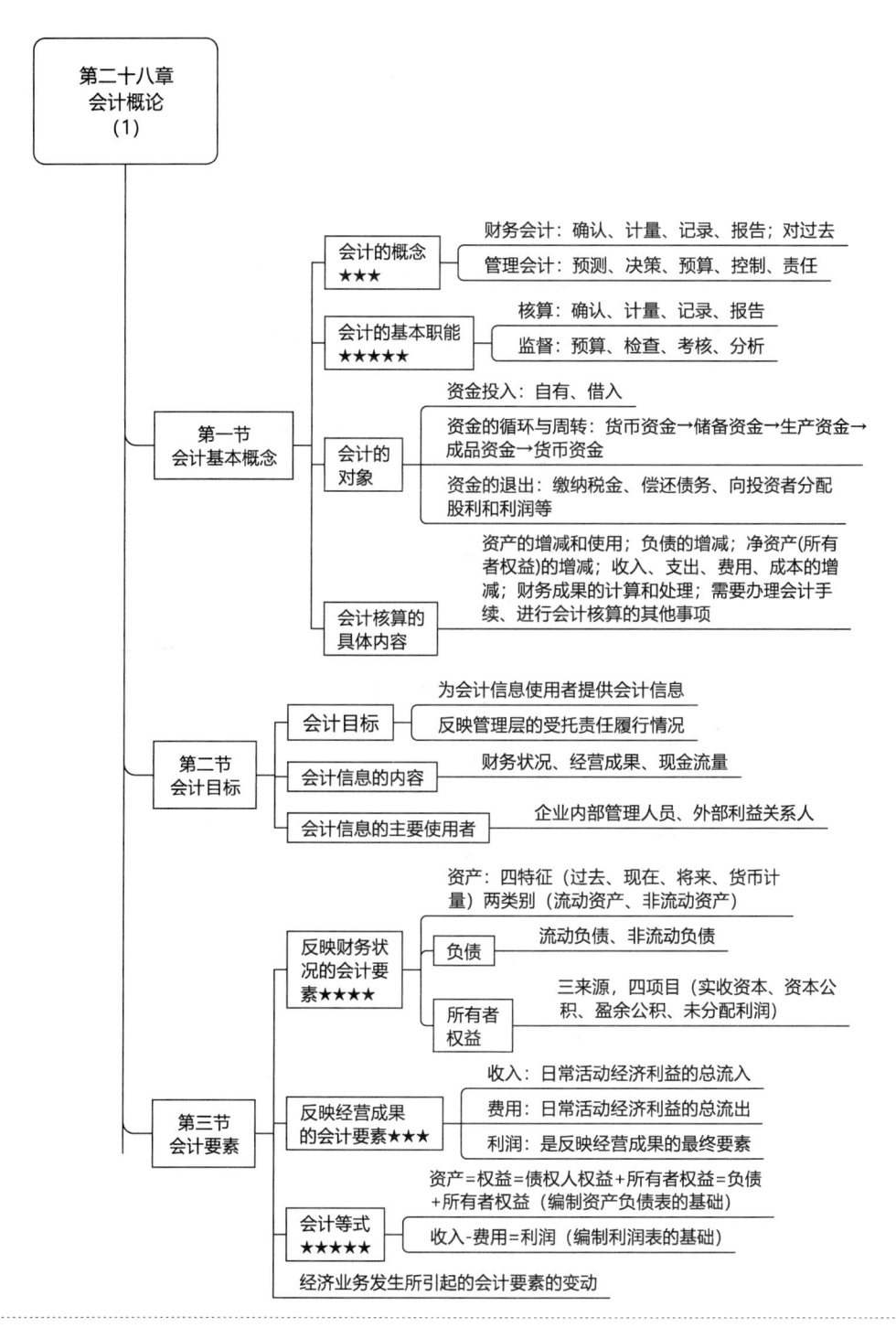

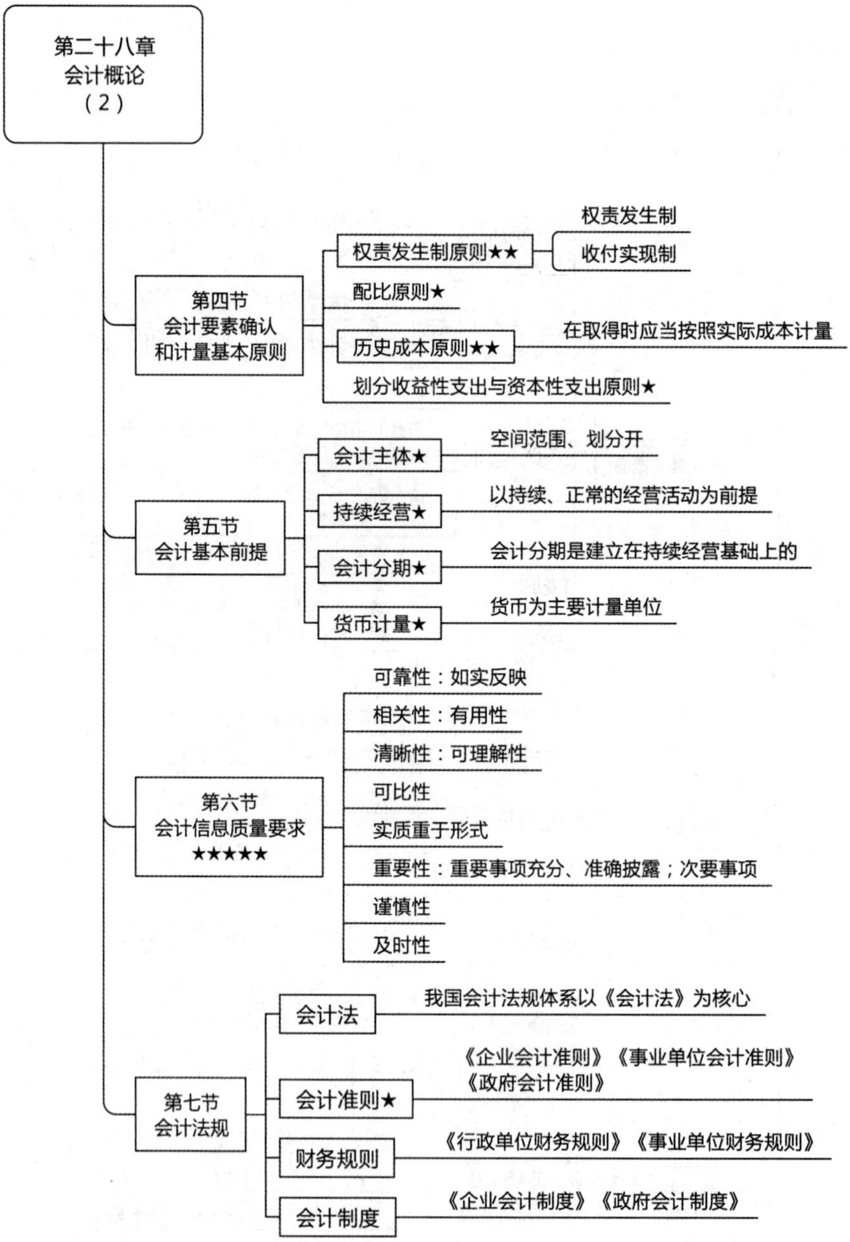

```
第二十八章
会计概论
 （2）
├─ 第四节          ┌─ 权责发生制原则★★ ─┬─ 权责发生制
│  会计要素确认     │                    └─ 收付实现制
│  和计量基本原则   ├─ 配比原则★
│                  ├─ 历史成本原则★★ ── 在取得时应当按照实际成本计量
│                  └─ 划分收益性支出与资本性支出原则★
│
├─ 第五节          ┌─ 会计主体★ ─── 空间范围、划分开
│  会计基本前提     ├─ 持续经营★ ─── 以持续、正常的经营活动为前提
│                  ├─ 会计分期★ ─── 会计分期是建立在持续经营基础上的
│                  └─ 货币计量★ ─── 货币为主要计量单位
│
├─ 第六节          ┌─ 可靠性：如实反映
│  会计信息质量要求 ├─ 相关性：有用性
│  ★★★★★         ├─ 清晰性：可理解性
│                  ├─ 可比性
│                  ├─ 实质重于形式
│                  ├─ 重要性：重要事项充分、准确披露；次要事项
│                  ├─ 谨慎性
│                  └─ 及时性
│
└─ 第七节          ┌─ 会计法 ─── 我国会计法规体系以《会计法》为核心
   会计法规         ├─ 会计准则★ ── 《企业会计准则》《事业单位会计准则》
                   │                《政府会计准则》
                   ├─ 财务规则 ── 《行政单位财务规则》《事业单位财务规则》
                   └─ 会计制度 ── 《企业会计制度》《政府会计制度》
```

> **温馨贴士**
>
> 本章出题概率较高，考点集中，是会计中非常重要的一章，一些专业术语需要攻破。

思维导图

Day 54

第二十九章 会计循环

- **第一节 会计确认**
  - 会计确认的概念★★：某一会计事项作为会计要素正式列入会计报表的过程
  - 会计确认的标准：通过经济业务活动所产生的；不确定性能明确的评估；"持续经营""会计分期"前提下，按照权责发生制要求确认

- **第二节 会计计量**
  - 历史成本★★★：取得资产时
  - 重置成本：重新取得；是资产处于使用状态
  - 可变现净值★：扣减；资产负债表日，存货应当按照成本和可变现净值孰低计量
  - 现值：折现
  - 公允价值：公平交易中；公平市场参与者

- **第三节 会计记录**
  - 会计记录的概念：为编制财务会计报告积累数据的过程
  - 会计记录的方法★★★★★
    - 设置账户：账户四个金额要素；资产+费用=负债+所有者权益+收入
    - 复式记账：有借必有贷，借贷必相等；试算平衡：全部账户借合计＝全部账户贷合计
    - 填制和审核凭证：原始凭证+记账凭证
    - 登记账簿
  - 账务处理程序★★：主要会计账务处理程序

- **第四节 财务会计报告**
  - 财务会计报告的概念
  - 财务会计报告的内容
  - 会计报表的分类
    - 反映经济内容：财务状况、经营成果、现金流量
    - 报送对象：对外会计报表、对内会计报表
    - 编报主体：个别会计报表、合并会计报表
    - 编制的时间范围：年度、季度、月份会计报表

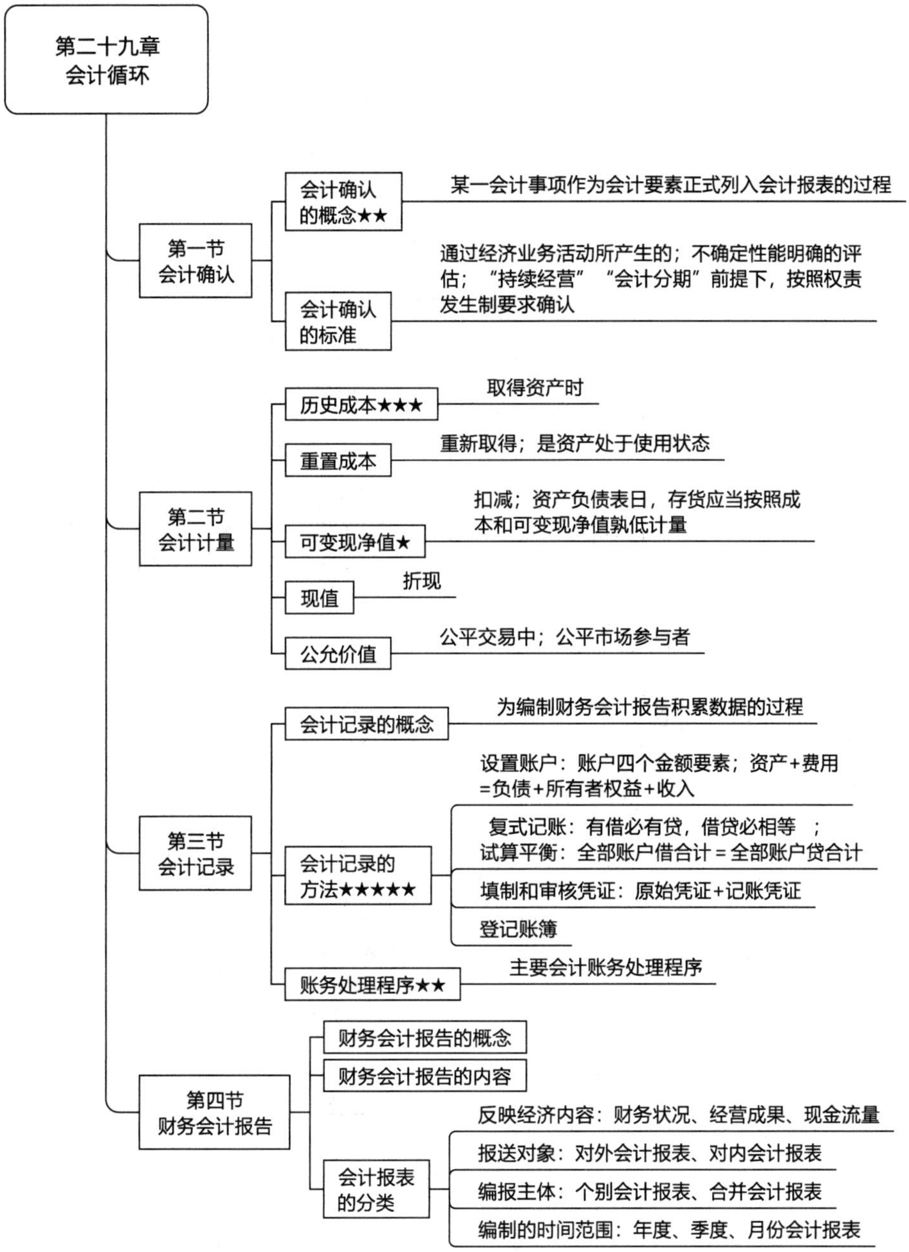

> **温馨贴士**
> 本章重要内容为会计计量和会计记录，会计记录是考查的重点，有一定的专业性。

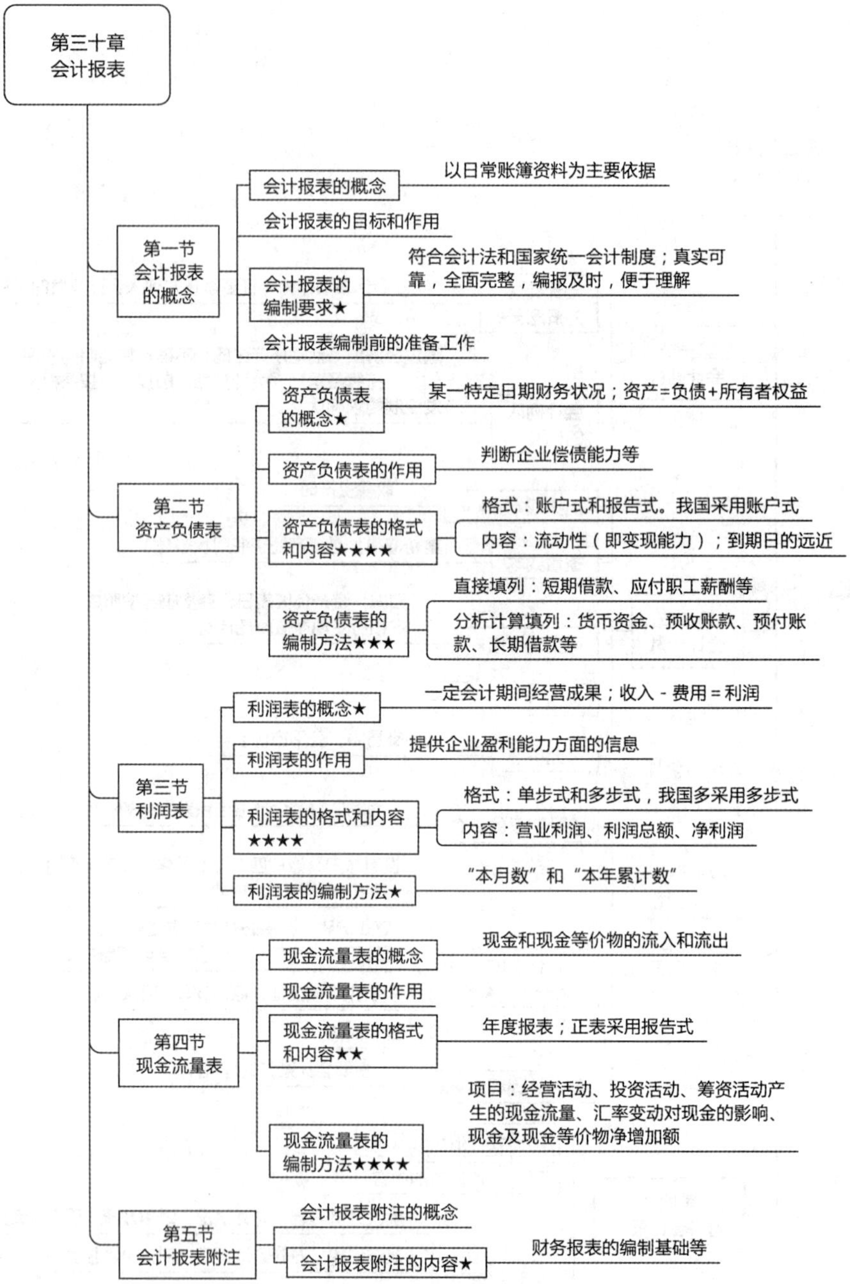

第三十章 会计报表

第一节 会计报表的概念
- 会计报表的概念 —— 以日常账簿资料为主要依据
- 会计报表的目标和作用
- 会计报表的编制要求★ —— 符合会计法和国家统一会计制度；真实可靠，全面完整，编报及时，便于理解
- 会计报表编制前的准备工作

第二节 资产负债表
- 资产负债表的概念★ —— 某一特定日期财务状况；资产=负债+所有者权益
- 资产负债表的作用 —— 判断企业偿债能力等
- 资产负债表的格式和内容★★★★
  - 格式：账户式和报告式。我国采用账户式
  - 内容：流动性（即变现能力）；到期日的远近
- 资产负债表的编制方法★★★
  - 直接填列：短期借款、应付职工薪酬等
  - 分析计算填列：货币资金、预收账款、预付账款、长期借款等

第三节 利润表
- 利润表的概念★ —— 一定会计期间经营成果；收入－费用=利润
- 利润表的作用 —— 提供企业盈利能力方面的信息
- 利润表的格式和内容★★★★
  - 格式：单步式和多步式，我国多采用多步式
  - 内容：营业利润、利润总额、净利润
- 利润表的编制方法★ —— "本月数"和"本年累计数"

第四节 现金流量表
- 现金流量表的概念 —— 现金和现金等价物的流入和流出
- 现金流量表的作用
- 现金流量表的格式和内容★★ —— 年度报表；正表采用报告式
- 现金流量表的编制方法★★★★ —— 项目：经营活动、投资活动、筹资活动产生的现金流量、汇率变动对现金的影响、现金及现金等价物净增加额

第五节 会计报表附注
- 会计报表附注的概念
- 会计报表附注的内容★ —— 财务报表的编制基础等

> **温馨贴士**
> 本章考点也比较集中，主要考查资产负债表的格式、内容及编制方法，需要重点掌握，同时要注意会考查较偏的知识点。

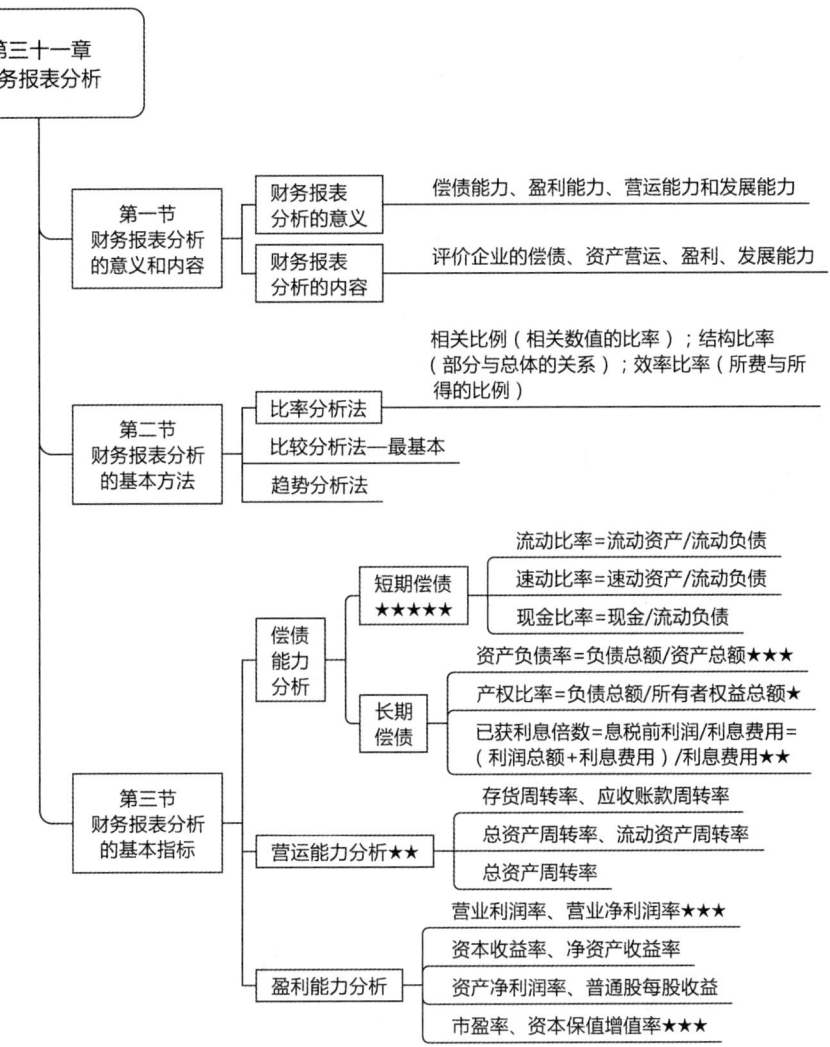

> **温馨贴士**
>
> 本章重要内容为财务报表分析的基本指标,应重点掌握这些指标反映的是哪些方面的能力。

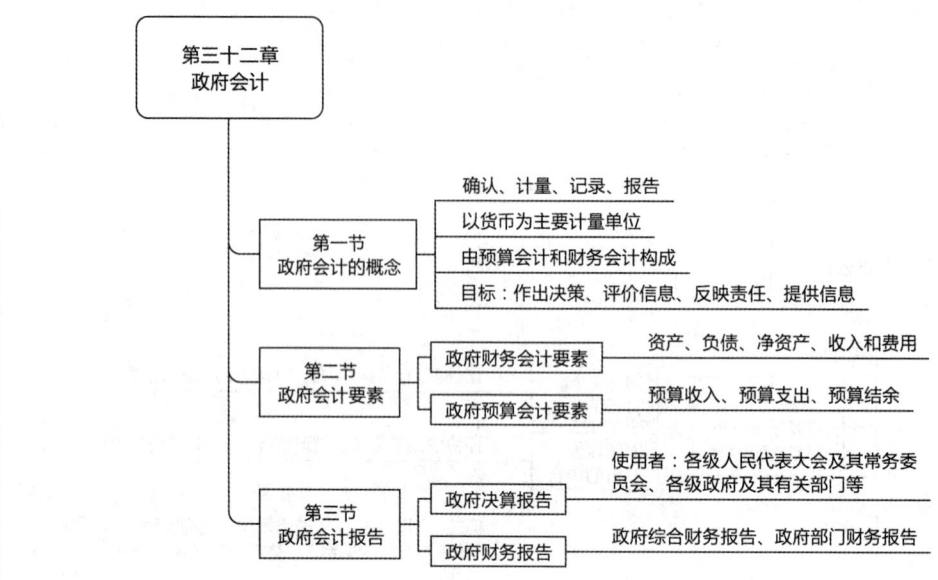

> **温馨贴士**
> 本章多为理论性知识，应多做题巩固练习。

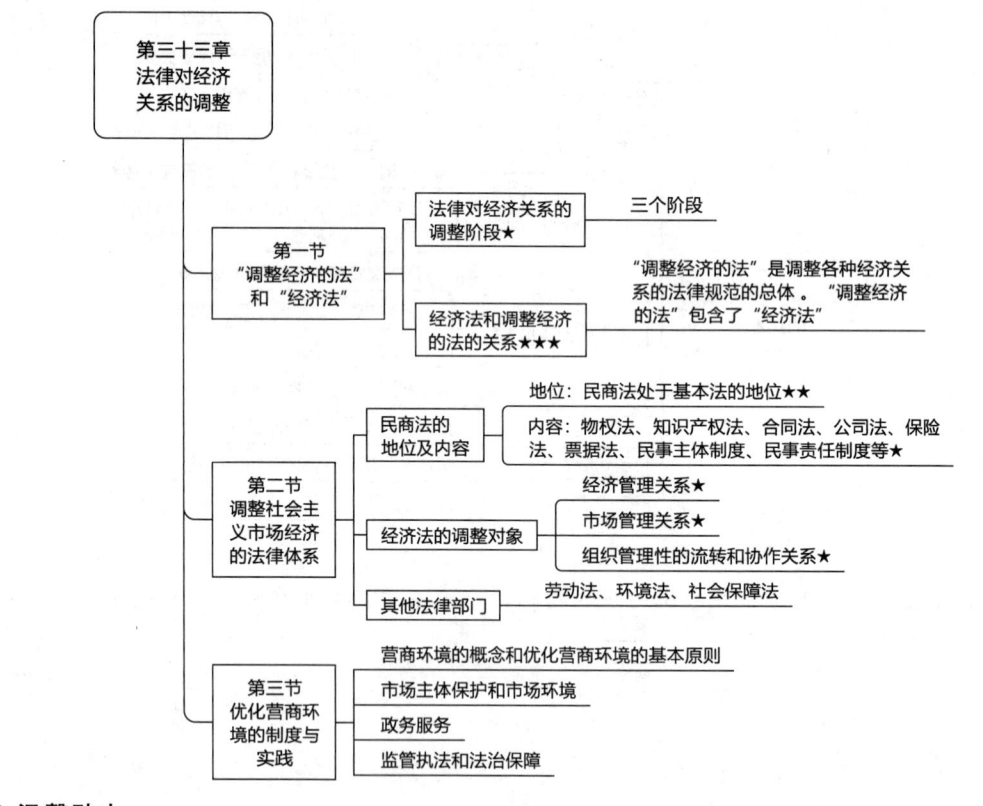

> **温馨贴士**
> 本章内容较少，应注意分清各个法律之间的关系及各自的内容。

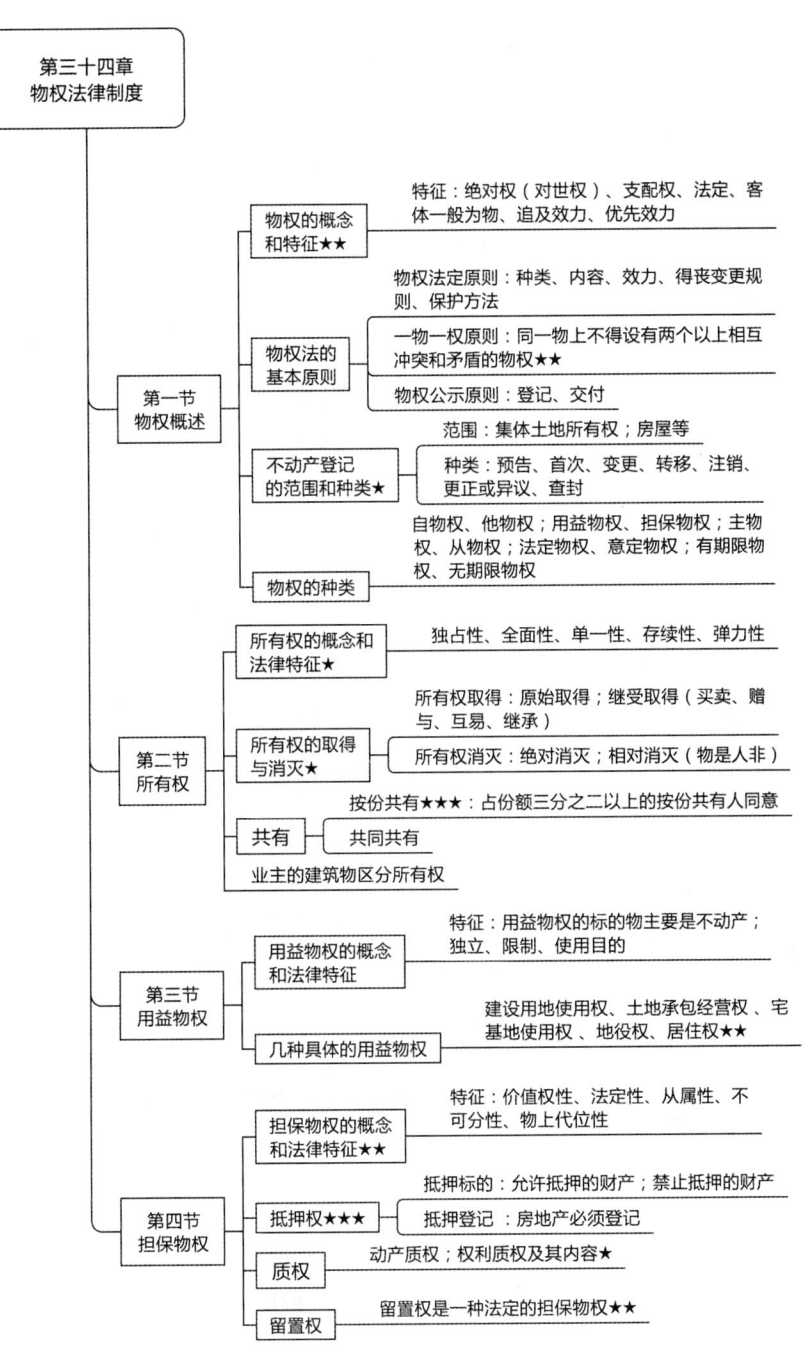

> **温馨贴士**

本章是法律部分非常重要的章节,考核内容较为全面,考查较为细致,物权概述、担保物权的知识点可考性很强。

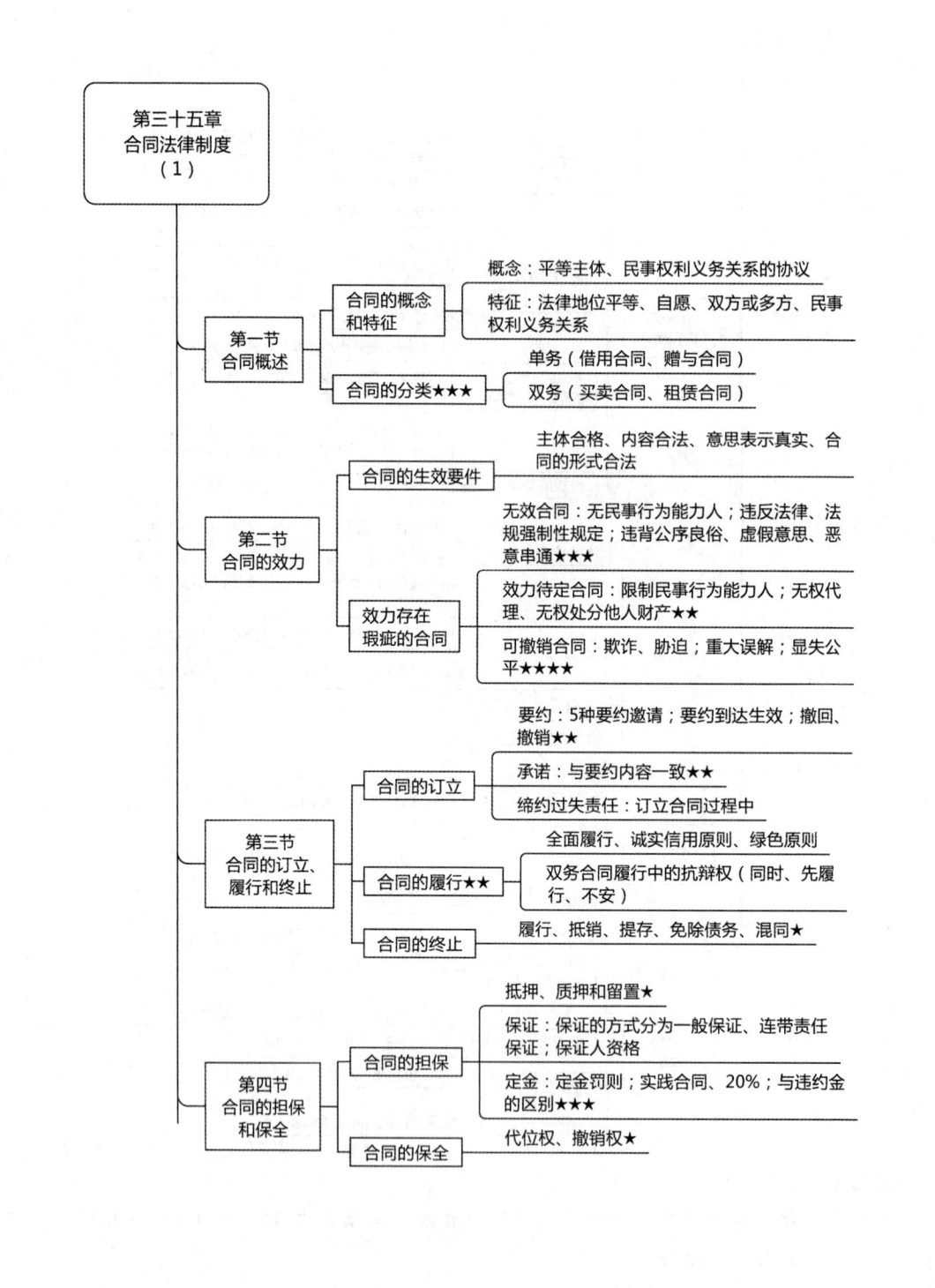

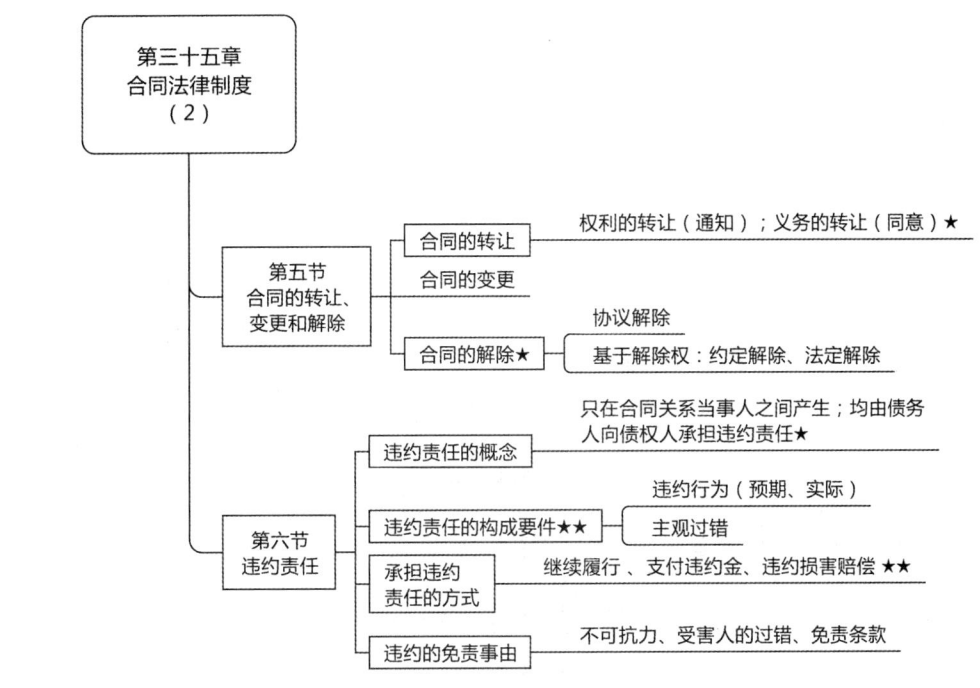

> 温馨贴士

本章内容较多，考查全面，考点很细，大多考查原文原话，要求熟记课本知识，进行背诵和记忆，效力存在瑕疵的合同是非常重要的内容。

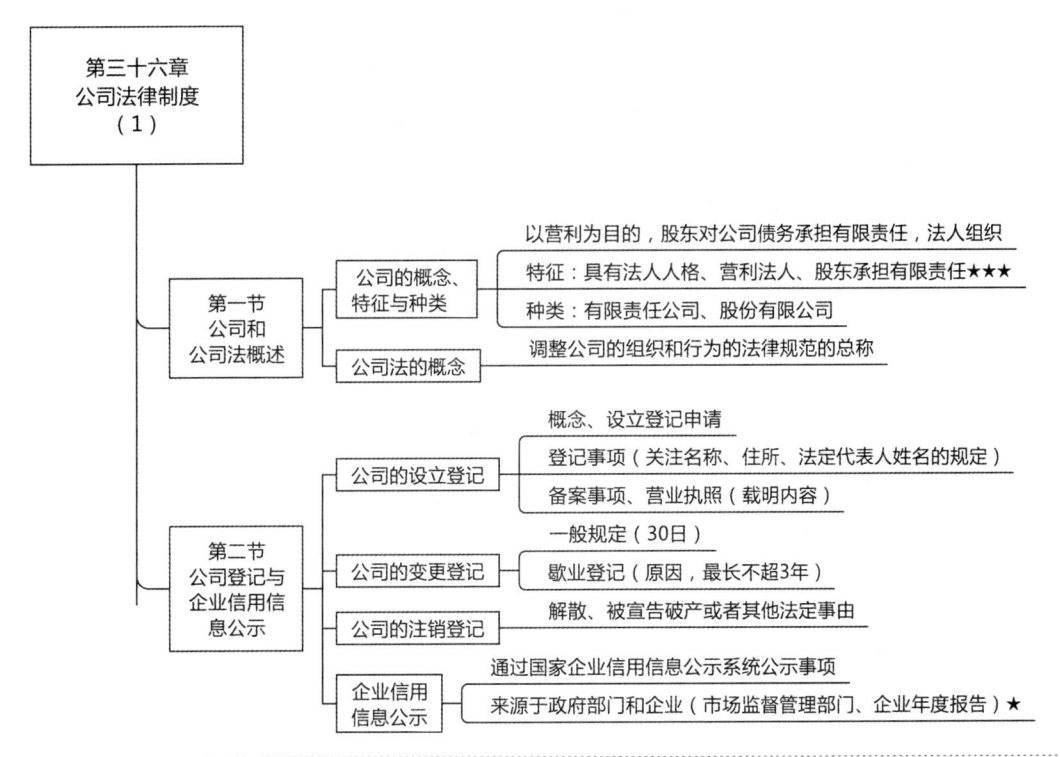

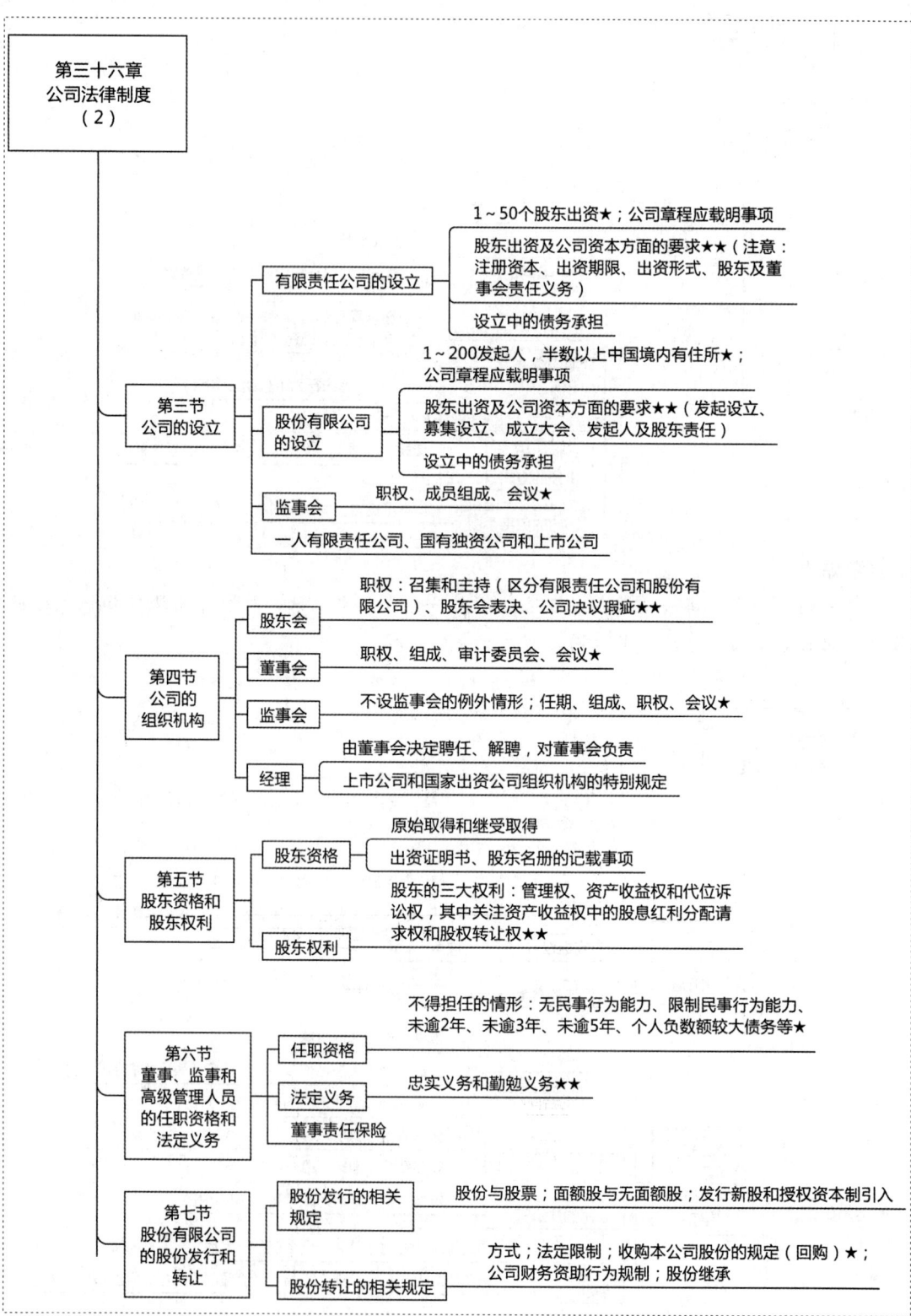

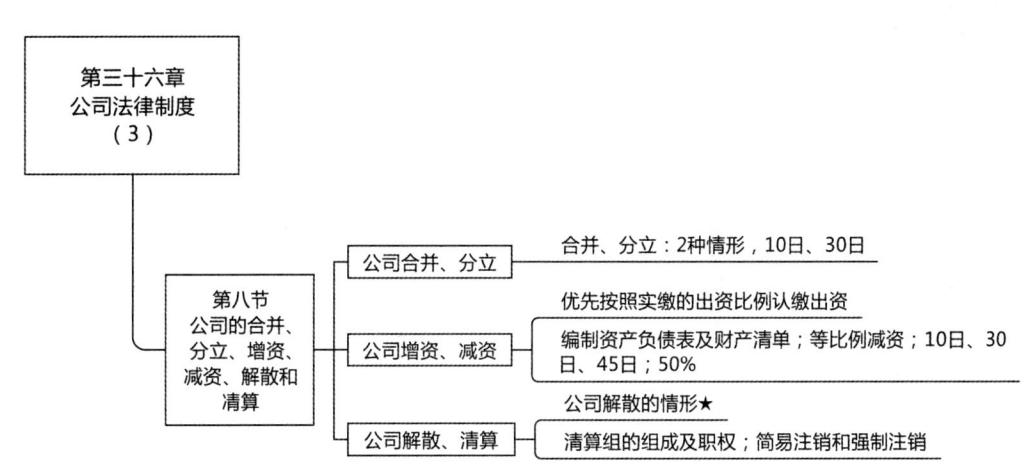

> **温馨贴士**

　　本章多为理论性知识，建议本部分留在考试前进行集中复习，多看多复习，以便加强记忆。

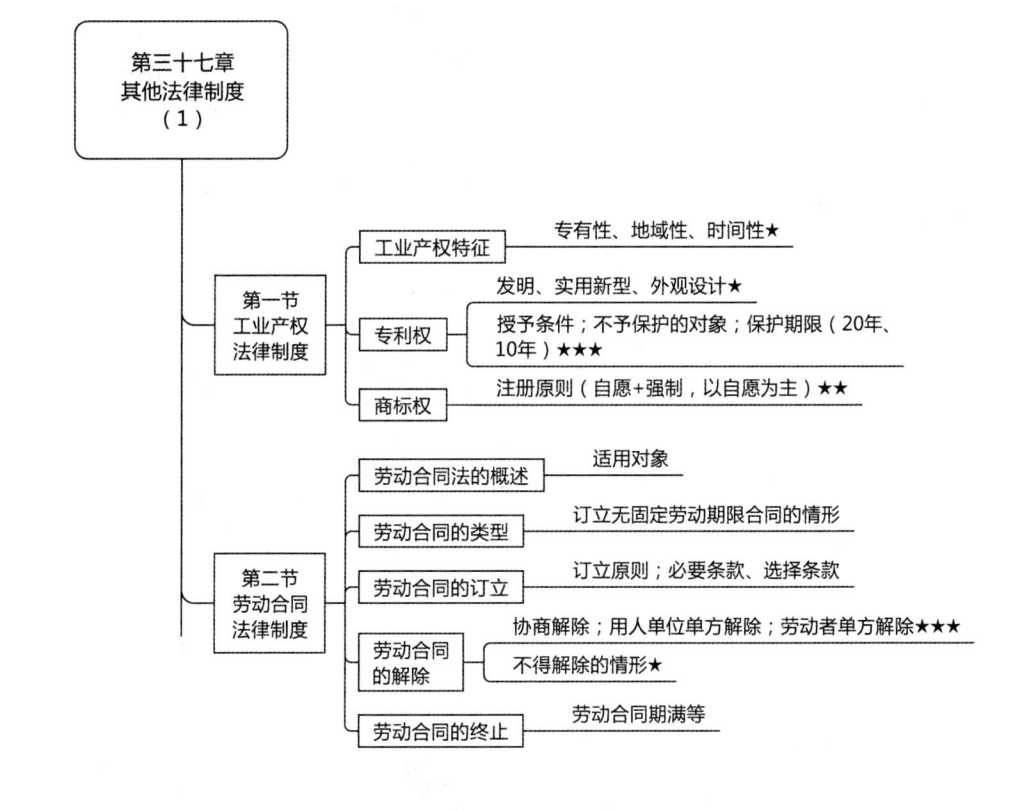

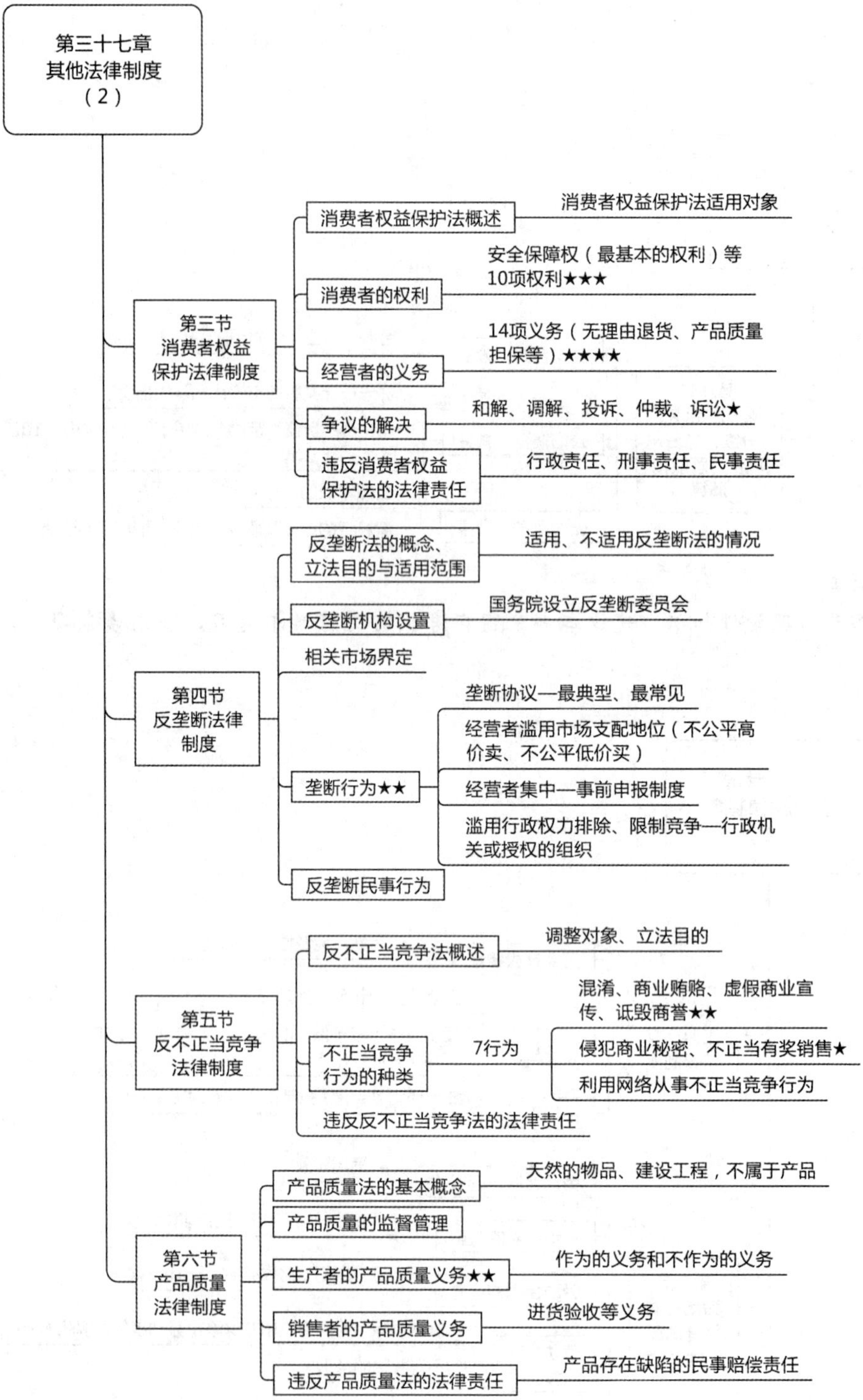

第三十七章 其他法律制度（2）

第三节 消费者权益保护法律制度

- 消费者权益保护法概述 —— 消费者权益保护法适用对象
- 消费者的权利 —— 安全保障权（最基本的权利）等10项权利★★★
- 经营者的义务 —— 14项义务（无理由退货、产品质量担保等）★★★★
- 争议的解决 —— 和解、调解、投诉、仲裁、诉讼★
- 违反消费者权益保护法的法律责任 —— 行政责任、刑事责任、民事责任

第四节 反垄断法律制度

- 反垄断法的概念、立法目的与适用范围 —— 适用、不适用反垄断法的情况
- 反垄断机构设置 —— 国务院设立反垄断委员会
- 相关市场界定
- 垄断行为★★
  - 垄断协议——最典型、最常见
  - 经营者滥用市场支配地位（不公平高价卖、不公平低价买）
  - 经营者集中——事前申报制度
  - 滥用行政权力排除、限制竞争——行政机关或授权的组织
- 反垄断民事行为

第五节 反不正当竞争法律制度

- 反不正当竞争法概述 —— 调整对象、立法目的
- 不正当竞争行为的种类 7行为
  - 混淆、商业贿赂、虚假商业宣传、诋毁商誉★★
  - 侵犯商业秘密、不正当有奖销售★
  - 利用网络从事不正当竞争行为
- 违反反不正当竞争法的法律责任

第六节 产品质量法律制度

- 产品质量法的基本概念 —— 天然的物品、建设工程，不属于产品
- 产品质量的监督管理
- 生产者的产品质量义务★★ —— 作为的义务和不作为的义务
- 销售者的产品质量义务 —— 进货验收等义务
- 违反产品质量法的法律责任 —— 产品存在缺陷的民事赔偿责任

> **温馨贴士**

这是最后一个章节啦，坚持！本章知识较杂，考查较为全面，需要进行大量的背诵和记忆，不断强化记忆，因此滚动复习很重要哦。

全真机考模拟

Day 55 至 *Day 60*

由于经济师考试形式为机考,为了真实模拟考场环境,现提供三套试卷,考生需要通过电脑在线做题。

【领取及做题步骤】
- 请扫右侧二维码领取模考卷
- 登录环球网校官网(www.hqwx.com)
- 点击《中级经济师同步章节必刷题》全真机考模拟卷
- 进入界面之后即可开始做题

扫码领取试卷

模考说明

【答题时长要求】 3 小时 40 分钟,两门考试中间有 40 分钟休息时间

【时间安排】 9:00—10:30,11:10—12:40

亲爱的读者：

如果您对本书有任何 感受、建议、纠错，都可以告诉我们。

我们会精益求精，为您提供更好的产品和服务。

祝您顺利通过考试！

扫码参与问卷调查

环球网校经济师考试研究院